OSTSEE

*Küstenparadies zwischen
Flensburg und Usedom*

Bernhard Pollmann

OSTSEE

Küstenparadies zwischen
Flensburg und Usedom

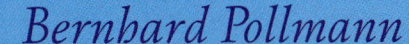

Inhalt

Holstein S.66

Mecklenburg S.94

Schleswig S.32

Die deutsche Ostseeküste – Einteilung im Buch

Vorwort

Rügen S.120

Vorpommern S.152

Usedom S.178

Wer einmal durch die im Frühjahrsgrün prangenden Buchenwälder der Stubnitz zu den Kreideklippen von Rügen wandert oder einige Tage in Sonne und Seewind auf der autofreien Künstlerinsel Hiddensee verbringt, wer einmal durch die als UNESCO-Weltkulturerbe ausgewiesenen Altstädte von Stralsund, Lübeck und Wismar streift oder mit der Bäderbahn zu den Kaiserbädern auf Usedom fährt, dem bleibt das Rauschen der See in der Seele und er wird immer wieder an die Ostseeküste zurückkehren. Selbstverständlich ist das nicht: Noch vor vier Jahrzehnten galt die schleswigholsteinische Ostseeküste als derart unterentwickelt, dass dort zu Strukturförderungszwecken Seebäder aus dem Boden gestampft wurden – heute liegen dort und an der mecklenburg-vorpommerschen Küste blühende Ferienlandschaften, und die Nationalparks Vorpommersche Boddenlandschaft und Jasmund zählen zu den bedeutendsten Naturparadiesen Deutschlands. Natur und Kultur, Sport, Strandleben, Freizeit, Gesellligkeit, Gastronomie – die Ostseeküste zwischen Flensburger Förde und Stettiner Haff bietet eine derartige Vielfalt, dass ein Menschenleben nicht ausreicht, sie ganz zu erkunden. Deshalb kommt man wieder und immer wieder. Dieses Buch stellt Glanzlichter der wunderschönen Ostseeküstenlandschaften und -orte sowie ihrer reichen Kultur und Geschichte vor: Lernen Sie die Ostseeküste kennen und lieben.

Bernhard Pollmann
Autor des Buches

7

Land und Leute

I m Bann der See – mit ihren schroffen Steilküsten, zerklüfteten Inseln und zergliederten Buchten, mit den von Strandhafer bewachsenen Dünen, den urtümlichen Buchen-Stechpalmen-Wäldern und den kilometerlangen Sandstränden ist die Ostseeküste eine der abwechslungsreichsten und faszinierendsten Großlandschaften Deutschlands. Von der Fördenküste Schleswigs bis zu den Bodden Vorpommerns – jeder Abschnitt ist eine Welt für sich. Doch alle eint dasselbe: die frische Brise der See.

Bodden-Romantik
An Vorpommerns stillen Bodden – hier in Althagen – laden historische Zeesenboote zu Ausflugsfahrten ein (großes Bild links).

Erbe der Eiszeit:
Wie die Ostsee entstand

Ihre entscheidende Formung erhielt die Ostsee während der beiden letzten Eiszeiten.

Steilufer und Geröllstrände
An den Küsten Holsteins, wie hier auf Fehmarn, brechen die aus Lockermaterial aufgebauten Moränenzüge steil zur See ab.

Die Ostsee ist eines der größten Brackwassermeere der Erde. Von mehr als 200 Flüssen erhält sie Süßwasser, ist jedoch nur durch das schmale Kattegat mit dem Atlantik verbunden. Von dort strömt, wenn überhaupt, Salzwasser in die Ostsee. Es gab Zeiten, so etwa von 1983 bis 1993, in denen so gut wie gar kein Salzwasser eindrang. Je weiter man sich vom Kattegat entfernt, desto stärker ist das Wasser ausgesüßt: Im Bereich der Insel Hiddensee liegt der Salzgehalt nur noch bei etwa einem Drittel dessen, was für die Weltmeere typisch ist.

Auch der Tidenhub unterscheidet sich deutlich von dem des Atlantik: An der Nordsee, in Wilhelmshaven am Jadebusen beispielsweise, liegt der Tidenhub bei 3,80 Metern, an der Ostseeküste beträgt er nur kaum wahrnehmbare 20 bis 50 Zentimeter. Dass dennoch gelegentlich Wasserstandsschwankungen von bis zu 1,50 Metern verzeichnet werden, ist vor allem auf die Stärke und Richtung des Windes zurückzuführen.

Die Entstehung der Ostsee ist im Wesentlichen den letzten beiden Eiszeiten zu verdanken: der Saale-Eiszeit, deren Gletschermassen

Zeugen der Eiszeit
Solche Felsblöcke, auch Findlinge genannt, haben eiszeitliche Gletscher - hier auf Rügen - zurückgelassen.

vor 230 000 bis 130 000 Jahren von Skandinavien aus das Land bedeckten, und der Weichsel-Eiszeit, die vor rund 70 000 Jahren begann und vor etwa 17 000 Jahren endete.

Altsteinzeitliche Jäger und Fischer

Die Hauptbarriere zwischen der späteren Ostsee und der Nordsee wurde während der Saale-Eiszeit aufgeschüttet: Die von Skandinavien her vordringenden Eismassen verfrachteten Gesteinsschutt, Sande und Tone, und nach dem Abschmelzen des Eises blieben die Moränen von Jütland und Schleswig-Holstein als über 100 Meter hohes Wallsystem liegen. Diese Grundmoränen sind bis heute erhalten: Es ist die sandige Geest, die zusammen mit den fruchtbaren Marschen an der Nordseeküste und dem abwechslungsreichen Hügelland an der Ostseeküste den landschaftlichen Dreiklang Schleswig-Holsteins bildet. Mit dem Gesteinsschutt wurden millionenfach auch jene gewaltigen Blöcke in den Ostseeküstenraum verfrachtet, die prägend für die steinzeitliche Megalithkultur sind. Die oft tonnenschweren Findlinge bildeten das Baumaterial für deren kulturelle Zeugnisse.

Vor 17 000 Jahren begann mit dem Ende der Weichsel-Eiszeit das Abschmelzen der auf Skandinavien, dem Gebiet der späteren Ostsee und dem norddeutschen Tiefland lastenden Eismassen. Dem sich zurückziehenden Eis folgten altsteinzeitliche Jäger und Fischer. Der Schmelzvorgang setzte im Süden ein, durch das Abfließen der Schmelzwasser entstand im Osten und Südosten der skandinavischen Halbinsel ein gigantischer Eisstausee: Ohne Verbindung zur Nordsee erstreckte er sich bis etwa 8000 v. Chr. in etwa von der heutigen Südküste Schwedens bis zum Finnischen Meerbusen und zum Ladogasee. Das Abschmelzen des Eises hatte nicht nur weitflächige Überflutungen zur Folge. Von der Last des bis zu 3000 Metern mächtigen Eispanzers befreit hob sich auch das Land: Die skandinavische Halbinsel hat sich in Norwegen bis heute um insgesamt etwa 300 Meter gehoben, in Stockholm beträgt die Hebung 4,2 Millimeter jährlich. Die Überflutungen und Landhebungen bewirkten, dass die Ostsee in relativ kurzer Zeit mehrfach ihr Aussehen veränderte. Aus dem Baltischen Eisstausee entwickelte sich über weitere Stadien das Myameer, das in etwa der heutigen Ostsee entspricht.

Fossile Meeresbewohner
Donnerkeile sind versteinerte Teile urzeitlicher Kopffüßler aus den Meeren der Kreidezeit.

Der besondere Tipp

Vom Baltischen Eisstausee zum Myameer

Baltischer Eisstausee (17 000–8000 v. Chr.): Der Baltische Eisstausee reichte in etwa vom heutigen Mittelschweden bis zum Finnischen Meerbusen und zum Ladogasee. Bornholm, Rügen und die dänischen Inseln gehörten zum Festland, im Norden begrenzte den Stausee das sich immer weiter zurückziehende Inlandeis.

Yoldiameer (8300–6800 v. Chr.): Während sich die Gletscher immer weiter nach Norden zurückzogen, wurde aus dem Baltischen Eisstausee die Yoldiameer genannte salzwasserhaltige Meeresstraße zwischen der Nordsee und dem Weißen Meer.

Ancylussee (6800–5500 v. Chr.): Durch die Heraushebung Skandinaviens wurde das Yoldiameer allmählich von der Nordsee und dem Weißen Meer abgeschnitten und in einen süßwasserhaltigen Binnensee verwandelt. Das Wasser stieg an und überflutete nach und nach den Bottnischen Meerbusen und die südliche Ostsee.

Littorinameer (5500–2500 v. Chr.): Durch den globalen Anstieg des Meeresspiegels entstand die im Wesentlichen bis heute vorhandene, relativ schmale Verbindung zur Nordsee über Skagerrak und Kattegat. Das salzige Nordseewasser drang in den Ancylussee ein – ein salzig-brackiges Meer entstand.

Limneameer (2500–600 v. Chr.): Dieses Stadium der Ostseebildung bezeichnet die andauernde leichte Aussüßung des Littorinameers.

Myameer (ab 600 v. Chr.): Hauptmerkmal des gegenwärtigen Ostseestadiums ist die anhaltende Landhebung im Bereich des Bottnischen Meerbusens und eine leichte Absenkung im Gebiet der südlichen Ostsee. Hebung und Senkung bewirken einen Anstieg des Wasserspiegels an der pommerschen Küste um rund 10 Zentimeter pro Jahrhundert, während der Pegel im Bottnischen Meerbusen um rund 1 Zentimeter jährlich fällt. Die Trennlinie zwischen Hebungs- und Senkungszone verläuft ungefähr vor der südlichen Ausbuchtung der Odermündung.

Wind und Wellen verändern die Küstenlandschaft

Während einer Reise entlang der Ostseeküste trifft man immer wieder auf dieselben charakteristischen Landschaftsformen – den Nehrungen, Haffs und Bodden. Sie sind allein durch Wind, Wellen und die Meeresströmungen entstanden.

Eine Nehrung ist ein relativ schmaler niedriger Sandstreifen, der eine flache Meeresbucht nahezu oder vollständig von der offenen See abriegelt. Auf diese Weise entsteht auf der Landseite ein Süßwassersee, ein brackiges Haff oder ein salzwasserhaltiger Bodden. Nehrungen entstehen, wo küstenparallele Strömungen und Wind an Steilküsten Lockermaterial abtragen und an markanten Vorsprüngen wieder anlanden. Durch die Sandanlandung wächst an diesen Vorsprüngen ein schmaler Sandhaken in das flache Wasser hinaus. Erreicht dieser Haken eine gegenüberliegende Landspitze, so ist aus ihm eine Nehrung geworden – eine Verbindung von Land zu Land. Auf diese Weise entstand auf Rügen die Schaabe als schmale Verbindung zwischen den Halbinseln Jasmund und Wittow, und auf der Nehrung, die die Hemmelsdorfer Förde von der Lübecker Bucht ab-

Aus Sandhaken entstehen Nehrungen und Lagunen – eine Küste in stetem Wandel.

Ein Haken wächst ins Meer
An vielen Küstenabschnitten trägt die Strömung Feinmaterial ab und lagert es in solchen Sandhaken, wie hier an der Insel Koos vor Greifswald, wieder ab.

geriegelt hat, liegen heute die Seebäder Timmendorfer Strand und Niendorf. Aus der ehemaligen Förde ist der Hemmelsdorfer Süßwassersee entstanden.

Nehrungen können sich nur in Gebieten mit geringem Tidenhub entwickeln, weshalb die Ostseeküste ein klassisches Nehrungsgebiet ist. Wäre der Tidenhub größer als einen Meter, würde die See die Sandhaken zerschlagen und den Aufbau von Nehrungen verhindern. Bei der Sturmflut von 1872 durchschlug die See die nur 50 Meter schmale Nehrung zwischen dem Ostseebad Rerik und der Halbinsel Wustrow, sodass Wustrow – dieses slawische Wort bedeutet Insel – vorübergehend wieder eine echte Insel wurde. Wie die Nehrung zwischen Rerik und Wustrow bieten die anderen oft kilometerlangen Nehrungen wunderschöne Sandstrände und sind viel besuchte Badeparadiese.

Für den Boots- und Schiffsverkehr werden viele Nehrungen vor größeren Gewässern durch künstliche Durchstiche oder Ausbaggerung offen gehalten. Beispiele dafür sind die Nehrung an der Mündung der Schlei und die Nehrung, durch die sich die Trave ihren Weg in die Lübecker Bucht bahnt. Der Priwitt genannte Sandhaken der Nehrung an der Mündung der Trave ist einer der größten an der deutschen Ostseeküste.

Durch die Entstehung von Nehrungen wurden Meeresbuchten abgetrennt: die Haffe. Andernorts werden sie als Lagunen bezeichnet. Die südliche und baltische Ostseeküste ist über weite Strecken eine typische Haffküste, die bedeutendsten Haffe sind das Stettiner, das Frische und das Kurische Haff. Eine Besonderheit ist das Salzhaff an der mecklenburgischen Küste: Durch die etwa einen Kilometer lange Nehrung zwischen dem Ostseebad Rerik und der ehemaligen Insel Wustrow wurde das Salzhaff zwar von der Ostsee abgeriegelt, da Wustrow jedoch eine Insel ist – und durch die Nehrung zur Halbinsel wurde – besteht auf der anderen Seite noch eine offene Verbindung zwischen dem Salzhaff und der See. Auf dieser anderen, südwestlichen Seite

von Wustrow wachsen jedoch zwei riesige Haken auf das Festland zu: Sobald sie das Festland erreichen, wird aus dem Salzhaff ein Binnensee.

Bodden – Ostseebuchten mit Schilfgürteln und Salzwiesen

Die Bodden – zu niederdeutsch (Meeres-)Boden – sind oft stark zergliederte Meeresbuchten, die eine nur geringe Wassertiefe und eine relativ enge Öffnung zur offenen See hin aufweisen bzw. durch Nehrungen und andere Strandversetzungen nahezu völlig von der See abgeriegelt sind. Ein Beispiel dafür ist der Große Jasmunder Bodden auf Rügen. Geologisch betrachtet handelt sich um die überfluteten Senken der aus der letzten Eiszeit stammenden Grundmoränenlandschaft. Da das Meer sehr schnell in diese Lücken eindrang, entstanden Hunderte von Buchten, aus denen höhere Moränenrücken wie Inseln ragten. Seit dem Ende des Fortschreitens der Überflutung trägt die See in einem steten Prozess Lockermaterial ab und lagert es an anderen Stellen

wieder an, sodass die für die Boddenlandschaft typischen Formen wie Sandhaken, Nehrungen und Halbinseln entstehen. Aufgrund ihrer geringen Tiefe, des im Vergleich zur offenen See geringeren Salzgehalts und des reichlich vorhandenen Lockermaterials sowie der allgemein schwachen Brandung neigen Bodden zur Verlandung. An ihren Ufern haben sich oft breite Schilfgürtel und Salzwiesen (die bei auflaufendem Wasser zum Teil vollständig geflutet werden) gebildet, unter Wasser wachsen verschiedene Algenarten.

Die Verlandung und die Strandversetzungen durch Haken-, Nehrungs- und Halbinselbildung haben die ursprünglich zungenförmigen Boddenkonturen im Lauf der Jahrtausende stark verändert und verändern sie noch heute. Diese als Küstenausgleichsprozesse bezeichneten Veränderungen sind am eindrucksvollsten vom Leuchtturm am Darßer Ort (siehe Seite 160) zu überblicken: Als der Leuchtturm 1848 errichtet wurde, brandete an seinem Fuß noch die See. Heute erstreckt sich dort kilometerweit das Anlandungsgebiet des Darßer Orts.

Überflutete Grundmoränen

Typisch für die Ostseeküste in Vorpommern sind die flachen salzarmen Boddengewässer.

Geheimnisvoll
Bei Lancken-Granitz türmen sich
mächtige Granitblöcke zu Rügens
besterhaltenen Hünengräbern auf.

Das Land der großen Steine

*Früher mystische Orte –
heute Natur- und Kultur-
denkmäler: Dolmen und
Großsteingräber.*

Wie ein Zeichen aus einer versunkenen Welt thront der
Dolmen von Lehmsiek auf
einem Hügel bei Haby südlich
von Eckernförde. Er ist das Bilderbuch-Bei-
spiel einer jener gewaltigen Anlagen, die vor
über 5000 Jahren zu Tausenden an der Ostseeküste errichtet wurden. Im Mittelalter von
Sagen und Legenden mit Riesen, Hexen und
dem Teufel in Verbindung gebracht, im
19. Jahrhundert zu Tausenden für den Haus-,
Straßen- und Brückenbau zerstört stehen
heute fast alle erhaltenen Dolmen als Natur
oder Kulturdenkmäler unter Schutz und be-
flügeln als älteste Zeugnisse menschlicher
Schöpferkraft die Phantasie. Es scheint, als
suchten immer mehr Menschen in einer immer schnelllebigeren Zeit Ruhe bei diesen uralten Steinen, die nicht für Märkte produziert
oder nach Modegesetzen geschaffen, sondern
für die Ewigkeit errichtet worden zu sein
scheinen. Jahrtausende haben sie überdauert
– länger als die Werke jeder anderen Kultur,
die es seither in Europa gegeben hat.

Findlinge: sagenumwobene Steinblöcke

Errichtet wurden die verschiedenen Großsteinbauten aus Findlingen. Findlinge sind große Felsblöcke, die durch Gletschertransport von Skandinavien Hunderte von Kilometern südwärts verfrachtet und dabei vom Eis kantenrund geschliffen wurden. Die meisten bestehen aus Granit. Erst um 1825 wurde die Herkunft der Blöcke erkannt. Bis dahin wurde ihre Existenz mit dem Teufel oder mit Riesen in Verbindung gebracht, weshalb sich um viele Findlinge Sagen und Legenden ranken. Wissenschaftlich werden sie als erratische Blöcke (lateinisch *errare* = irren) bezeichnet. Die oft tonnenschweren Steinblöcke gehörten bis zur industriellen Revolution sowohl als Einzelsteine als auch als Bausteine von Megalithanlagen und Kirchen zu den charakteristischen Merkmalen norddeutscher Landschaften, in denen sie millionenfach vorkamen. Vom 19. Jahrhundert an wurden die noch vorhandenen Findlinge zum Bau von Denkmälern, Torpfeilern, Grenzsteinen, Meilensteinen und vielem mehr zerschlagen. In dieser Zeit wurde auch der ursprünglich größte Findling Nordeuropas, der Große Stein von

Geschenk der Eiszeit
Zahlreiche Findlinge wurden vom 19. Jahrhundert an unter anderem als Grenzsteine verwendet.

Nardevitz auf Rügen, von 4 700 Tonnen auf 1 566 Tonnen reduziert.

Der Buskam vor der Nordküste des Göhrener Höft auf der Halbinsel Mönchgut beim Ostseebad Göhren auf Rügen ist mit einem Gewicht von 1 626 Tonnen und einem Rauminhalt von 600 Kubikmetern der größte Findling in Deutschland. Bei mittlerem Wasserstand ragt er 1,50 Meter hoch aus dem Wasser. Den Sagen nach können auf seiner Oberfläche bequem 40 Menschen tanzen. Der Name Buskam wird vom altslawischen Begriff *bogis kamien* abgeleitet und bedeutet Gottesstein. Schälchenförmige Aushöhlungen auf der Oberseite belegen seine Verwendung zu kultischen Zwecken in der Bronzezeit. Zu den schönsten Findlingen zählt der Schwanenstein von Lohme. Der 162 Tonnen schwere Stein besteht aus rötlichem Granit und lagert im flachen Wasser der Ostsee vor der Küste der Halbinsel Jasmund auf Rügen. Seinen Namen verdankt er der alten Vorstellung, dass Schwäne für die Ankunft neuer Erdenbürger sorgen, wenn die Störche in den Süden fliegen: Die Schwäne fischen die Kinder aus der See und legen sie auf dem Schwanenstein zum Trocknen ab, ehe sie den Eltern weitergegeben werden.

Megalithen: kultische Großsteinbauten

Die griechische Übersetzung von *mega lithos* für großer Stein (*mega* = groß, *lithos* = Stein) hat zur übergeordneten Bezeichnung Megalithkultur für alle Kulturen geführt, für die solche Großsteinbauten charakteristisch sind. Die Menschen der Megalithkultur verstanden es, Steine mit einem Gewicht von über 40 Tonnen kilometerweit zu transportieren und dann an besonderen Orten zentimetergenau zu platzieren. Ihre eigenen Häuser errichteten sie jedoch aus Holz und anderen vergänglichen Materialien.

Der besondere Tipp

Schalensteine

Eine Besonderheit der Megalithkultur sind die Schalensteine. Schalensteine sind Felsen oder Steine, in die rundliche Schalen von Fingerhutgröße, so genannte Näpfchen, bis Handteller- und Kesselgröße eingetieft sind: beispielsweise kreisrund, schoßförmig, nierenförmig, beckenförmig, oval, aber stets rundlich, nie kantig. In vielen Schalen sammelt sich Wasser, andere Schalen bleiben trocken, oft wurden Näpfchen auch an senkrechten Oberflächen, an denen sich kein Wasser sammeln kann, eingetieft. Viele Schalen weisen Abflussrinnen auf, vielfach sind Schalen und Rinnen miteinander verbunden.

Die meisten Schalensteine finden sich an Orten, die seit der Megalithzeit nachweislich als Kultplätze genutzt wurden. Durch Legenden und Kapellenbauten wurden sie christianisiert: Die Legenden deuten die Schalen als Knie- oder Fußabdrücke eines Heiligen oder eines Engels oder auch als Krallenspuren des Teufels. In Sagen werden Schalen mit Feen und Hexen in Zusammenhang gebracht. Die Schalen sind meist nicht datierbar. Einige Wissenschaftler behaupten, die Schalen seien durch natürliche Erosion entstanden. Andere nehmen an, die Schalen seien zu kultischen oder medizinischen Zwecken geschaffen worden: Das Wasser, das sich in ihnen sammelt, sei – vermischt mit Pflanzen, Tau, Mondlicht, Zaubersprüchen, Wünschen und anderen in alter Zeit als heilkräftig gedachten Zutaten – als Heilwasser betrachtet und zu therapeutischen Zwecken verabreicht worden. Religionsforscher sehen in den Weihwasserbecken katholischer Kirchen und auch in Taufsteinen mögliche Nachfolger dieser Schalen. Schalensteine, die sich auf Decksteinen vorgeschichtlicher Gräber befinden, enthielten möglicherweise Speiseopfer für die Toten.

Unverfälschte Megalithkultur
In dieser Art aufgestellte Langsteine, wie hier bei Lancken-Granitz auf Rügen, werden als Kromlech bezeichnet.

tisch oder im Viereck aufgestellt, so bilden sie einen Kromlech (krummer Ort). Auch Steinkreise werden als Kromlech bezeichnet.

Dolmen sind zu kultischen Zwecken errichtete Tischsteine (bretonisch *taol* = Tisch, *maen* = Stein). Sie sehen wie Steinhäuser mit tischähnlich flachem Dach aus. Ihre Wände bestehen aus plattigen Stützsteinen, die mit der Schmalseite auf den Boden gesetzt sind; eine Deckplatte liegt den Stützsteinen auf und überdeckt den Zwischenraum so, dass eine Kammer entsteht. Anders als die aufrecht stehenden Menhire waren viele Dolmen jahrhundertelang von Erde bedeckt und somit nicht sichtbar: Über der Kammer wurden Erdhügel aufgeworfen. Die meisten dieser Lang- bzw. Rundhügel hatten an ihrem Fuß jeweils eine Einfassung aus Findlingen. Ein Dolmen mit nur einer Deckplatte wird als einfacher Dolmen bezeichnet. Allseits geschlossene einfache Dolmen (ohne Eingang) gelten als Urdolmen, während die mit mehreren hintereinander platzierten Platten gedeckten Galeriedolmen *(Allée couverte)* fast alle aus späterer Zeit datieren und einen Eingang aufweisen. In etwa zwei Drittel aller Dolmen wurden Knochen gefunden – daher werden Dolmen auch als Grabanlagen bezeichnet, die restlichen Dolmen waren leer. Archäologen haben herausgefunden, dass an Dolmen keine Menschenopfer durchgeführt wurden, wie im 19. Jahrhundert fälschlicherweise behauptet wurde.

Wegen der vielen Werke aus der Megalithkultur in der Bretagne werden die beiden Grundtypen der Steinsetzungen international bretonisch bezeichnet: *Menhir* und *Dolmen*. Menhire sind säulenartige Langsteine (bretonisch *maen* = Stein, *hir* = lang), die an besonderen Orten zu kultischen Zwecken in die Erde gesteckt und vertikal zum Boden aufgerichtet wurden. Sind mehrere Menhire kreisförmig, im Halbkreis, ellip-

Hünen-, Riesen- oder Langbetten

So werden jene norddeutschen Megalithanlagen bezeichnet, bei denen eine rechtwinklige, ovale oder trapezförmige Einfriedung aus Findlingen eine Erdaufschüttung umgeben. Innerhalb der Einfriedung kann sich eine Steinkammer befinden. Das majestätische Langbett von Karlsminde wurde nach archäologischen Untersuchungen als erster Megalithbau Schleswig-Holsteins wieder in seinen ursprünglichen Zustand versetzt: Weithin sichtbar liegt das 58 Meter lange und 6,50 Meter breite »Hünenbett« auf einer von alten Eichen

Schattenspender
Dieser große Findling ist ein monumentaler Zeuge der Eiszeit und an heißen Tagen ein durchaus wirkungsvoller Schutz vor der Sonne.

bestandenen Kuppe bei Waabs an der Ostküste von Schwansen. Auch die rekonstruierten drei Steinkammern sind öffentlich zugänglich. Die in ihnen geborgenen eisenzeitlichen Funde beweisen, dass viele Megalithplätze auch nach dem Ende der Jungsteinzeit weiter für kultische Zwecke genutzt wurden.

Die neolithische Revolution – Basis für neue Rituale

Die Rätsel der großen Steine stehen alle im Zusammenhang mit der neolithischen Revolution. Ab etwa 8000 v. Chr. vollzogen die Steinzeitmenschen den Übergang von der altsteinzeitlichen Wildbeuterkultur zur produzierenden Kultur der Jungsteinzeit. Dieser Übergang war von einem derart grundlegenden Strukturwandel begleitet, dass er als neolithische Revolution bezeichnet wird: Aus nomadisierenden Jägern und Sammlern wurden sesshafte Ackerbauern und Viehzüchter, für die der Begriff Fruchtbarkeit zentrale Be-

deutung gewann. Produzierende Tätigkeit und Sesshaftigkeit schufen erstmals die Möglichkeit langfristiger Kapitalbildung, die Fruchtbarkeit der Äcker wurde zyklisch berechenbar auf der Basis eines solaren Zeitplaners, des neolithischen Ackerbaukalenders, die Fähigkeit der Frau, neues Leben hervorzubringen, wurde in Parallele gesetzt zur Fruchtbarkeit der Mutter Erde. Diese neue, am Fruchtbarkeitsaspekt orientierte Lebensform veränderte das Wirtschaftsleben ebenso wie die Sitten und Gebräuche, die religiösen Vorstellungen, das Verhältnis zwischen Frauen und Männern und das soziale Gefüge. Alles in allem legte die neolithische Revolution die technischen und geistigen Grundlagen für die Jahrtausende bis zu den Umbrüchen der industriellen Revolution im 19. Jahrhundert.

Errichtet für die Ewigkeit
Das Herzogsgrab auf Mönchgut ist rund 4000 Jahre alt. Im Grab wurden 40 Skelette gefunden.

Gewaltige Anlagen
Innerhalb der Einfriedung von Hünengräbern kann sich eine Steinkammer befinden.

Die Hanse – Blütezeit des Nordens

Der Reichtum der Hansestädte hat bis heute sichtbare Spuren hinterlassen.

Als mächtigste Vereinigung von Bürgern im Heiligen Römischen Reich Deutscher Nation prägte die Hanse vom 13. bis ins 16. Jahrhundert Wirtschaft und Kultur in den Städten an der Ostseeküste. Anders als geistlichen und weltlichen Feudalherren ging es den Hansestädten nicht um territoriale, sondern um wirtschaftliche Macht. Freien Handel zu treiben, neue Märkte zu erschließen und zu sichern sowie Synergieeffekte zu erzielen waren die zentralen Anliegen. Die erwirtschafteten Gewinne auch zur Förderung von Kunst, Wissenschaft und Bildung anzulegen, war ein weiterer wichtiger Anspruch. So wurde 1419 in der Hansestadt Rostock die erste Universität an der Ostseeküste und eine der ersten deutschen Universitäten überhaupt gegründet, außerdem wurden soziale Einrichtungen wie Kranken- und Armenhäuser errichtet und unterhalten. Als Zeichen des Wohlstands wurden prunkvolle Repräsentationsbauten wie Kirchen und Rathäuser gebaut, die von Künstlern ausgeschmückt wurden.

Die Hanse entstand im 12. Jahrhundert als informelle Interessengemeinschaft städtischer Kaufleute mit dem Ziel, durch Kooperation wirtschaftliche Vorteile zu erlangen sowie durch gemeinsames Auftreten gegenüber in- und ausländischen Machtapparaten (Städte, Fürsten, Könige) Handelsprivilegien zu erhalten. Im 13. Jahrhundert spielte außerdem die gemeinsame Verteidigung gegen Piraten, Raubritter und andere Kriminelle eine wichtige Rolle.

Anlässlich des ersten Hansetags, der 1358 in Lübeck stattfand, ist erstmals der Begriff Städte von der deutschen Hanse belegt. Dieser Städtehanse gehörten in ihrer Glanzzeit rund 200 Städte von Flandern und Westfalen bis zum Finnischen Meerbusen an.

Mit dem Dreibund, den die Hansestädte Lübeck, Wismar und Rostock 1259 zum Schutz ihrer Handelsschiffe vor Piraterie schlossen, begann die Geschichte des wendischen Quartiers der Hanse. Die Hansestädte an der Ostseeküste wurden als wendisch bezeichnet, weil hier vor der deutschen Ostkolonisation Slawen siedelten und die verschiedenen Slawenstämme unter der deutschen Bezeichnung Wenden zusammengefasst wurden. Weitere wendische Hansestädte waren Stralsund, Greifswald, Demmin und Anklam. Sie beteiligten sich 1283 neben Lübeck an der Formulierung des Rostocker Landfriedens. Der Frieden war für die Hansekaufleute von existenzieller Bedeutung: Während geistliche und weltliche Herren in endlosen Kriegen Länder zu erobern versuchten und dabei rücksichtslos Menschenleben, Arbeitsplätze, Architektur, Kunstwerke und Kapital vernichteten, wollten die Hansekaufleute Handel treiben und die Früchte des Handels genießen – in Frieden.

Die Erfolge der Hanse basierten zu einem wesentlichen Teil auf der Friedenssicherung. Die Hansestädte konnten aber auch Krieg führen, wenn sie bedrängt wurden. Das taten sie beispielsweise 1367–70 gegen den dänischen König Valdemar IV. Atterdag, der die Macht der Hansestädte zurückdrängen wollte. Der Frieden von Stralsund beendete am 24. Mai 1370 den Krieg: Er sicherte die wirtschaftliche Vormachtstellung der Hanse im gesamten Ostseeraum und zeigte die Hanse auf dem Höhepunkt ihrer Macht.

Prunkgiebel künden vom Wohlstand
Je größer Macht und Einfluss der Bürger waren, desto prachtvoller gestalteten sie die Giebel ihrer Häuser. Beispiele dafür sieht man in der Wokrenter Straße in Rostock.

Noch nicht einmal 150 Jahre später, also um 1500, begann der Niedergang der Hanse. In einem sich verändernden und zunehmend vernetzteren wirtschaftlichen System genügte die Konzentration auf Warentransport allein nicht mehr, während andere Unternehmen Banken gründeten, ganze Länder ihren Interessen unterwarfen (die Welser ließen sich mit Venezuela, die Fugger mit Peru und Chile belehnen) und eine aggressive Kreditpraxis verfolgten. Allmählich verlor die Hanse die Unterstützung der jeweiligen Staaten, die die Hanse als nützliche Macht gefördert hatten. Im Jahr 1559 schränkte der dänische Norwegen-Statthalter Erik Rosenkrantz die Privilegien der Hanse in Bergen drastisch ein, und mit dem Verlust der Hanseprivilegien erlosch 1598 unter der Herrschaft von Königin Elizabeth I. auch die Bedeutung des Stalhofs in London.

Die Hansestädte – architektonische Glanzstücke

Auch wenn die Hanse längst der Vergangenheit angehört, spiegeln die Hansestädte ein lebendiges Erbe wider. Die schmucken Rathäuser, Handels- und Bürgerhäuser mit ihren verzierten Stufengiebeln im Renaissancestil

waren Zeichen des Wohlstands der Hanse – je prachtvoller die Giebelfront eines Hauses war, umso reicher war sein Besitzer. Die Hansezeit machte die Altstädte von Lübeck, Wismar und Stralsund zu den architektonisch und baugeschichtlich schönsten der Welt. Sie stehen als Weltkulturerbe unter dem Schutz der UNESCO. Auch außerhalb der deutschen Ostseeküste sind ehemalige Hansestädte Weltkulturerbe, so die Altstadt von Reval in Estland, die Altstadt von Riga in Lettland, das Hanseviertel Bryggen in der westnorwegischen Hafenstadt Bergen, die Altstadt von Visby auf Gotland, die Lebkuchenstadt Thorn an der Weichsel und die Altstadt von Brügge in Flandern.

Wege zum Reichtum
Der Transport zu Wasser – im Bild ein historisches Segelschiff in Lübeck – ermöglichte den Hansestädten den Handel mit wertvollen Gütern.

Stein auf Stein
Gebäude aus rotem Backstein – gleich ob Kirche oder Profanbau – geben norddeutschen Küstenstädten ein unverwechselbares Gesicht. Hier die Nikolaikirche in Wismar.

Faustrecht der Ostsee:
Störtebeker
und die Liekedeeler

Die Vitalienbrüder und ihre Anführer Claas Störtebeker und Godeke Michels sind die berühmt-berüchtigsten Ostseepiraten, die es jemals gab. Zur Erinnerung an die rauen Zeiten der Piraterie werden auf der Freilichtbühne von Ralswiek am Großen Jasmunder Bodden alljährlich im Sommer die Störtebeker Festspiele veranstaltet: Tausende von Menschen beobachten die von Kanonendonner begleiteten Seeschlachten des Piratenspektakels, das mit nachgebauten Schiffen einen kleinen Ausschnitt der mittelalterlichen Vergangenheit Rügens auferstehen lassen soll.

Der Überlieferung nach wurde Störtebeker als Sohn eines Leibeigenen in Ruschvitz auf Jasmund in der heutigen Gemeinde Glowe geboren. Nach einer brutalen Misshandlung durch den Gutsbesitzer soll er in einem Fischerboot Richtung Kap Arkona geflohen und dort zufällig auf die Kogge des Seeräuberführers Godeke Michels getroffen sein:

Störtebeker gab Proben seines Könnens ab – er bog mühelos ein Hufeisen auseinander, drehte einen Zinnschlüssel zu einer Rolle zusammen und leerte (stürzte) mehrere Becher Bier – und wurde in die Gemeinschaft der Freibeuter aufgenommen. Da sich Störtebeker auf Jasmund hervorragend auskannte, wurde die Kreideklippenküste der Stubnitz sein bevorzugtes Versteck. In einer Höhle der Großen Stubbenkammer soll er unermessliche Schätze versteckt haben, aber auch andernorts erinnern Sagen an ihn, so der Ribnitzer Störtebekerhafen am Ansatz des Fischlands.

Eine legitimierte Raubtruppe

Die Vitalienbrüder entstanden in der Zeit, als sich das nordische Unionskönigreich Dänemark-Schweden-Norwegen unter Margrethe I. bildete. 1389 besiegte Margrethe den Mecklenburger König Albrecht (König von Schweden und Regent in Mecklenburg-Schwerin) in der Schlacht von Åsle bei Falköping und führte ihn in Gefangenschaft. Lediglich die Stadt Stockholm, in die im Gefolge Albrechts viele Deutsche gezogen waren, widersetzte sich der Königin: Die einflussreichen deutschen Kauf-

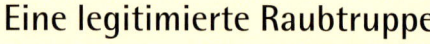
Könige der Lüfte
Neben Störtebekers Abenteuern ist auch eine spannende Greifvogelschau zu sehen.

Alljährliches Spektakel
Bei den Störtebeker Freilicht-Festspielen
sind die Ralswieker vor und hinter der
Bühne aktiv dabei. Es gilt, allerlei Aben-
teuer des Claas Störtebeker effektvoll
in Szene zu setzen.

leute und Handwerksmeister ließen mehrere
schwedisch gesinnte Bürger umbringen und
vertrieben 300 weitere aus der Stadt. Damit
war Stockholm im Prinzip deutsch. Margrethe ließ die Stadt belagern, während der
mecklenburgische Adel und die Hansestädte
Rostock und Wismar die Losung ausgaben:
»Rettet den König aus der Gefangenschaft
der Königin und unterstützt unsere Lands-
leute in Stockholm!«

Als alle Versuche zur Befreiung des ge-
fangenen Mecklenburgers scheiterten, riefen
Wismar und Rostock 1392 zur Plünderung
Schwedens, Norwegens und Dänemarks auf:
Die beiden Hansestädte stellten Kaperbriefe
aus für Gruppen, die norwegische, dänische
und schwedische Schiffe eroberten und
Lebensmittel (Vitalien) in das von Margrethe
belagerte Stockholm brachten. Für die Vitalienbrüder war dieses Piratengeschäft äu-

ßerst einträglich, für die Kaufleute und ärmeren Schichten
der Bevölkerung war es eine
Katastrophe: Die Raubzüge
der Vitalienbrüder ließen den
Handel in der westlichen Ostsee weitgehend
zusammenbrechen und führten zu einer
Verteuerung der Lebensmittel – der Preis für
1 Kilo Heringe stieg von 8 auf über 80 lübische Mark – und zu Hungersnöten, während
die Vitalienbrüder nicht nur Schiffe plün-
derten, sondern ganze Landstriche verwüste-
ten und die reiche Beute verprassten.

Erst als sich die Königin, die Hanse, der
Deutsche Orden und die Mecklenburger auf
eine gemeinsame Haltung einigten, wurde
das Räuberunwesen beendet. 1395 verzich-
tete König Albrecht auf den schwedischen
Thron, wurde aus der Gefangenschaft ent-
lassen und kehrte als Herzog Albrecht III.
von Mecklenburg-Schwerin in die Heimat
zurück. Da die Freilassung Albrechts mit der
Ausrufung eines allgemeinen Friedens verbunden war, waren die Vitalienbrüder nun
arbeitslos und wichen schließlich in die

Nordsee aus. 1401 schlug eine hamburgi-
sche Hanseflotte die von Claas Störtebeker
und Godeke Michels geführten Vitalienbrüder in der Emsmündung und bei Helgoland
vernichtend. Die Anführer und weitere 150
Spießgesellen wurden auf dem Grasbrook
vor Hamburg enthauptet, ihre Köpfe wurden zur Abschreckung längs der Elbe auf
Pfähle gespießt.

Die Erinnerung an Störtebeker und Godeke Michels hielt sich durch die Hanse-
rezesse (Beschlüsse der Hanse) und andere
Akten und Chroniken ebenso wie durch
Erzählungen und Lieder. Nach dem Untergang der Hanse wurde Störtebeker ab dem
16. Jahrhundert in Liedern und Sagen zum
legendären Beschützer der Armen und
Ausgebeuteten, zum Robin Hood der See,
stilisiert. Da die Vitalienbrüder auch Lieke-
deeler (Gleich-Teiler) genannt wurden,
weil sie angeblich das Raubgut zu gleichen
Teilen unter sich aufteilten, wurden sie von
der Vorhut des Proletariats zu Urkommu-
nisten im Kampf gegen die kapitalistische
Hanse verklärt.

Der Seebädertourismus

Blaues Meer, Sandstrände und eine frische Brise – das lockt seit jeher Gäste aus der Stadt an die Ostseeküste.

Seit dem ausgehenden 19. Jahrhundert ist der Seebädertourismus der aufstrebende Wirtschaftszweig der Ostseeküste. Er hat heute den Charakter einer Schlüsselindustrie, die Hunderttausende von Arbeitsplätzen nicht nur in touristischen Einrichtungen vor Ort, sondern auch deutschlandweit wie beispielsweise im Baugewerbe, im Gesundheitswesen und in der Lebensmittelindustrie sichert.

Als nach der deutschen Wiedervereinigung der von Gewerkschaft und Partei organisierte Massentourismus in Mecklenburg und Vorpommern ausblieb, erhob sich in einigen Orten trotz milliardenschwerer Solidaritätszahlungen aus dem Westen ein Jammern. In anderen Orten wurden die hohen Transferzahlungen und das Ende der Zentralverwaltungswirtschaft dagegen als Chance begriffen: Aus der Zeit vor 1933 stammende Villen, Pensionen, Hotels, Landgüter und Schlösser, die zu DDR-Zeiten heruntergewirtschaftet worden waren, wurden restauriert und modernen Standards angepasst. Diese Orte blühten auf und die Gästezahlen nahmen bald explosionsartig zu: Im Seebad Kühlungsborn wurden im Jahr 1995 nur 98 000 Ankünfte gezählt, im Jahr 2002 waren es bereits über 212 000. Trotz Wirtschaftskrise hatte sich die Zahl mehr als verdoppelt. Noch besser lief die Entwicklung bei den Übernachtungen: Waren es in Kühlungsborn im Jahr 1995 nur 432 800, waren es im Jahr 2003 mehr als 1,6 Millionen. Auch die Zahl der Tagesgäste stieg im Jahr 2003 um ca. 1500 auf 38 400.

Die Geburtsstunde des Seebäder-Tourismus

Als der mecklenburgische Hofrat und Leibmedicus Samuel Gottlieb Vogel seinem Herzog Friedrich Franz I. von Mecklenburg-Schwerin riet, das Baden im Meer könne bei vielen »Schwachheiten und Kränklichkeiten« heilsam sein, und der Herzog diesem Rat folgend am 8. September 1793 im Meer am Heiligen Damm badete, war dies die Geburtsstunde des Seebädertourismus an der Ostsee. Heiligendamm war das erste Ostseebad, in dem gezielt alle Einrichtungen aufgebaut wurden, die ein Seebad ausmachen: Das Baden im Meer war die Grundlage, hinzu kamen medizinische Betreuung, komfortable Unter-

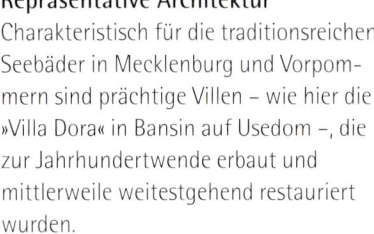

Repräsentative Architektur
Charakteristisch für die traditionsreichen Seebäder in Mecklenburg und Vorpommern sind prächtige Villen – wie hier die »Villa Dora« in Bansin auf Usedom –, die zur Jahrhundertwende erbaut und mittlerweile weitestgehend restauriert wurden.

künfte, architektonisch anspruchsvoll gestaltete Bauwerke, erlesene Gastronomie und Unterhaltungsstätten zum Sehen und Gesehenwerden wie die 1823 eröffnete Galopprennbahn. Dieses Konzept wurde zunächst in allen Seebädern ähnlich umgesetzt, auch wenn sich die Unterhaltungsstätten von Ort zu Ort unterschieden: In Putbus erwartete die Badegäste beispielsweise keine Galopprennbahn, sondern ein Theater.

Ob Heiligendamm, Boltenhagen, Putbus, Heringsdorf, Travemünde oder Swinemünde: Durch den Seebädertourismus entstanden nicht nur neue Arbeitsplätze, auch die ortsansässigen Fischer und Bauern

Badevergnügen zu Kaisers Zeiten
In solchen Badekarren wurden die gut situierten Sommerfrischler vom Strand ins Meer gezogen.

Der besondere Tipp

Erfindung des Strandkorbs

Der Strandkorb als Windschutz, Schattenspender, Kuschelecke und manchmal auch Liebeslaube ist ein Symbol für das Strandleben an deutschen Küsten. Seinen Siegeszug trat dieses typisch deutsche »Möbelstück« 1882 in Warnemünde an: Die von Rheuma geplagte Rostockerin Elfriede Maltzahn wollte trotz Krankheit nicht auf ihre Ausflüge an die Ostsee verzichten und ließ sich von dem mecklenburgischen Hof-Korbmacher Wilhelm Bartelmann einen Strandstuhl anfertigen, der Schutz vor dem Wind bot. Aus dem Möbel von 1882, das einem aufgestellten Wäschekorb glich, sind längst Zweier- und Dreier-Sitzgelegenheiten geworden, in die Luxusmodelle sind CD-Player und ein kleiner Kühlschrank integriert. Sondermodelle gibt es für Kinder und für Hunde.

Auch wenn der Strandkorb das Wahrzeichen deutschen Strandlebens von Borkum bis Usedom ist: Die Strandkörbe an Ost- und Nordsee unterscheiden sich deutlich. Strandkörbe an der Nordsee sind kantig und geradlinig, die Ostseestrandkörbe sind rundlicher und wirken gemütlicher.

Deutschlands älteste Strandkorbfabrik nahm 1925 in Heringsdorf auf Usedom die Produktion auf, heute werden hier jährlich zwischen 5000 und 6500 Stück gefertigt. Allerdings muss nur ein geringer Teil dem Seewind trotzen: Zwei Drittel der Produktion gehen ins Binnenland, denn der Strandkorb ist zu einem Trendmöbel geworden für Haus und Garten, aber auch in Bars und Cafés.

Komfort am Badestrand
An der Ostseeküste wurden sie erfunden – die behaglichen Strandkörbe.

profitierten von der Entwicklung, indem sie am Strand Badekarren aufstellten und vermieteten, Gästen ihre Stuben überließen oder die Badegäste in Badebooten aufs Meer ruderten. Dort sprangen die Herren und Damen vor Blicken geschützt splitterfasernackt in die Wellen.

Der eigentliche Seebäderboom begann nach der Gründung des Deutschen Kaiserreichs (1871) mit der Börsenhausse am Anfang der Gründerzeit, mit dem Ausbau des Eisenbahnnetzes und einer zunehmenden Demokratisierung der Gesellschaft. Die Milliarden an Kriegsentschädigungen, die Frankreich nach dem Deutsch-Französischen Krieg (1870/71) zahlen musste, lösten in Deutschland eine nie dagewesene Aktienrallye mit zunächst traumhaften Renditen aus. Ostseebad-Aktiengesellschaften wurden gegründet mit dem Ziel, systematisch Seebäder aufzubauen und zu vermarkten (Glücksburg). Der Börsencrash von 1873 wirkte sich zwar auf die Industrie, jedoch kaum auf die Seebäder aus. Nach der Eröffnung der Eisenbahnlinie nach Swine-

münde 1876 entwickelte sich Usedom zur Badewanne Berlins. Nach der Gründung der Aktiengesellschaft Ostseebad Binz 1888 setzte eine rege Bautätigkeit ein. Binz wurde Urlaubsort für Großindustrielle, es entstand das eindrucksvolle Bäderarchitektur-Ensemble mit repräsentativen Villen und Pensionsgebäuden aus der Zeit um 1900. Zu den markanten Stilelementen dieser Bäderarchitektur zählen die hölzernen Loggien mit ihren feingliedrigen Arkaden und dem charakteristischen Laubsägedekor.

Während der Seebädertourismus nach der Gründung der Republik in den Goldenen Zwanzigern weiter demokratisiert wurde, konnten sich Wirtschaftsbosse, Filmstars oder Schriftsteller wie Maxim Gorki, eine Ikone des sozialistischen Realismus, den Aufenthalt in hochpreisigen Objekten leisten, aber nicht die so genannten kleinen Leute. Die Nationalsozialisten brachen diese festgefügte Struktur auf: Sie initiierten den Massentourismus für regimetreue Volksgenossen, auch der unteren Einkommensschichten. Die NS-Organisation, die dies in die Wege leitete, hieß »Kraft durch Freude« (KdF). Die gigantischste Anlage dieser Bewegung sollte in unmittelbarer Nachbarschaft von Binz entstehen: Am 2. Mai 1936 wurde der Grundstein gelegt für das KdF-Seebad Rügen, in dem 20 000 Menschen einen organisierten Pauschalurlaub mit Freizeitangebot und »politischer Betreuung« verbringen sollten. Auf einer Länge von mehr als vier Kilometern sollten an der Prorer Wiek sechsgeschossige Bettenburgen, Tinghallen, ein Wellenbad, Aussichtstürme und Seebrücken für die KdF-Urlaubsdampfer entstehen. Der Zweite Weltkrieg stoppte dieses Bauvorhaben, heute ist Prora eine der größten Bauruinen Europas.

Vom Massentourismus zum exklusiven Individualtourismus

Während des Kalten Krieges erlebte in beiden deutschen Staaten der staatlich geförderte Massentourismus an der Ostseeküste den Durchbruch. Das Ergebnis sind zahlreiche Bausünden in der ehemaligen DDR ebenso wie in der alten Bundesrepublik. In Schleswig-Holstein wurden zwischen Flensburg und Travemünde allein in den Jahren 1969 bis 1973 15 touristische Großprojekte mit

Die Kaiserzeit lässt grüßen
Charmante kleine und große Villen bezeugen den Aufstieg des Fischerdorfs Bansin auf Usedom zum kaiserlichen Seebad von Welt.

rund 12 000 Wohneinheiten aus dem Boden gestampft. Die hohen Subventionen für diese Projekte wurden damit begründet, dass sich der Tourismus positiv auf die regionalwirtschaftliche Entwicklung für strukturschwache, landschaftlich reizvolle Gebiete auswirke. Die Wohnkomplexe sollten in enger räumlicher und funktionaler Verbindung mit Kur- und Freizeitanlagen stehen und auch Gewerbe- und Dienstleistungsbetriebe umfassen. Auf diese Weise entstanden die großen Ferienanlagen des modernen Massentourismus.

Seit der deutschen Wiedervereinigung verstärkt sich der Trend hin zu einer Art Exklu-

sivtourismus: Nicht wenige lehnen die massentouristischen Großanlagen ebenso ab wie »Ballermannstrände«. So schuf der Konzern Damp die Reha-Klinik Schloss Schönhagen inmitten einer malerischen Parklandschaft 1994–96 durch Umbau eines First-class-Hotels. Aber nicht nur in Schwansen, auch im Klützer Winkel, auf Rügen und andernorts in den Gebieten, wo es bis 1990 »volkseigene Strände« gab, werden Gäste heute in ruhigen Schlössern oder schlossähnlichen Landgütern verwöhnt. Das bislang pompöseste Projekt dieser Art ist das 2003 eingeweihte Grand Hotel Kempinski in Heiligendamm.

Sommerliches Badeleben
Besonders stilvoll präsentieren sich Hotels und Villen in Kühlungsborn mit seinem zentral gelegenen Badestrand.

Leuchttürme – Wegweiser der Seefahrt

Zu den markantesten Bauten der Ostseeküste zählen die Leuchttürme. Viele von ihnen können bestiegen werden und bieten großartige Panoramen. Hier folgt eine kleine Auswahl.

Arkona (Rügen)

Der historische Schinkelleuchtturm und der 1902 in Betrieb genommene moderne Leuchtturm sind das Wahrzeichen von Kap Arkona (siehe Seite 144).

Bastorf (Buk)

Auf dem Bastorfer Signalberg südlich der Bukspitze steht Deutschlands höchstgelege-ner Leuchtturm. Seit 2003 kann er wieder bestiegen werden. Er ist ein beliebter Rastpunkt für Fuß- und Radwanderer und bildet bei klarer Sicht einen der schönsten Aussichtspunkte an der mecklenburgischen Küste. 1876 wurde der runde rote Backsteinturm auf dem 78,6 Meter hohen Bastorfer Signalberg aufgemauert, seit 1878 warnt er mit einer Feuerhöhe von 95,3 Metern vor der lang gestreckten Sandbank Hannibal in der Wismarbucht.

Bülk (Kieler Förde)

Der 1862–65 errichtete Leuchtturm Bülk ist der älteste Leuchtturm an der Kieler Förde. Der weiße Turm mit schwarzem Band und zwei Galerien ist 25,6 Meter hoch und bezeichnet als Orientierungsfeuer die Zufahrt in die Kieler Förde und mit rotem Warnsektor die Untiefe Stollergrund. Die Aussichtsplattform bietet ein exzellentes Panorama.

Unübersehbarer Blickfang
Der Leuchtturm auf dem Bakenberg ist das Wahrzeichen der Insel Hiddensee.

Darßer Ort (Darß)

Der älteste noch in Betrieb befindliche Leuchtturm Deutschlands ist der meistbesuchte an der Ostseeküste (siehe Seite 160).

Dornbusch (Hiddensee)

Der als Aussichtsturm genutzte Leuchtturm auf dem Bakenberg ist das Wahrzeichen der Insel Hiddensee (siehe Seite 147).

Falshöft (Angeln)

Der weiß-rot gestrichene ehemalige Leuchtturm Falshöft an der Nordspitze der Landschaft Angeln steht unter Denkmalschutz und wird als Trauzimmer der Gemeinde Pommerby genutzt: Mehr als 300 Paare haben sich in dem 43 Stufen hoch gelegenen Trauzimmer schon das Jawort gegeben. Ab 1910 bezeichnete der 24,4 Meter hohe Gusseisenturm als Orientierungsfeuer die Zufahrt in die Flensburger Förde. 2002 nahm ihn das Schifffahrtsamt Lübeck außer Betrieb, als Seezeichen zählt er bei Tage weiterhin zu den markanten Landmarken der Region. 2003 konnte er dank zahlreicher Spenden von der Gemeinde Pommerby in einer dramatischen Aktion – »eine Gemeinde kämpft um ihren Leuchtturm« – erworben werden.

Flügge (Fehmarn)

38 Meter reckt sich der rot-weiße Flügger Leuchtturm in den Himmel über Fehmarn und bietet einen entsprechend fantastischen Blick. Wie der Leuchtturm am Darßer Ort befindet er sich dank Naturschutz in autofreiem Gebiet. Gut zehn Minuten dauert die Wanderung von den Surfstränden am Flügger Hof durch das Naturschutzgebiet am Krumsteert, dann kann man die 162 Stufen im höchsten Leuchtfeuer der Insel erklimmen (außer montags). Der achteckige Turm wurde 1916 in Betrieb genommen, 1977 erhielt er die rot-weiße Verkleidung aus Platten, die den Backstein gegen die raue Witterung schützen sollen.

Schleimünde (Schleimündung)

1871 erhielt die damals neue Nordermole an der Schleimündung den Leuchtturm Schleimünde als Ansteuerungs- und Orientierungsfeuer. Kein anderer Leuchtturm wurde so oft umgemalt wie er: Zunächst war er gelb, ab 1890 dunkelgrau, dann wieder gelb, ab 1910 hellgrau, ab 1920 schachbrettartig rot-weiß gewürfelt mit rotem Gesims und grauer Laterne, dann schwarz-weiß gewürfelt. Heute ist der 14 Meter hohe Turm kunststoffverkleidet – weiß mit schwarzem Bund. Das Leuchtfeuer in 15 Meter Höhe ist automatisiert und wird von der Verkehrszentrale in Travemünde fernüberwacht.

Allerdings lässt er sich nur vom Ausflugsdampfer oder Boot aus besichtigen: Er liegt im Naturschutzgebiet Lotseninsel.

Travemünde (Lübecker Bucht)

Der alte Travemünder Leuchtturm wurde 1972 außer Betrieb genommen, steht jedoch als ältester Leuchtturmbau an der Ostseeküste als Kulturdenkmal unter Schutz. Der 30 Meter hohe runde Backsteinturm wurde 1539 an der Stelle von Deutschlands erstem Leuchtturm überhaupt errichtet. Nach einem Blitzeinschlag in den Holzaufbau wurde der obere Teil im Jahr 1827 in Anlehnung an die ursprüngliche Form in Backstein mit umlaufender Galerie erneuert. 1972 wurde das in 31 Meter Höhe leuchtende Blinkfüer abgeschaltet, da es vom Hochhausbau des Hotels Maritim verdeckt wurde. Während auf dem Dach des Maritim-Hochhauses 1974 das höchste Leuchtfeuer

Der höchstgelegene Leuchtturm Deutschlands
Von der mecklenburgischen Küste aus sendet der Bastorfer Leuchtturm seine Signale über das Meer.

Deutschlands (119 Meter) installiert wurde, zog in die Räume des alten Leuchtturms das Schifffahrtszeichen-Museum ein. Nach einer Komplettsanierung wurde der alte Leuchtturm 2003 wieder eröffnet: 142 Stufen führen hinauf zur Turmspitze. Zum Leuchtturmkomplex gehören auch das Wohnhaus des Leuchtturmwärters und das Hus Blinkfüer, das früher als Geräte- und Lotsenhaus diente.

Warnemünde (Rostock)

Der 31 Meter hohe Leuchtturm Warnemünde weist nicht nur Schiffen den Weg in den sicheren Hafen, er bildet auch den attraktivsten Aussichtspunkt an der Mündung der Warnow: Von überall im Seebad Warnemünde zieht der weiße runde Klinkerbau mit seinen dunkelgrünen Streifen und der Laterne mit dem kuppelförmigen Kupferdach die Blicke auf sich, und von der Aussichtsgalerie in knapp 30 Meter Höhe überblickt man die ganze Stadt Warnemünde. Im Oktober 1897 wurde der Turm in Betrieb genommen.

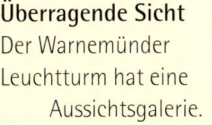

Überragende Sicht
Der Warnemünder Leuchtturm hat eine Aussichtsgalerie.

Grandiose Küstenwege
Auf ausgiebigen Wanderungen zeigt sich
der Zauber der einzigartigen Küstenlandschaft auf Rügen besonders eindrucksvoll.

Auf Schusters Rappen
an der Ostseeküste entlang

**Wanderer finden
an der Ostseeküste
ein ausgezeichnetes
Wegenetz.**

Gleich vier Europäische Fernwanderwege erschließen die deutsche
Ostseeküste: E 9 und E 10 sind mit
dem Zeichen Blaustrich auf wei-
ßem Grund und dem gelegentlichen Zusatz
Europäischer Fernwanderweg ausgeschildert,
für E 1 und E 6 steht das weiße bzw. schwarze
Andreaskreuz als Markierung.

Der Europäische Fernwanderweg

Der E 9 folgt vom Priwall an der Travemün-
dung der Buchtenküste Mecklenburgs und

der Boddenküste Vorpommerns nach Wolgast, wo er auf die Insel Usedom wechselt
und zur polnischen Grenze führt. Vom Bahnhof Travemünde-Hafen bis in das Seebad
Ahlbeck auf Usedom ist der Fernwanderweg
409 Kilometer lang. Den Auftakt der Strecke
bildet die Küste des Klützer Winkels mit dem
Seebad Boltenhagen. Nach dem Passieren
von Wismar wechselt der E 9 kurz ins Lan-
desinnere und trifft im Seebad Rerik wieder
auf die Küste, der er nun nach Kühlungsborn,
Heiligendamm und Warnemünde sowie am
Rand der Rostocker Heide in das Seebad

Seeseite der Insel wechselt und teils in Wäldern, teils am Strand in das Seebad Ahlbeck führt. Von der polnischen Insel Wollin aus folgt der E 9 weiter der Ostseeküste bis Danzig.

Der Europäische Fernwanderweg 10

Der E 10 erschließt als attraktivster Wanderweg Rügens die größte deutsche Insel. Von Kap Arkona, Rügens Nordkap, folgt er der Kliffküste der Halbinsel Wittow in das Seebad Juliusruh und führt über die nehrungsartige Schaabe auf die Halbinsel Jasmund. Die dortige Nationalparketappe zum sagenumwobenen Herthasee und längs der Kreideklippensteilküste nach Sassnitz zählt zu den schönsten Wanderungen im Norden Deutschlands. In Sassnitz verlässt der E 10 die Küste und führt nach Ralswiek am Jasmunder Bodden, weiter in die Inselhauptstadt Bergen und südwärts in die weiße Stadt Putbus. Im weiteren Verlauf geben fahrradfähige Wege die Route bis Altefähr vor, wo der E 10 auf dem Rügendamm zur Insel Dänholm und in die Weltkulturerbestadt Stralsund wechselt. In Stralsund kreuzen sich die Fernwanderwege E 10 und E 9.

Die Europäischen Fernwanderwege 1 und 6

E 1 und E 6 haben von Flensburg bis Lübeck denselben Routenverlauf. Von der Hafenstadt Flensburg führt die Route südwärts in die Domstadt Schleswig an der Schlei, überquert die Hüttener Berge und erreicht in Eckernförde erneut die Ostsee. Längs der Steilküsten und Strände des Dänischen Wohld geht es zum Bülker Leuchtturm und weiter in die Landeshauptstadt Kiel. Dort verlassen E 1 und E 6 die Küste und durchqueren die Holsteinische Schweiz. In Neustadt an der Lübecker Bucht erreicht die Route noch einmal die Küste und führt dann über Bad Schwartau in die Weltkulturerbestadt Lübeck.

Graal-Müritz folgt und dann auf das Fischland überwechselt. Im Süden des Darß tritt der Wanderweg in den Nationalpark Vorpommersche Boddenlandschaft ein, biegt im Seebad Zingst nach Süden in die Vineta-Stadt Barth am Barther Bodden ab und folgt der Boddenküste in die Weltkulturerbestadt Stralsund (Kreuzung mit dem E 10). Weitere Höhepunkte sind die Caspar-David-Friedrich-Stadt Greifswald und die Ruinen des Klosters Eldena. Vor der alten Residenzstadt Wolgast geht es über die Brücke nach Usedom und dort längs der Boddenküste nach Karlshagen, ehe der E 9 auf die

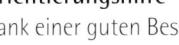

Küstenidylle
Wer zu Fuß geht, entdeckt manch malerisches Fleckchen wie hier in Klein Zicker.

Orientierungshilfe
Dank einer guten Beschilderung finden Wanderer immer ihren Weg.

Mit Rad vor dem Wind –
der Ostseeküsten-Radweg

Unvergesslich für Radfahrer: eine Tour von Flensburg bis zur polnischen Grenze.

Gemeinsam geht's noch besser
Radwege in malerischer Kulisse gibt es viele an der Ostsee – wie hier in der Nähe von Kloster auf Hiddensee.

Der Ostseeküsten-Radweg bildet die spannendste und wohl abwechslungsreichste Möglichkeit, die Landschaften, Seebäder, Städte und historischen Stätten der deutschen Ostseeküste kennen zu lernen. Von Flensburg, Deutschlands nördlichster Hafenstadt, folgt er auf einer Länge von 836 Kilometern den Küsten von Schleswig-Holstein und Mecklenburg-Vorpommern in das Seebad Ahlbeck auf Usedom, Deutschlands östlichster Insel an der Grenze zu Polen.

Der Ostseeküsten-Radweg ist Teil des internationalen Ostseeradwegs (Baltic Sea Cycle Route), der künftig auf einer Länge von 8000 Kilometern rund um die Ostsee führen und Rostock mit Riga, Stockholm und Kopenhagen verbinden soll. Der dänische Teil dieses internationalen Radwegs wurde im Jahr 2000 eröffnet. Der Grenzübergang Kupfermühle-Kruså bei Flensburg bildet die Nahtstelle zwischen den dänischen und deutschen Abschnitten der Baltic Sea Cycle Route.

Wer schnell auf Touren kommt, durchfährt den Ostseeküsten-Radweg bei Westwind – West ist die vorherrschende Windrichtung – in gut zehn Tagen, wer es gemütlich angeht, sollte 14 Tage veranschlagen. Das Gepäck wird von Unterkunft zu Unterkunft befördert, sodass man sich bei dieser technisch einfachen Fahrt, die überwiegend gut ausgebauten Wegen in flachwelligem Land folgt, auf das Fahrvergnügen und die Sehenswürdigkeiten konzentrieren kann. Erstklassige Restaurants mit regionaler Küche machen die Rast zum kulinarischen Erlebnis, und im-

mer wieder locken die Strände zum Picknick, zum Sonnenbaden oder zum Sprung ins kühlende Nass.

Über Inseln und Halbinseln

Von Flensburg leitet der Radweg längs der Flensburger Förde zum Schloss Glücksburg und erreicht in der Geltinger Birk an der Spitze des Landes Angeln eines der größten Naturschutzgebiete der Ostseeküste. Das gesamte Gebiet bis hin zu den Segelrevieren der Schlei zeichnet sich durch eine derartige landschaftliche Schönheit aus, dass es als Kulisse für zahlreiche Filme gedient hat und dient, so Kappeln für die Fernsehserie *Der Landarzt* und das Gebiet um Glücksburg für die Serie *Der Fürst und das Mädchen* mit dem Oscar-Preisträger Maximilian Schell.

Auf der Halbinsel Schwansen geht die Fahrt durch die Seebäder Schönhagen und Damp und dann in die Marinestadt Eckernförde mit ihrer berühmten Holzklappbrücke im Inneren der Eckernförder Bucht. Zu den schönsten Streckenabschnitten zählt die Weiterfahrt längs der Steilküsten der Eckernförder Bucht zum Ostseebad Schwedeneck, dann schwingt der Weg in die Kieler Förde ein. Nach Passieren der Landeshauptstadt Kiel und des Marinedenkmals in Laboe reiht sich ein Seebad nach dem anderen an den Küsten der Hohwachter Bucht. Hinter Heiligenhafen

gehört eine Umrundung der Sonneninsel Fehmarn zum Ostseeküsten-Radweg, ehe es längs der Seebäder an der Lübecker Bucht aussichtsreich nach Travemünde geht. In diesem alten Lübecker Stadtteil enden die Passagen in Schleswig-Holstein, und nach Überqueren der Trave mit der Priwallfähre setzt sich der Radweg in Mecklenburg fort.

Durch den fruchtbaren Klützer Winkel führt der Weg in die Hansestadt Wismar, streift auf dem Weg nach Warnemünde das Salzhaff und die Ausläufer der Kühlung, durchquert die Rostocker Heide und leitet über zu den ehemaligen Inseln Fischland, Darß und Zingst – sie zählen zu den Naturkleinodien der Tour. In der Hansestadt Stralsund, deren Altstadt ebenso wie die von Wismar als UNESCO-Weltkulturerbe ausgewiesen ist, unternehmen viele Ostseeküsten-Radler einen Abstecher über den Rügendamm, ehe der Schlussspurt erfolgt: in die Hansestadt Greifswald, durch die Lubminer Heide und auf die Insel Usedom – Deutschlands sonnigste Insel.

Schleswig

Von Flensburg zur Kieler Förde – das Gebiet Schleswig erstreckt sich zwischen der Flensburger Förde und der Mündung des Nord-Ostsee-Kanals in die Kieler Förde. Immer wieder erlebt man hier deutsch-dänisches Miteinander, beim Besuch der über 1000 Jahre alten Wikingersiedlung Haithabu genauso wie in den deutschen und dänischen Geschäften, die in den Einkaufsregionen der Städte die Kunden anziehen.

Paradies für Wassersportler
Die Schlei ist die längste Ostseeförde und ein beliebtes Segelrevier.

Zwischen Flensburg und Kieler Förde ist die Küste von den schmalen, bis tief ins Land reichenden Förden geprägt.

Endlose Küstenwege
Stundenlang kann man wie hier am Dänischen Wohld durch eine abwechslungsreiche Landschaft wandern – zwischen Feldern und Meer, entlang an Steilküsten und Stränden.

Steilküsten und beschauliche Fischerorte

Steile Kliffküsten, kilometerlange Badestrände, fruchtbares Ackerland und aussichtsreiche Bergkuppen prägen Schleswigs vielseitige Küste. Einzigartig sind die Ostseebuchten Flensburger Förde, Schlei und Kieler Förde, die tief in das von der Eiszeit geformte Hügelland eingreifen und es in die drei großen Halbinseln Angeln, Schwansen und Dänischer Wohld gliedern. Die drei Förden sind heute die wichtigsten Wassersportreviere des gesamten Nordens: Die Kieler Woche auf der Kieler Außenförde zählt zu den berühmtesten Regattenevents der Welt.

Die Bezeichnung Förde geht auf den dänischen Gebrauch des skandinavischen Worts Fjord zurück: Förden sind eiszeitliche Schmelzwasserrinnen, die im Zuge des nacheiszeit-

lichen Meeresspiegelanstiegs der Ostsee überflutet wurden. Die geschützten Buchten boten
ideale Standorte für die Entstehung von Siedlungen. So entwickelte sich beispielsweise
Haithabu an der inneren Schlei zum bedeutendsten Ostseehandelsplatz der Wikingerzeit
und wurde nach der Zerstörung von der auf-
blühenden Domstadt Schleswig abgelöst, die
ebenfalls am inneren Ende der Schlei liegt.

Am Ende der Flensburger Förde entstand die
»Rumstadt« Flensburg, und mit dem Aufstieg
der Hanse festigte die heutige Landeshauptstadt Kiel ihre Stellung am inneren Ende der
Kieler Förde.

Eckernförde hingegen leitet seinen Namen
nicht vom dänischen Fjord, sondern vom niederdeutschen Wort Furt ab: Die Eichenfurt
liegt nicht am Inneren einer schmalen Förde,
sondern an der weiten Eckernförder Bucht.

Während sich im Bereich der Ostseeküste
die höchsten Berge Schleswig-Holsteins erheben, flacht das Land vergleichsweise sanft
zur Nordsee hin ab. Dank der Arbeit des Eises
finden sich im Küstenbereich Schleswigs einige Aussichtsberge, die bei klarem Wetter
Panoramen bis hin zu den dänischen Inseln
bieten. Die wichtigsten sind der Scheersberg
(106 Meter) in Angeln und der Aschberg (98
Meter) in den Hüttener Bergen.

Typisch Hafenstadt
Segelboote und Kutter tragen im
Hafen von Flensburg
zu dem unverwechselbaren
Charme der Stadt bei.

Spargel aus Schleswig
Der sandige Moränenboden eignet
sich auch für den Spargelanbau.

Südliches Flair mitten in Flensburg
Der Nordermarkt mit Neptunbrunnen
ist vermutlich der älteste Markt Flensburgs
und im Sommer ein beliebter Treffpunkt.

Flensburg –
das Tor zu Skandinavien

**Deutsch-dänisches
Miteinander prägt die
nördlichste Hafenstadt
Deutschlands.**

Ein Prunkstück der Renaissance
1497 goss Peter Hansen das bronzene
Taufbecken der Nikolaikirche.
Vier Evangelisten tragen das Becken.

Flensburg ist die Drehscheibe zwischen Skandinavien und Mitteleuropa, Ostsee und Nordsee: Wenige Kilometer nördlich beginnt Dänemark, mit dem Flensburg kulturell, wirtschaftlich und menschlich verwurzelt ist wie keine andere deutsche Stadt. Nur 50 Kilometer weiter westlich liegt die Nordseeinsel Sylt. In diesem Kristallisationspunkt verschiedener Kulturen, Meere und Sprachen lebten Friesen, Slawen, Balten, Sachsen, Franken und Skandinavier zusammen nach dem wikingischen Grundsatz »Alle in einem Boot«. Das Ergebnis ist eine weltoffene Stadt, die zu den sehenswertesten der deutschen Ostseeküste zählt.

20 Prozent der 85 000 Einwohner sind Dänen. Sie prägen den Charakter Flensburgs spürbar mit: Schlendert man durch die Einkaufsstraße in der historischen Altstadt – Große Straße

und Holm –, sieht man überall Schilder,
Namen und Angebote in deutscher und dänischer Sprache. Natürlich gibt es auch dänische Schulen, dänische Kultureinrichtungen
und eine eigene dänische Zeitung.

Pracht der Gotik und Renaissance

In die Zeit nach der Stadtrechtsverleihung
1284 fällt Flensburgs erste Blütezeit – die Zeit
monumentaler Kirchen im Stil der Gotik.
Noch im Jahr 1284 wurde am Nordermarkt
mit dem Bau der Marienkirche begonnen. Die
endgültige Ausgestaltung und Fertigstellung
der dreischiffigen Backstein-Hallenkirche
dauerte wie bei vielen gotischen Kirchen

Rundgang durch die Altstadt

Der Hafen an der Innenförde ist
das Herz der historischen Altstadt,
die im Zweiten Weltkrieg unzer-
stört blieb. Wie die Sitzreihen
eines Amphitheaters staffeln sich
die Straßen mit ihren Häuserzei-
len, Parks, Märkten und Kirchen,
ihren Kapitänshäusern und Kauf-
mannshöfen terrassenförmig an
den sanften Hängen über dem
Wasser.

Als Ausgangspunkt für die Erkundung bietet sich die Hafenspitze (1) im innersten Fördewinkel an.
Blickt man von dort über das Wasser, so sieht man die Masten im
Gastseglerhafen. Gegenüber befindet sich die Fördebrücke (2), wo
die Ausflugsschiffe starten.

Schaut man Richtung Westen
bzw. Süden, sieht man die beiden
Hauptkirchen Sankt Marien (3) und
Sankt Nikolai (4). An diesen beiden
Kirchen wird deutlich, dass Flensburg aus zwei Städten zusammengewachsen ist: Die Nordstadt westlich der Förde wurde um 1200 als

dänische Handelsniederlassung mit
Markt (Nordermarkt) und Schiffs-
anlegestelle (Fördebrücke) gegründet und erhielt im Jahr 1284 das
Stadtrecht. Hier befinden sich die
kunstgeschichtlichen Hauptsehens-
würdigkeiten Flensburgs: das
Nordertor (5), das Wahrzeichen
Flensburgs, und der Renaissance-
altar von Heinrich Ringering in
der gotischen Marienkirche.

Die zweite Keimzelle, die Süd-
stadt, entwickelte sich südlich der
Hafenspitze an der Kreuzung des
Ochsenwegs, der uralten Handels-
und Heerstraße von Jütland zur
Elbe, mit dem von Friesland nach
Angeln führenden Handelsweg.
Ihr Ursprung war bei der Johannis-
kirche (6). Erst um 1300 wurde der
Südermarkt (7) angelegt, wo sich
die gotische Nikolaikirche mit der
größten Renaissanceorgel Nord-
deutschlands erhebt. Zwischen den
beiden Städten befand sich der
Tingplatz (8), auf dem später das
Rathaus errichtet wurde.

Zu Ehren des Heiligen Sankt Nikolaus
Die Nikolaikirche wurde 1390 dem Schutzpatron der Schiffer und Seeleute geweiht.
Mächtige gemauerte Rundpfeiler stützen
den gotischen Innenraum und lenken
den Blick zum Altar.

dieses Ausmaßes mehrere Jahrhunderte. Die andere Monumentalkirche Flensburgs, die Nikolaikirche am Südermarkt, wurde ab 1390 als dreischiffige Halle errichtet.

Seine zweite wirtschaftliche und kulturelle Blütezeit erlebte Flensburg unter der Herrschaft der dänischen Krone nach dem Niedergang der Hanse. Mit Unterstützung der Krone trat Flensburg im 16. Jahrhundert das Erbe der Hanse in Dänemark und Norwegen an und blühte zur größten Handelsstadt Dänemarks auf. Mit etwa 5000 Einwohnern und 200 Schiffen war Flensburg damals größer und bedeutender als die Städte Kopenhagen oder Hamburg.

Wohlhabende Bürger stifteten in dieser Zeit Kostbarkeiten wie den Altar (1598) von Heinrich Ringeringk für die Marienkirche. Etwa gleichzeitig entstand das zweigeschossige Nordertor (1595) als Teil der Stadtbefestigung. Der Backsteinbau mit Treppengiebel und tonnengewölbter Rundbogendurchfahrt ist eines der wenigen erhaltenen Stadttore in Schleswig-Holstein.

Die Schrangen (1595) am Nordermarkt fungierten als Verkaufsstellen für Schlachter und Bäcker und weisen den für die Architektur Flensburgs typischen Zierstreifen in gelbrotem Steinwechsel auf. 1602–1604 wurde das Kompagnietor als Versammlungshaus des Schiffergelags errichtet, und 1604–1609 erhielt die Nikolaikirche die größte Renaissanceorgel Norddeutschlands. Der Dreißigjährige Krieg (1618–1648) und die Nordischen Kriege (17./18. Jahrhundert) beendeten abrupt die Glanzzeit der Renaissance. 1721 zählte Flensburg nur noch neun Schiffe, der Hafen war verlandet.

Das stolze Wahrzeichen Flensburgs
Das Nordertor ist das einzige erhalten gebliebene
Stadttor im Landesteil Schleswig und das Wahrzeichen
Flensburgs. Es wurde um 1595 erbaut und bildete
bis 1795 die nördliche Begrenzung der Stadt.

Das Rum-Museum

Im einzigen Rum-Museum Deutschlands, das im Keller des Schifffahrtsmuseums untergebracht ist, riecht es immer noch nach Rum. Hier im ehemaligen Zollpackhaus lagerten bis vor wenigen Jahrzehnten die großen Eichenholzfässer mit dem Pure-Rum aus Westindien. Ein Rundgang weiht in alle Geheimnisse der Rumherstellung ein: vom Anbau des Zuckerrohrs auf den Plantagen in Westindien, Destillation und Seetransport bis zum Verschneiden, Pumpen, Filtern, Spülen, Abfüllen, Verschließen und Etikettieren.

Einen Besuch wert ist auch das Schifffahrtsmuseum an der neu gestalteten Schiffbrücke. Hier kann man die lange Tradition Flensburgs als alte Hafen- und Handelsstadt kennen lernen. Zusammen mit den Traditionsseglern, dem historischen Salondampfer *Alexandra* und der Museumswerft ist dieses Museum ein einzigartiges maritimes Zentrum.

»Rumstadt« Flensburg

Mit dem 1727 erwirkten Privileg zum Handel mit Wein, Branntwein, Salz und Tabak begann ein erneuter Aufschwung, die dritte Blütezeit für Flensburg. Flensburger Unternehmer dehnten ihre Handelsbeziehungen zu den Überseehäfen der Kolonialmächte Frankreich und Spanien aus, wobei der aus der Karibik importierte Rum den Aufstieg zur Rumstadt begründete.

Die Westindienfahrten Flensburger Schiffe nahmen enorm zu, als die Jungferninseln Saint Croix, Saint Thomas und Saint John 1755 zur Kolonie Dänisch-Westindien (heute gehören sie zu den USA) zusammengefasst wurden. Die dänischen Siedler bauten auf den Inseln vor allem Zuckerrohr an. Saint Thomas entwickelte sich zum Sklavenumschlagplatz des karibischen Raums.

Die Schiffe brachten Rohrzucker, Tabak und Rum als Halbfabrikate in die Heimat, wo sie veredelt und der Rum als Flensburger Rum in Flaschen abgefüllt wurde. Zu den bekanntesten Flensburger Rummarken zählen Balle, Sonnberg, Pott und Hansen – allerdings wird heute kein Einziger mehr in Flensburg produziert.

Alljährlich am Samstag nach Christi Himmelfahrt erinnert die Rumregatta an die Zeiten, zu denen Flensburg so voller Rumsegler war, dass ins Torkeln geratene Seemänner sogar versuchten, Rum aus dem Hafenbecken zu trinken.

»Rumreiche« Vergangenheit

Das Schifffahrtsmuseum liegt in der Altstadt direkt am Museumshafen. Es wurde 1984 in einem alten Zollpackhaus eingerichtet. Seit 1993 befindet sich im Keller dieses Gebäudes auch das Rum-Museum.

Auf Mehrmastern nach Flensburg

Im 18. Jahrhundert wurde der Zucker für die Rumproduktion auf solchen mächtigen Segelschiffen von Übersee nach Flensburg gebracht.

Flensburger Förde –
Buchten, Eilande und Schlösser

Von einem Schiff aus zeigt sich die Förde in ihrer ganzen Schönheit.

Die Flensburger Förde verbindet als eines der schönsten Wassersport-reviere der Ostsee Deutschland und Dänemark und ist zugleich das Tor zur »dänischen Südsee«, dem Inselmeer südlich von Fünen mit den Inseln Åls, Ærø und Langeland. Malerische Orte, verträumte Häfen, verschwiegene Buchten und einsame Eilande liegen hier im Abstand von wenigen Seemeilen nebeneinander. Die Leuchtturm-Halbinsel Holnis teilt die Flensburger Förde in die Innenförde und die Außenförde. Am eindrucksvollsten lässt sich die Förde wie vor Jahrhunderten vom Schiff aus erleben:

Während der Hauptsaison starten in Flensburg täglich Ausflugsdampfer zu Rundfahrten durch die Innenförde vorbei am Wasserschloss Glücksburg und den dänischen Ochseninseln.

Im Bannkreis der Förde stehen einige der berühmtesten schleswigschen Schlösser: Sonderburg (Sønderborg slot), Augustenburg (Augustenborg slot) und Norburg (Nordborg slot) auf der dänischen Insel Åls sowie Schloss Gravenstein (Gråsten slot) an einer Nebenbucht der Flensburger Förde unweit der ehemaligen Malerkolonie Egernsund. Doch nicht nur Maler und Baumeister hat dieses Land inspiriert: Im großen Obst- und Gemüsegarten des Schlosses Gravenstein wurde ab dem 18. Jahrhundert der berühmte Gravensteiner Tafelapfel gezüchtet, und 1845 schrieb der dänische Dichter Hans Christian Andersen in Schloss Gravenstein das traurige Silvestermärchen *Das kleine Mädchen mit den Schwefelhölzchen*. Das berühmteste aller Schlösser liegt auf der Südseite der Förde: Schloss Glücksburg.

Eldorado für Segler
Die deutsch-dänische Flensburger Förde gilt als eines der schönsten Segelreviere Europas (großes Bild). Ideal für Familien sind vor allem die feinsandigen Strände in Schwansen.

Glücksburg – Schlössertraum am Meer

Schloss Glücksburg am Südufer der Flensburger Förde ist eines der berühmtesten Wasserschlösser Nordeuropas und als Wiege von Königreichen Namensgeber einer weit verzweigten Dynastie. Von ihr stammen unter anderem Königin Margrethe II. von Dänemark und König Harald von Norwegen ab. Seit 1863 sind die Glücksburger Könige von Dänemark, und 1905 wählte das norwegische Volk mit Haakon VII. einen Spross derselben Dynastie zum König.

Die mächtige Renaissanceanlage, die sich wie ein Traum in Weiß unmittelbar aus dem Schlossteich erhebt, ist Deutschlands größtes Wasserschloss. Zu den Kostbarkeiten der Museumssammlungen zählen flandrische Tapisserien und Goldledertapeten aus dem 17. und 18. Jahrhundert, Porzellane und Möbel des 18. Jahrhunderts sowie zahlreiche Gemälde. Verliebte Paare können sich in einem der Schlosstürme standesamtlich und in der barocken Schlosskapelle kirchlich trauen lassen.

Von Mönchen entdeckt

Entdeckt wurde der wunderschöne Platz an der Förde von Mönchen: Im Jahr 1209 erhielten ihn Zisterzienser des auf der dänischen Hauptinsel Seeland gelegenen Klosters Guldholm, ein Jahr später wurde an der Stelle des jetzigen Schlosses das Kloster Rus Regis (Rüdekloster) als Ort des Gebets und der Arbeit geweiht.

Damit begann die christliche Besiedlung des Glücksburger Raums. Die Klosterzeit ist im wahrsten Sinne des Wortes versunken:

Umgeben von Wasser
Schloss Glücksburg ist eines der schönsten Wasserschlösser Deutschlands.

Schlossromantik
Die Räume des Schlosses können
besichtigt werden. In einem der Türme
befindet sich auch das Heiratszimmer.

Unter dem Wasser des Schlossteichs liegt der alte Friedhof der Mönche.

Nach der Reformation und der schleswig-holsteinischen Landesteilung von 1581 kamen das aufgehobene Kloster und seine Ländereien in den Besitz Herzog Johanns des Jüngeren von Schleswig-Holstein-Sonderburg. Dieser schloss 1582 mit dem Architekten Nicolaus Karies den Vertrag zur Errichtung der Glücksburg: Die Klostergebäude wurden abgerissen, in vierjähriger Bauzeit entstanden auf einem Granitsockel in einem Teich der monumentale quadratische Baublock und die ihn überragenden achteckigen Türme. Sie trugen ursprünglich Zinnenkränze und erhielten erst im 19. Jahrhundert die heutigen Schieferdächer. GgGmF – Gott gebe Glück mit Frieden – lautet der Wahlspruch des Herzogs auf der Wappentafel über dem Eingangsportal.

Vom Dorf zum Seebad

Mit der Gründung der Ostseebad AG durch Flensburger und Glücksburger Geschäftsleute und Ärzte begann 1872 der Aufstieg des Dorfs im Bann des Schlosses zum Seebad: In Sandwig wurde das erste kleine Kurhaus eröffnet, 1885 erhielt Glücksburg einen Eisenbahnanschluss und 1890 beehrte Kaiser Wilhelm II. den Badeort an der Förde – beim feierlichen Empfang der Provinz Schleswig-Holstein im Strandhotel gab es das berühmte *Kaisermenü* mit zehn Gängen und acht erlesenen Weinen. Die rasante Entwicklung, die Glücksburg als Ostseebad nahm, führte am 1. April 1900 zur Verleihung der Stadtrechte.

Heute ist Glücksburg mit seinen 6500 Einwohnern ein viel besuchtes Ostseeheilbad mit modernen Kur- und Freizeiteinrichtungen wie dem Meerwasserwellenbad und den Kur- und Badestränden in Sandwig und Holnis. Zwischen Quellental und Schwennau erstreckt sich die rund zwei Kilometer lange Kurpromenade, und ein 50 Kilometer langes ausgeschildertes Netz von Wanderwegen erschließt die landschaftlich reizvolle Umgebung – das Schloss aber ist und bleibt das Wahrzeichen der Stadt.

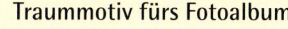

Traummotiv fürs Fotoalbum
Das Schloss mit fast quadratischem Grundriss besteht aus drei formal gleichen Einzelgebäuden, die von vier Ecktürmen flankiert sind.

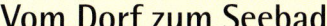

Vielseitiges Ostseeheilbad
Die vier Kilometer lange Strandpromenade von Glücksburg bietet
sich für einen Spaziergang an.

Angeln – sagenumwobene Kultstätten

Opfermoore und Dolmen erinnern im Hinterland an vorgeschichtliche Zeiten.

Der besondere Tipp

Das Thorsberger Moor

Das Gelände des Thorsberger Moors ist heute als kleine Parkanlage mit Spazierwegen rund um den zu einem Teich erweiterten Moorsee zu erleben. In unmittelbarer Nachbarschaft erhebt sich der Grabhügel Kummerhy mit einem Steinkreis rund um einen Runenstein und einem Schalenstein, in den mehr als 45 Näpfchen eingepickt sind. Kummerhy ist der einzige erhaltene von ursprünglich 22 Grabhügeln rund um das Thorsberger Moor. Der Hügel bietet einen schönen Blick auf die alte Opferstätte einer kriegerischen Zeit. Möglicherweise fassten die Angeln an diesem Platz den Entschluss, dem Beispiel der Jüten und Sachsen zu folgen und auf den Inseln der keltischen Britonen neue Beute zu suchen und neues Land zu erobern. Dort verschmolzen sie mit Jüten und Sachsen zu den Angelsachsen und besiedelten das ebenfalls nach ihnen benannte England (Land der Angeln).

Zu den abwechslungsreichsten Abschnitten der Fördenküste zählt die Halbinsel Angeln zwischen Flensburger Förde, Ostsee und Schlei. Wer sich einen Rundblick der bewegten Hügellandschaft mit ihren Seen, Seebädern und sagenumwobenen Vorgeschichtsstätten verschaffen will, ersteigt an klaren Tagen am besten den küstennahen Scheersberg beim Kirchdorf Quern. Dieser 71 Meter hohe Berg wird überragt von einem 31 Meter hohen Turm, der nordwärts die Aussicht bis zur Residenzstadt Sonderburg auf der dänischen Insel Alsen und südwärts bis zu den Türmen der Domstadt Schleswig am Inneren Ende der Schlei gewährt.

Die heutigen Einwohner von Angeln heißen Angeliter und sind Nachfahren von Wikingern, die das Land vom 10. Jahrhundert an besiedelten. Zwar haben die Angeliter nichts gemein mit den elbgermanischen Angeln, die bis zum 5. Jahrhundert in der Landschaft Angeln siedelten und dann gemeinsam mit Sachsen und Jüten in das Inselreich der keltischen Britonen einfielen, doch haben die Angeln bis heute unübersehbare Spuren hinterlassen: zum Beispiel die archäologische Fundstätte Thorsberger Moor bei Süderbrarup.

Mythischer Ort
Funde aus altgermanischer Zeit belegen, dass das Thorsberger Moor als Opferstätte genutzt wurde.

Berühmte Mooropferplätze

Das Kirchdorf Süderbrarup ist der Hauptort der Landschaft Angeln. In germanischer Zeit befand sich auf dem Gebiet des heutigen Süderbrarup der bedeutendste Opferplatz der Angeln. Im Thorsberger Moor am Fuß des Thorsbergs wurden 1858–64 von dem dänischen Archäologen Conrad Engelhardt eisenzeitliche Weihegaben ausgegraben. Sie zählen zu den bedeutendsten Vorgeschichtsfunden der Ostseeküste. Haushalts- und Schmuckgegenstände, Zierbleche, Panzer, Schwert- und Gürtelbeschläge, ein Prachtmantel, eine silberne Gesichtsmaske und weitere Fundstücke stammen überwiegend aus drei Kriegsbeuteopferungen der Zeit um 150, um 230 und um 270. Damals kam es im westlichen Ostseegebiet zu Kämpfen germanischer Clans. Waffen und Ausrüstung der Unterlegenen wurden von den Siegern zerschnitten, verbogen oder zerschlagen, um sie künftigem Gebrauch zu entziehen. Als Dank an eine als hilfreich gedachte Gottheit opferten die Angeln die Beute schließlich in heiligen Seen und Mooren.

Das dem germanischen Donnergott Thor (Donar) geweihte Thorsberger Moor und das Nydamer Moor auf der Halbinsel Sundewitt in Nordschleswig genießen dank der archäologischen Funde Weltruf. Der Großteil der Fundstücke – unter ihnen befindet sich auch das Nydamboot, ein germanischer Truppentransporter aus der Zeit um 320 – ist im Achäologischen Landesmuseum in Schloss Gottorf in Schleswig ausgestellt.

Anziehungspunkt bis heute: die Heilige Quelle

Auch der Brarupmarkt in Süderbrarup, der größte ländliche Jahrmarkt Schleswig-Holsteins, ist eng verknüpft mit einer alten Kultstätte. Erstmals veranstaltet wurde er 1593 als Vieh- und Hochzeitsmarkt an Sankt Jakobi (25. Juli), dem Tag des Apostels und Schutzpatrons der Wallfahrer, dem auch die Kirche geweiht ist. Seine ursprüngliche Entstehung liegt jedoch viel weiter zurück: Die Heilige Quelle in der Quellenstraße in der Nähe des Marktplatzes soll in vorreformatorischer und auch schon in vorchristlicher Zeit Ziel einer regen Wallfahrt gewesen sein. Das Quellwasser ist schwach radiumhaltig und kann in der richtigen Dosierung heilend wirken. Der Termin der Veranstaltung und der Name der Kirche legen den Schluss nahe, dass Süderbrarup eine Wallfahrtsstation am Jakobsweg von Dänemark nach Lübeck war. Bis heute wird der alte Brauch gepflegt, in die Quelle Münzen als fromme Opfergaben zu legen.

Dolmen aus der Jungsteinzeit

Im äußersten Westen der Landschaft Angeln lohnt ein Abstecher zum Poppostein, auch Taufstein genannt. Zu erreichen ist der Poppostein, ein jungsteinzeitlicher Dolmen aus der Zeit um 3000–2700 v. Chr., von der B 76 Flensburg–Schleswig aus, südlich von Sieverstedt. Von einem Autorastplatz führt ein Plattenweg zu dem Dolmen. Zwei Trägersteine an den Schmalseiten und ein Trägerstein am nördlichen Ende sowie die Deckplatte

Dolmen aus der Jungsteinzeit
Der Poppostein ist das Wahrzeichen
von Sieverstedt und bezeugt, dass diese
Gegend schon sehr früh besiedelt war.
Von einem Autorastplatz aus ist der Dol-
men auf bequemem Weg zu erreichen.

umschließen einen 2,20 Meter x 1,00 Meter
großen Innenraum, der offene Zugang ist
nach Süden ausgerichtet. Dass dieser Dolmen
auch nach dem Ende der Steinzeit zu kultischen Zwecken genutzt wurde, belegen die
möglicherweise in der Bronzezeit eingepick-
ten 17 Schälchen auf dem Deckstein.

Seit 1859 befindet sich der Poppostein im
Besitz des Königreichs Dänemark bzw. des
Landes Schleswig-Holstein: Als sich 1859 der
Eigentümer der umgebenden Wiesen ent-
schloss, den Poppostein zu verkaufen, stellte
der dänische König Frederik VII. Gelder zum
Erwerb dieses bedeutendsten Vorgeschichts-
denkmals für das Land zur Verfügung. Zur Erinnerung daran stehen am Rand des Grund-
stücks Steine mit den königlichen Insignien.

Am Poppostein soll sich übrigens jene
Begebenheit zugetragen haben, in deren Folge ganz Schleswig christianisiert wurde: Der

dänische König Harald Blauzahn ließ sich um
966 von dem Hamburger Missionsbischof
Poppo taufen und bewirkte dadurch die endgültige Christianisierung des dänischen Wikingerreichs von Skagen bis zum Danewerk
in Schleswig noch im 10. Jahrhundert. Poppo
wurde daraufhin zum ersten Bischof von
Schleswig ernannt.

Sehenswertes um Idstedt

Im 19. Jahrhundert wurde Angeln wie in germanischer Zeit wieder zum Schauplatz blu-
tiger Ereignisse: In der Schlacht bei Idstedt
besiegten am 24./25. Juli 1850 dänische
Truppen die Sezessionsarmee der Schleswig-
Holsteiner und beendeten die deutschnationalistische Erhebung gegen die Krone Dänemarks. 36 000 Dänen und 26 000 Deutsche
schossen und hieben auf einer Schlachtlinie

von rund 18 Kilometern aufeinander ein, 1400 bzw. nach anderen Angaben mehr als 7000 starben in dieser größten und blutigsten Schlacht, die jemals auf dem Gebiet des Bundeslands Schleswig-Holstein ausgetragen wurde. Nach der Schlacht stand in Idstedt nur noch ein einziges Haus. Die *Idstedt Gedächtnishalle* auf dem Schlachtfeld erinnert anhand von Dokumenten, Karten, Fotos und zeitgenössischen Darstellungen an Tod und Leid in dieser schrecklichen Zeit. Verschiedene Wanderwege führen von der Gedächtnishalle zu deutschen und dänischen Kriegsgräbern aus den Jahren 1848–51.

An weniger blutige Zeiten erinnert die Räuberhöhle südlich von Idstedt. Sie zählt zu den besterhaltenen Megalithdenkmälern (jungsteinzeitliches Hügelgrab mit begehbarer Grabkammer) und ist eine Hauptsehenswürdigkeit des Landes Angeln. Die jungsteinzeitliche Großsteinanlage befindet sich im Inneren eines 2 Meter hohen, mit Steinen eingefassten Rundhügels und liegt in den Wäldern des Geheges Idstedtwege an der Nebenstraße von Idstedt nach Schleswig. Die 4,40 Meter lange und bis zu 2 Meter breite

Zu Fuß oder mit dem Fahrrad
Auf solchen von Hecken gesäumten Wegen lässt sich die Landschaft Angelns am besten erkunden.

Kammer wird von vier bzw. drei Tragsteinen an den Längsseiten und je einem Stein an den Stirnseiten gefasst. Drei mächtige Decksteine schließen den 1,50 Meter hohen Innenraum nach oben hin ab. Der Zugang erfolgt von Süden. Ihren Namen hat diese Anlage im Mittelalter erhalten, weil sie damals angeblich einer Bande von Wegelagerern als Unterschlupf diente.

Das Gehege Idstedtwege

Dieses Gehege mit seinen naturnahen Wäldern, reizvollen Mischwaldbeständen, birkenbewachsenen Waldmooren, zahlreichen Waldteichen und gepflegten Wanderwegen zählt zu den attraktivsten Waldwandergebieten im Binnenland Angelns und bildet einen der wenigen großflächigen Wälder im waldarmen Schleswig-Holstein. Durch das Gehege führt der Ochsenweg, eine alte Viehtrift aus dem 16. Jahrhundert. Ihm folgen heute der Europäische Fernwanderweg 1 und ein Radwanderweg.

Die Umhegung dieses Waldgebietes, das in dänischer Zeit zum königlichen Wald des Schlosses Gottorfs gehörte, besteht aus einem Feldsteinwall. Behauene Feldsteine an mehreren Wegeinfahrten erinnern daran, dass Frederik VI. damals König war, und verzeichnen die Jahreszahl 1812.

Wahrzeichen der Geltinger Bucht
Ausgangspunkt für verschiedene
Wanderungen durch die Geltinger Birk
ist die Windmühle *Charlotte*.

Geltinger Birk – Schutzgebiet für Pflanzen und Tiere

**Der naturnahe Küsten-
streifen wartet mit
einer außergewöhnlichen
Arten- und Biotop-
vielfalt auf.**

Herrscher der Lüfte
Rund 200 Vogelarten können im
Laufe des Jahres in der Geltinger Birk
beobachtet werden, darunter inzwischen
auch wieder der mächtige Seeadler.

Die Geltinger Birk im äußersten Norden der Halbinsel Angeln am Ausgang der Flensburger Förde ist eines der größten Natur- und Vogelschutzgebiete Schleswigs und wartet mit einem der landschaftlich reizvollsten Wanderwege der Ostseeküste auf. Salzwiesen und Dünen wechseln in der vielgestaltigen Küstenlandschaft längs der Geltinger Bucht mit Schilfsümpfen und Außenstränden, lichte Laubwälder mit Heide und Wiesen. Von einer Vogelwarte aus, die während der Saison besetzt ist, kann man rund 200 Vogelarten, darunter den Seeadler, beobachten. Die Geltinger Birk ist zu einem bedeutenden Brut- und Rastgebiet für Vögel sowie zu einem Schutzgebiet für zahlreiche Tiere und Pflanzen geworden. Im Frühjahr 2002 wurden Koniks, eine alte Pferderasse, als »wilde Landschaftspfleger« auf der Geltinger Birk ausgesetzt. Der Bestand von anfangs einem Hengst und zehn Stuten soll kontinuierlich auf 100 Wildpferde erhöht werden.

Der Parkplatz an der Windmühle *Charlotte* bietet sich als Ausgangspunkt für Wanderungen und Spaziergänge auf der 773 Hektar großen Halbinsel an. Die Windmühle ist ein Kellerholländer, der 1826 als Kornmühle und zur Entwässerung der feuchten Niede-

Der besondere Tipp

Der Birklauf

Sportlicher Höhepunkt auf der Geltinger Birk ist der Birklauf im Küstenbereich zwischen Gelting und Falshöft. Er wurde 1995 erstmals veranstaltet und verzeichnet alljährlich wachsenden Zuspruch: Beim 8. Birklauf im Jahr 2003 traten 575 Frauen und Männer auf der Halbmarathonstrecke über 21,1 Kilometer sowie beim Mini-Birklauf (1,5 km) und beim Nordschaulauf (5 km an) an. Der Route des Birklaufs folgt in etwa der Wanderweg, der auch mit dem Rad befahren werden kann: Start ist der Luftkurort Gelting, der 1990 erster Kneippkurort an der Ostsee wurde. Ziel ist der weithin sichtbare Leuchtturm Falshöft mit dem höchstgelegenen Standesamt Schleswigs.

rungen erbaut wurde. Heute wird sie privat bewohnt.

Am Nordweststrand der Lehminsel Beveroe befindet sich die Naturschutzwärterhütte. Von hier beginnen geführte Wanderungen durch die Geltinger Birk.

Vom Sturm gezeichnet
Vom Seewind gekrümmte Bäume und Büsche sind charakteristisch für die Küstenlandschaft der Geltinger Birk.

Wieder entdeckt: Koniks
Die Ansiedlung von Koniks in der Geltinger Birk ist ein landschaftspflegerisches Projekt. Die verwilderten polnischen Hauspferde stammen von den Tarpanen ab, einer alten, inzwischen ausgestorbenen Pferderasse, deren ursprünglicher Lebensraum die nord- und osteuropäischen Wälder waren.

Die Schlei –
Schleswigs längste Förde

Wo heute die Schlei liegt, strömte in der Eiszeit Schmelzwasser zur Ostsee.

Erkundung per Boot
Die Schlei ist für große Schiffe nicht geeignet, da sie im Durchschnitt nur drei Meter tief ist. Für kleine Fischer- und Segelboote ist sie hingegen ideal.

Auf den ersten Blick wirkt sie mit ihren schilfgesäumten Ufern und dem Wechsel aus Engstellen und seeartigen Buchten inmitten einer abwechslungsreichen Hügel- und Auenlandschaft wie ein Fluss. Tatsächlich ist sie Schleswigs längste Förde und nach Meinung vieler eine der landschaftlich reizvollsten Förden Europas: Die Schlei, die Tochter der Ostsee, ist ein faszinierendes Segel- und Wasserwanderrevier, das Miteinander von Süß- und Salzwasserfischen und -pflanzen macht sie zu einem der wichtigsten Naturparadiese der Fördenküste. Mit einer Länge von 42 Kilometern und einer mittleren Breite von 1,3 Kilometern ist die Schlei länger und schmaler als alle anderen Förden Schleswig-Holsteins. Da sie eine durchschnittliche Tiefe von nur

3 Metern aufweist, ist sie für große Schiffe ungeeignet und geradezu prädestiniert für Wasserwanderungen und Segeltörns.

Im Mittelalter war die Schlei einer der bedeutendsten Schifffahrtswege Nordeuropas. Bis heute lässt sich die Förde nur vom Wasser aus in ihrer gesamten Schönheit erkunden: Wegen der zum Teil recht steilen Ufer, die von Meeresniveau rasch auf Höhen von über 20 Meter ansteigen, gibt es längs der Schlei weder durchgehende Straßen noch Pfade, die sich zum Wandern zu Fuß oder mit dem Rad eignen. Wer mit dem Auto unterwegs ist, findet zwei Brücken: Die Lindauniser Klappbrücke (sie steht unter Denkmalschutz) und die neue Schleibrücke in Kappeln. Sie wurde 2002 dem Verkehr übergeben und ragt in geöffnetem Zustand 50 Meter in den Himmel.

Weitere Verbindungen zwischen Angeln und Schwansen bieten die Fähren in Arnis und Missunde. Beeindruckende Schiffsrundfahrten auf der Schlei sind unter anderem mit dem Raddampfer von Kappeln aus möglich.

Hundertfünfzig Kilometer Einmaligkeit: das Schleiufer

Die Schlei beginnt in der Domstadt Schleswig, mündet an der Maasholmer Lotseninsel beim Leuchtturm Schleimünde in die See und trennt die Halbinseln Angeln und Schwansen. Ihre Existenz verdankt die flussartige Bucht einem Schmelzwasserstrom, der während der Weichsel-Eiszeit unter dem Gletscher zur späteren Ostsee hinabfloss: Noore (Nehrungen) genannte Buchten gliedern die Uferlinie, die dadurch eine Länge von 151 Kilometern erreicht. Charakteristisch ist der Wechsel von seeartigen Breiten und Verengungen. Die berühmtesten Noore liegen bei Schleswig: Das Haddebyer Noor und das angrenzende Selker Noor sind stille Wasserflächen in landschaftlich einmaliger Lage. Am Ufer des Haddebyer Noors liegen die Reste der Wikingerstadt Haithabu.

Von Schleswig bis zur TV-Landarzt-Stadt Kappeln mit dem berühmten Heringszaun prägen Röhrichtgürtel mit ausgedehnten Schilfbeständen über weite Strecken das Bild der Schleiufer. Sehenswert auf Schwansener Seite dieses Fördenabschnitts ist die romanische Feldsteinkirche des Dorfs Sieseby in malerischer Lage über der Schlei.

Orte und Städtchen wie im Bilderbuch

Der idyllische Ort Arnis, die »Perle der Schlei«, befindet sich auf einer im 19. Jahrhundert landfest gemachten Insel und ist Deutschlands kleinste Stadt. Längs der einzigen, von zweihundertjährigen Linden gesäumten Straße reihen sich auf schmalen, bis ans Wasser reichenden Grundstücken 125 Häuser aus dem 18. und 19. Jahrhundert. Etwa die Hälfte davon steht unter Denkmalschutz. Die 380 Bewohner verzeichnen alljährlich 12 000 Gästeübernachtungen – ihre Haupteinnahmequelle ist der Fremdenverkehr. Eine Marina mit 400 Bootsliegeplätzen ist Ausgangspunkt für Wassersportler und Fischkutter.

Gegründet wurde Arnis – der dänische Name bedeutet Adler-Landzunge – von Flüchtlingen: Im Jahr 1667 verließen 64 Familien Kappeln, nachdem sie dem Grundherrn den Eid verweigert hatten. Herzog Christian Albrecht von Gottorf übereignete den Flüchtlingen die nur 45 Hektar kleine, unbewohnte Schleiinsel, auf der sie sich in der Folgezeit eine neue Heimat aufbauten. Die Schifferkirche, ein Fachwerk-Saalbau von 1669, bildet die Keimzelle des Städtchens auf einem baumbestandenen Hügel.

Nicht nur für Segler
Auch für Ruderer und Kajakfahrer ist die Schlei an vielen Stellen geeignet. Kleinere Zuflüsse eignen sich ebenfalls für Paddeltouren.

Der besondere Tipp

Der Kappelner Heringszaun

Der über 500 Jahre alte Heringszaun am Kappelner Hafen ist in Europa die letzte voll funktionsfähige mittelalterliche Fangvorrichtung für das Silber des Meeres. Noch im Jahr 1469 gab es zwischen der Schleimündung und Arnis 38 dieser fest verankerten Holzreusen: Durch die Wände des Zauns werden die landeinwärts ziehenden Heringe zu Netzen geleitet, aus denen sie nicht entkommen können. Hauptfangzeit war das Frühjahr, wenn die Heringsschwärme aus der Ostsee in die Küstengewässer wandern, um zu laichen. Als sich der Heringsfang auf die offene See verlagerte, verloren die Heringszäune jedoch ihre Bedeutung und wurden abgerissen – bis auf den in Kappeln. Für dessen Abriss war damals kein Geld da. Heute ist der Kappelner Heringszaun wieder voll funktionstüchtig! Während der Kappelner Heringstage, dem Höhepunkt der Heringssaison zu Himmelfahrt, steht er im Mittelpunkt des Interesses.

Die Schleimündung: Süßwasser trifft auf Salzwasser

Zu Zeiten der Wikinger lag die Mündung der Schlei etwa in Höhe des Marinestützpunkts Olpenitz. Sie verlagerte sich im Lauf der Jahrhunderte mehrmals und war oft versandet.

Durch die küstenparallele Strömung bildeten sich im Laufe der Zeit zwei Nehrungshaken, die das Schleihaff von der Ostsee abriegeln. Die heutige, nur noch 60 Meter breite Schleimündung wurde 1796 künstlich durch den südlichen Nehrungshaken gestochen. Auch sie konnte nur schwer freigehalten werden. Erst durch den Bau von zwei Molen gelang es 1842, eine dauerhafte Passage durch die Nehrung zu schaffen. Wegen der weitgehenden Abriegelung ist der Austausch zwischen dem Wasser der Schlei und dem salzhaltigen Wasser der freien Ostsee stark eingeschränkt. Durch Süßwasserzuflüsse nimmt der Salzgehalt des Schleiwassers von 18 ‰ bei Schleimünde auf 4 ‰ bei Schleswig kontinuierlich ab. Damit ist die Schlei das größte Brackgewässer in Schleswig-Holstein mit einer besonderen Pflanzen- und Tierwelt, die an diese speziellen Salzverhältnisse angepasst ist. Ähnliche Brackwasserbereiche gibt es großflächig erst wieder an der vorpommerschen Boddenküste.

Ausgedehnte Seegraswiesen und größere Bestände anderer Unterwasserpflanzen sind vor allem im ostseenahen Schleihaff anzutreffen. In den Flachwasserbereichen finden sich Unterwasserpflanzen, eine wichtige Nahrungsquelle für große Schwärme mausernder Singschwäne sowie rastender Pfeifenten. Außerdem wachsen hier neben Schilf und Rohrkolben seltene und geschützte Pflanzenarten wie die Große Engelwurz.

Fährromantik
Bei Missunde kann man mit einer kleinen Autofähre die Schlei überqueren.

Der Naturerlebnisraum Maasholm-Oehe-Schleimünde

Der Name des Fischerdorfs Maasholm an der heutigen Schleimündung steht für ein Umwelt-Modellvorhaben, das im Ostseeraum einzigartig ist: Seit 1997 wird der von der Gemeinde übernommene Raketenstützpunkt in das Naturerlebniszentrum Schleimünde-Maasholm umgewandelt. Unterschiedliche Institutionen führen hier Naturerlebnis, Meeresforschung, Umweltbildung und sanften Tourismus zusammen mit dem Ziel, die Gäste auf kreative Weise an Natur und Naturzusammenhänge heranzuführen und für umweltverträgliches Verhalten an der Ostseeküste zu sensibilisieren. Das in der Ver-

Aus der Vogelperspektive
Die Schlei ist das größte Brackgewässer in Schleswig-Holstein. Ihre flachen Neben-buchten sind ein idealer Lebensraum für seltene Pflanzen- und Tierarten.

gangenheit militärisch und landwirtschaft-lich genutzte Gelände verwandelt sich seit-her in einen naturnahen Zustand zurück. Durch die Anlage von Knicks, Kleingewäs-sern, Trockenmauern, Wildblumenwiese und kleinen Waldbereichen, aber auch durch die Schaffung des Obst- und des Beerengartens, eines Sinnesgartens, der Liegewiese und von Ruhezonen entstand eine wertvolle Struktur-vielfalt für Mensch und Natur. Ausgangs-punkt der Besichtigung ist der Wanderpark-platz Exhöft. Dort beginnt der Lehrpfad, der zum Naturerlebniszentrum führt.

Dem Schutz der Natur verschrieben

Die Gemeinde Maasholm führte als Träger des Naturerlebnisraumes bislang folgende Institutionen zu einem Verbund zusammen, die das Konversionsgelände zu einem attrak-tiven Anziehungspunkt für die Region um-gestaltet haben. Das GEOMAR Forschungs-zentrum für marine Geowissenschaften der Christian-Albrechts-Universität in Kiel hat in der ehemaligen Stationswerkstatt eine Feld-

station errichtet und führt geoarchäologische Forschungen zur Entwicklung des Meeres-spiegels von Ostsee und Schlei durch.

Das Institut für Meereskunde an der Chris-tian-Albrechts-Universität in Kiel führt in der im ehemaligen Wachgebäude einge-richteten meeresbiologischen Feldstation neben Grundlagenforschung Untersuchun-gen über die Auswirkungen von Meeres-verschmutzung und Überdüngung von Ostsee und Schlei durch.

Der Verein Jordsand zum Schutze der Seevögel und der Natur be-treut seit 1922 das nahe der Station lie-gende Natur-schutzgebiet Vogelfreistätte Oehe-Schleimünde mit den ein-zigartigen Windwatten der Schleimündung. Die unmittelbar am Ostseestrand gelegene Vo-gelwärterhütte beherbergt eine kleine natur-kundliche Ausstellung und ist Ausgangs-punkt für vogelkundliche Führungen.

Schutzbereich für viele Vögel
Brandenten finden an der Schlei ideale Brutmöglichkeiten.

Deekelsen: Hollywood in Kappeln

Die ZDF-Fernsehserie *Der Landarzt* hat die Schlei und die Halbinseln Angeln und Schwansen zum Inbegriff einer Bilderbuchlandschaft an der deutschen Fördenküste werden lassen. Wie früher im Umfeld der Schwarzwaldklinik machen sich Tausende von Besuchern an der Schlei auf, um die Originalschauplätze der beliebten Serie aufzusuchen. Das erste Problem besteht für viele darin, den Ort Deekelsen, in dem die TV-Serie spielt, ausfindig zu machen: Es gibt ihn nicht! Die im fiktiven Deekelsen gelegenen Stätten verteilen sich auf die schönsten Orte längs der Schlei und der Halbinseln Angeln und Schwansen.

Hauptdrehort ist das Hafenstädtchen Kappeln an der Schlei. Hier befinden sich das Rathaus und der Hafen von Deekelsen, die Schule und der Wochenmarkt, auf dem es immer frische Ware zum fairen Preis gibt. Asmussens Kneipe befindet sich in der Kappelner Fußgängerzone im Hotel Aurora, und im stattlichen Backsteinbau der spätbarocken Nikolaikirche predigt der Filmpastor Eckholm. Auch der Galerieholländer Amanda, die mit 30 Metern höchste Windmühle Schleswig-Holsteins, ist zuweilen Schauplatz von Dreharbeiten. Ihre Hauptfunktion hat sie tatsächlich als Sitz der Touristeninformation.

Die meisten Landarzt-Drehorte verteilen sich auf das Gebiet rund um Kappeln. In Grödersby steht der Marienhof, dessen Reetdach aus der Landarzt-Serie ebenso wenig wegzudenken ist wie die geschwätzige Frau Sellmann. In dem unter Denkmalschutz gestellten, ebenfalls reetgedeckten Gut Lindauhof in Lindaunis am Lindauer Noor wenige Kilometer weiter schleiaufwärts befindet sich die Praxis des Landarzts (Ulrich Teschner). In Süderbrarup liegt der Bahnhof von Deekelsen, und der Kräuterdoktor Hinnerksen wohnt im historischen

Nicht nur in Deekelsen
Rote Backsteinhäuser mit Reetdach sind typisch in den Orten an der Schlei.

Holländerhof in Waggersrott an der Museumsbahnstrecke der Angelnbahn. Der Filmhof des Kräuterdoktors beherbergt im denkmalgeschützten Fachwerkhaus des Holländerhofs auch ein Heimatmuseum.

Hauptdrehort
Das Städtchen Kappeln ist der Hauptdrehort für die beliebte ZDF-Serie.

Damp – Ferienpark der Superlative

Fährt man die Ostseeküste von Kappeln ein Stück weiter Richtung Osten, erkennt man bald die unübersehbare Anlage des Ferienparks Damp. Das Ostseebad Damp 2000 wurde 1973 auf einer Fläche von 15 Hektar an der Ostküste der Halbinsel Schwansen, damals einer der einsamsten Landstriche Schleswig-Holsteins, eröffnet. Mit steuerlichen Anreizen wurden seinerzeit private und institutionelle Anleger angelockt, dort in den Bau und Ausbau einer Ferienanlage zu investieren. Das siedlungsarme Gebiet, das unberührte Natur und einfache Feldwege vorzuweisen hatte, war für touristische Zwecke wie geschaffen. Mit diesem Vorhaben schloss man sich dem damaligen Trend an, riesige Ferienanlagen zu bauen, um in einer strukturschwachen Gegend Arbeitsplätze zu schaffen. Um eine landschaftsverträgliche Architektur – es sind wahre Bettenburgen aus Beton entstanden – kümmerte sich Mitte der 1970er-Jahre niemand.

Im Ostseebad Damp mit der Ostseeklinik Damp, der Reha-Klinik Damp sowie dem Ostseehotel und dem Ferienpark Damp sind mehr als 1600 Mitarbeiter beschäftigt. Maritimer Mittelpunkt im Ostseebad Damp ist der unmittelbar am 3,5 Kilometer langen Sandstrand gelegene Yachthafen mit mehr als 400 Liegeplätzen. Der breite Sandstrand gilt im übrigen als einer der schönsten in Schleswig-Holstein.

Seit 1990 komplettieren das subtropische Badeparadies *Aqua Tropicana* und seit 1997 das Fun & Sport Center mit attraktiven Trendsportarenen die wetterunabhängige Infrastruktur. Die Damper Touristik verzeichnet jährlich 500 000 Übernachtungen im verkehrsberuhigten und kurtaxefreien Ferienpark Damp und dem modernisierten Ostseehotel *Damp* (insgesamt 2676 Urlauberbetten). 1996 wurde das Ostseebad Damp in einem bundesweiten Wettbewerb als umweltfreundlicher Urlaubsort prämiert.

Die aktuelle Antwort auf Markttrends lautet: Damp Vital. Das Therapie und Vital Centrum Damp bietet mit dem integrierten Deutschen Zentrum für Präventivmedizin eine einzigartige Vielfalt an Wellness- und Gesundheitsleistungen.

Einen Kontrast zur stillen Fischerortidylle bietet der hochmoderne Ferienpark Damp 2000.

Die Wikingersiedlung Haithabu am Danewerk

Hier sind sie lebendig geblieben: die rauen Sitten und Gebräuche des alten Seefahrervolkes.

Der besondere Tipp

Das Wikinger Museum

Das Wikinger Museum als Teil der Stiftung Schleswig-Holsteinische Landesmuseen präsentiert in unmittelbarer Nachbarschaft der historischen Stätte die wichtigsten Funde: Hausbau, Verteidigungsanlagen, Bekleidung, Ernährung und Bestattung sowie Religion, Schrift, Handel, Handwerk und Stadtentwicklung werden durch die Kombination von Funden, durch Rekonstruktionen, Modelle und Texte anschaulich dargestellt. In der Schiffshalle wird ein im Hafen von Haithabu gefundenes Wikingerlangschiff vor den Augen der Besucher wieder aufgebaut. Das Museum enthält auch vier in der Nähe von Haithabu gefundene Runensteine: Der große und der kleine Sigtryggstein, der Erikstein und der Skarthistein erwähnen in altdänischer und altschwedischer Sprache historische Ereignisse und Herrschernamen des 10. und 11. Jahrhunderts und bilden eine wichtige Quelle für die Geschichte Haithabus und der gesamten Region. Ein sensationeller Fund ist die älteste vollständig erhaltene Kirchenglocke Nordeuropas: Die aus dem Hafen von Haithabu geborgene Bronzeglocke wiegt 35 Kilogramm und stammt aus der Zeit um 948, als Haithabu Bistum wurde.

Die Wikingersiedlung Haithabu am inneren Ende der Schlei war im 9./10. Jahrhundert ein internationales Wirtschaftszentrum und der Hauptumschlaghafen für den Ost-West-Handel auf Nord- und Ostsee. Obwohl seit der Wiederentdeckung vor 100 Jahren nur etwa 5 Prozent der alten Vorgängersiedlung der Domstadt Schleswig systematisch erforscht wurden, zählt Haithabu am Ostende des Danewerks zu den bedeutendsten archäologischen Stätten der Ostseeküste. Der Eröffnung des Wikinger Museums Haithabu 1985 folgten ein Jahr später die ersten Wikingertage in Schleswig auf den Königswiesen an der Schlei: Sie werden seit 1986 alle zwei Jahre veranstaltet und zählen zu den größten Events der Ostseeküste. Rund 170 000 Menschen aus ganz Europa schlug die letzte Veranstaltung in Bann – Tendenz steigend. Bis heute ist der bis zu 9 Meter hohe Halbkreiswall sichtbar, der das Siedlungsgebiet am Haddebyer Noor, einer Bucht an der inneren Schlei, als Schutz umgab. Schätzungen zufolge lebten hier mehr als 1000 Menschen.

Alltag im Wikingerdorf
Echte Nordmänner führen vor, wie man sich den Alltag des kriegerischen Volkes vorstellt.

Das Danewerk: Verbundsystem aus Wikingerzeit

Das Danewerk wurde auf dem nur sieben Kilometer breiten Geestrücken zwischen der Schlei und dem Tal der Rheider Au als Verbundsystem mehrerer Langwälle errichtet. Die natürliche Ostverlängerung des Danewerks ist der tief in das Land eingreifende Meeresarm der Schlei, während im Westen das vermoorte Tal der Rheider Au, das bei Hollingstedt in die Treene mündet, zusammen mit der vermoorten Eider-Treene-Niederung die natürliche Fortsetzung des Danewerks bilden. Rund 20 von ursprünglich 30 Wallkilometern des Danewerks sind erhalten. Errichtet wurde das Danewerk im Süden des dänischen Wikingerreichs in mehreren Bauphasen. In der Zeit von 700–750 entstanden der Hauptwall und der Nordwall. Im Jahr 737 wurden die Eichenstämme für die Palisaden dieses Wallsystems gefällt, das Schutz vor Angriffen der Sachsen bot und die Kontrolle

Kriegerisch
Begegnung mit den früheren Eroberern des Ostseeraums.

über den Heerweg ermöglichte. Der dänische Heerweg (Hærvej), in Deutschland Ochsenweg genannt, war seit vorgeschichtlicher Zeit die Hauptverkehrsader zwischen Viborg im Norden Jütlands und der Elbe. Über den jütländischen Geestrücken führte er südwärts bis zur Eider und weiter durch sächsisches Siedlungsgebiet bis zur Elbe.

Der dänische König Waldemar der Große baute das Danewerk ab 1175 wieder auf. Die nach ihm benannte Waldemarsmauer wurde dabei durch eine 2 Meter dicke Ziegelsteinmauer verstärkt. Ab Mitte des 13. Jahrhunderts verlor das Danewerk seine strategische Bedeutung, die nunmehr von Bur-

Attraktion für Jung und Alt
Eine Fahrt auf einem Wikingerschiff gehört zum Programm der Wikingertage.

gen übernommen wurde. Die Waldemarsmauer wurde als Straße benutzt. Während der Zeit des Nationalismus im 19. Jahrhundert kam es in Dänemark zu einer Danewerk-Renaissance. Das Danewerk wurde zum nationalen Symbol, 1861 wurde es um 27 Artillerieschanzen erweitert. Als Dänemark 1864 den Norddeutschen Krieg gegen Preußen und Österreich verlor, verlor es mit 40 Prozent seiner Fläche auch das Danewerk.

Die stärkste Befestigung des Danewerks bildete das Mittelstück des Hauptwalls (Waldemarswall) mit einer heutigen Höhe von 4 bis 5 Metern und der beachtlichen Breite von 20 bis 30 Metern. Hier befindet sich das sehenswerte dänische Danewerk-Museum (Danevirkegården) in der Gemeinde Dannewerk. Auf Danewerk-Wanderwegen lässt sich von hier aus die Chinesische Mauer Schleswigs erkunden.

Domstadt Schleswig – Bischofsstadt an der Schlei

Schleswig erleben: durch die Altstadt und den Fischerholm schlendern, den Dom besichtigen und auf die Schlei schauen.

Sankt-Petri-Kirche
Der neugotische Turm der Kirche, die 1134 erstmals erwähnt wird, überragt die Altstadt.

D er 85 Meter hohe Wikingturm am Yachthafen ist das nicht unumstrittene moderne Wahrzeichen Schleswigs. Unbestritten jedoch ist die prachtvolle Aussicht, die das Restaurant im oberen Bereich dieses Wolkenkratzers auf die alte kleine Domstadt an der Schlei und ihre wunderschöne Umgebung bietet. Die *lütt* Stadt Schleswig mit ihren Backsteinbauten am inneren Ende der Schlei gegenüber der

Spaziergang durch die Domstadt

Der Ausgangspunkt für diese Besichtigung ist die Tourist-Information im klassizistischen Plessenhof (1798) an der Plessenstraße. Durch die Noderoder die Süderdomstraße geht es zum gotischen Dom (1), dessen prachtvolles romanisches Petriportal sich auf der Süderdomstraßenseite befindet. Östlich des Doms liegt im Zentrum der Altstadt der Rathausmarkt (2) mit stattlichen Bürgerhäusern und dem klassizistischen Rathaus (1794), das mit dem Graukloster verbunden ist. Der Apothekergang neben der ehemaligen Hofapotheke (Haus Nr. 14) bietet einen fotogenen Blick zurück zum Dom, dann führt der Weg in die Knud-Laward-Straße und durch die Fischersiedlung auf dem Holm zum Johanniskloster (3). Zurück an der Knud-Laward-Straße geht es links an der Anlegestelle der Schlei-Ausflugsdampfer vorbei, dann wieder links auf dem Wiesendamm durch die Königswiesen zum Yachthafen und auf dem Strandweg in Richtung des weithin sichtbaren Schlosses Gottorf (4). Von dort führt die x-Markierung des Europäischen Fernwanderwegs 1 südwärts durch die Gottorfer Straße, am Stadtmuseum links vorbei und gleich rechts durch den Georg-Pfingsten-Weg, ehe der Haddebyer Strandweg ans Ufer der Schlei zurückführt. Vor dem Campingplatz Haddeby schwingt der Fernwanderweg landeinwärts und erreicht kurz nach Queren der B 76 das Wikingermuseum (5). Südlich davon liegt der Wall der Wikingersiedlung Haithabu. Zurück fährt man mit dem Bus.

Wikingersiedlung Haithabu ist das kulturelle und religiöse Zentrum des Landesteils Schleswig. Das mit dem Rathaus am Markt verbundene Graukloster ist eines der besterhaltenen Franziskanerklöster Nordeuropas, das Johanniskloster auf der kreisförmig angelegten Fischerinsel Holm eine der malerischsten Klosteranlagen Schleswig-Holsteins, und in Schloss Gottorf, dem bedeutendsten Profanbau Schleswig-Holsteins, befindet sich mit dem Landesmuseum eines der hochrangigen Museen Deutschlands. Der evangelisch-lutherische Bischof von Schleswig leitet den gleichnamigen Sprengel in der Nordelbischen Kirche.

Sankt-Petri-Dom

Im Jahr 1134 wird der Sankt-Petri-Dom erstmals erwähnt, er ist die bedeutendste Sehenswürdigkeit in der Altstadt. Noch aus romanischer Zeit stammen das prächtige Petriportal an der Süderdomstraße und die in Granit gehauenen Löwenskulpturen an der nördlichen Außenwand. Im ausgehenden 13. Jahrhundert wurden der hochgotische Backsteinhallenchor, um 1320 der dreiflügelige Schwahl-Kreuzgang und bis 1501 das spätgotische Hallenlanghaus errichtet. Erst 1894 war der 112 Meter hohe neugotische Turm vollendet. Glanzstück im Inneren ist der Bordesholmer Altar (1514–21) von Hans Brüggemann. Ein weiteres bedeutendes Kunstwerk im Dom ist das von Cornelis Floris aus Marmor, Kalkstein und Alabaster gestaltete Renaissancegrabmal (1551–55) für Frederik I.

Die Fischersiedlung Holm mit Johanniskloster

Zu den ältesten und reizvollsten Stadtteilen Schleswigs zählt die Fischersiedlung Holm mit dem Johanniskloster und den kleinen einstöckigen Fischerhäusern rund um den lindengesäumten Friedhof. Bis 1935 war der Holm – das dänische Wort bedeutet Insel – eine Insel in der Schlei, nur durch die Fischbrückstraße mit der Stadt verbunden. Der Friedhof ist Eigentum der Holmer Beliebung, einer im Jahr 1650 gegründeten Totengilde. Jedes Jahr 2 Wochen nach Pfingsten wird nach der Totenehrung am Friedhof das Fest der Holmer Beliebung gefeiert.

Die im Lauf von Jahrhunderten zu einem malerischen Ensemble zusammengewachsenen Gebäude des Johannisklosters liegen in parkähnlicher Umgebung neben der Fischersiedlung auf einer kleinen Anhöhe auf dem Holm. Seit der Reformation dient das Kloster als Damenstift: Unverheiratete Töchter des schleswig-holsteinischen Adels finden hier ein Domizil. Im Remter, dem Speisesaal, kann das mit Dämonenfiguren und Fabelwesen reich verzierte Gestühl der Nonnen besichtigt werden. Das 1250 erstmals erwähnte Johanniskloster ist die am besten erhaltene Klosteranlage in Schleswig-Holstein.

Liebevoll herausgeputzt
Die ehemaligen Fischerkaten im Fischerholm sind heute schmucke Wohnhäuser.

Der besondere Tipp

Der Bordesholmer Altar

Mit seinen fast 400 aus ölgetränktem Eichenholz geschnitzten Figuren ist der Bordesholmer Altar das künstlerische Hauptwerk nordeuropäischer Bildschnitzerkunst am Ende des Mittelalters. Der aus Walsrode in der Lüneburger Heide stammende Künstler Hans Brüggemann schuf diesen szenischen Schnitzaltar 1514–21 an der Wende von der Spätgotik zur Renaissance, wobei er sich von Holzschnitten Albrecht Dürers inspirieren ließ. In genialer Lichtregie heben sich die Einzelfiguren des Vordergrunds mit ihrer naturalistisch-sinnlichen Ausgestaltung von den zu Gruppen geballten Figuren des dunklen Hintergrunds ab und vereinen sich mit ihnen auf über 12 Meter Höhe und 7 Meter Breite zu einem Bildprogramm, dessen geistig-religiöse Aussagekraft und künstlerische Wirkung ohne Parallele ist.

Inselschloss Gottorf – Residenz und Gesamtkunstwerk

Der fünfflügelige Prachtbau liegt auf einer Insel im innersten Winkel der Schlei und bildet zusammen mit seinen Gärten und Parks ein bauliches Ensemble, das zu den faszinierendsten der Ostseeküste zählt: Schloss Gottorf war jahrhundertelang das Machtzentrum Schleswigs und ein geistiger und künstlerischer Kristallisationspunkt von europäischem Rang. Zugleich steht der Name Gottorf in seiner skandinavischen Variante Gottorp für mächtige Herrscherhäuser, die, anders als die Glücksburger, heute jedoch nicht mehr regieren: 1751–1818 stellte das Haus Holstein-Gottorp die Könige von Schweden, und der Gottorfer Herzog Karl Peter Ulrich begründete durch seine Heirat mit Katharina der Großen die Dynastie Romanow-Holstein-Gottorp, die ab dem Jahr 1762 bis zur Februarrevolution 1917 die russischen Zaren stellte.

Deutsch-dänische Vergangenheit und Gegenwart

Im Mittelalter galt die damalige Burg Gottorf wegen ihrer strategischen Lage als *Schlüssel und Wacht* des ganzen Dänemarks. Der Aus- und Umbau von einer Burg zur heutigen Prachtanlage begann nach dem Brand des Jahres 1492. Der spätere dänische König Frederik I. ließ in seiner Funktion als Herzog von Schleswig und Holstein im herzog-

Verspielter Wasserspender
Wandbrunnen im
Innenhof des Schlosses.

lich gottorfschen Anteil der Herzogtümer um 1500 die zweischiffige gotische Halle mit Kreuzrippengewölbe errichten. Sie ist die einzige nicht kirchliche Großhalle des ausgehenden Mittelalters in Schleswig-Holstein und wurde 1697–1703 in den Neubau des Südflügels integriert. Als Frederik I. 1523 zum König von Dänemark gewählt wurde, wurde Schloss Gottorf vorübergehend faktisch Residenz des Königreichs. Um 1530 ließ Frederik den Westflügel errichten, dessen prachtvolle Hofschaufront ein Hauptwerk der Frührenaissance im ge-

samten Norden Europas ist. 1533 starb Frederik I. in seinem Lieblingsschloss und wurde im Schleswiger Dom beigesetzt.

Frederik IV. baute Schloss Gottorf schließlich als Barockresidenz aus: Ab 1697 wurde der hochbarocke Südflügel errichtet, und das Schloss entwickelte sich zu einem Mittelpunkt des Musiklebens.

Während des Großen Nordischen Kriegs besetzte König Frederik IV. von Dänemark im Jahr 1713 den Gottorfer Anteil am Herzogtum Schleswig-Holstein-Gottorf. Das bedeutete das Ende des seit 1544 bestehenden Herzogtums. Der Frieden von Frederiksborg,

Der besondere Tipp

Das Schlossmuseum

Als Sitz der Landesmuseen beherbergt das Schloss Gottorf eine der bedeutendsten Sammlungen zu Kunst, Kultur und Archäologie in Nordeuropa. Das Landesmuseum für Kunst und Kulturgeschichte umfasst gotische Skulpturen und Renaissancegemälde, eine Barockgalerie, Biedermeier- und Jugendstilabteilungen ebenso wie eine der größten Ausstellungen zum deutschen Expressionismus. Das Archäologische Landesmuseum zählt mit über 5 Millionen Fundstücken zu den größten vor- und frühgeschichtlichen Sammlungen Deutschlands: Moorleichen und die Opferfunde aus Nydam und Thorsberg mit dem ältesten hochseetüchtigen Ruderboot Europas zählen zu den Höhepunkten der Ausstellungen.

der 1720 den Großen Nordischen Krieg zwischen Dänemark und Schweden beendete, schrieb fest, dass der Gottorfer Anteil im Herzogtum Schleswig an die dänische Krone fiel: Am 22. August 1721 fand die Vereinigung des gottorfschen Anteils am Herzogtum Schleswig mit der dänischen Krone ihren Abschluss, als die schleswigschen Stände – auch die Linien Augustenburg und Glücks-

Konserviert im Torf
Auch Moorleichen gehören zu der Ausstellung im Archäologischen Museum.

Gespiegelt im Herkulesteich
Das in der Renaissance und im Barock gebaute Schloss ist der größte Profanbau Schleswig-Holsteins.

burg – König Frederik IV. als ihrem alleinigen und souveränen Landesherrn huldigten. Von nun an waren die Könige von Dänemark zugleich Herzöge von (ganz) Schleswig.

1947 begann die systematische Restaurierung des Schlosses. Derzeit werden der Barockgarten und der monumentale Globus aus dem 17. Jahrhundert wiederhergestellt.

Reste eines Waldgebiets
Auf schmalen Wegen geht man unter Baumgruppen und einzelnen Bäumen entlang, bevor die Steilküste von der Straßenseite aus erreicht wird.

Dänischer Wohld – auf der Sonnenseite der Kieler Förde

Hinter der bis zu 30 Meter hohen Steilküste erstrecken sich alte Laubwälder und fruchtbare Felder.

Das Nebeneinander von Wald, Steilküste, Strand und Meer charakterisiert die Landschaft des Dänischen Wohld, der Halbinsel zwischen Eckernförder Bucht und Kieler Förde. Auf der Sonnenseite der Kieler Förde hingegen befinden sich die Seebäder Strande und Schilksee und in Kiel-Holtenau fließt der Nord-Ostsee-Kanal, die meistbefahrene künstliche Seeschifffahrtsstraße der Erde, in die Förde.

Der Name Dänischer Wohld verweist darauf, dass dieses abwechslungsreiche Gebiet ein urtümlicher Wald im Besitz der dänischen Könige war. In der ältesten Beschreibung der Gettorfer Umgebung schreibt der Priester Helmold von Bosau im 12. Jahrhundert: *Von der Schlei bis zum Ort Lütjenburg zieht sich ein dichter, kaum zu durchdringender Urwald, der große Grenzwald Isernhoe [Eisenwald].* Bis heute prägen neben fruchtbarem Ackerland Buchen- und Eichenwälder den Dänischen Wohld. Zwischen zweien dieser Wälder

liegt einer der größten Findlinge Schleswig-Holsteins: der Düwelssteen (Teufelsstein).

Der Düwelssteen

Bei Groß-Königsförde in der Gemeinde Lindau ragt zwischen dem Scharfenholz und dem Königsförder Wald der Düwelssteen (Teufelsstein), ein rund 200 Tonnen schwerer Granitblock, 3 Meter aus der Erde. Der Legende zufolge landete der Stein an dieser Stelle, als der Teufel ihn Richtung Gettorf schleudern wollte, um die Wallfahrtskirche im mittelalterlichen Hauptort des Dänischen Wohld zu zertrümmern. Der Stein verfehlte sein Ziel. Doch weil er so weit aus der Erde ragt, löste er Luftturbulenzen aus, und dieser Luftzug – so weiß die Legende – hat bewirkt, dass der Kirchturm von Gettorf schief steht. Der Teufelsstein ist ein beliebter Rastpunkt am Rad-, Reit- und Wanderwegenetz zwischen Nord-Ostsee-Kanal und Gettorf.

Holtenauer Schleuse – Nadelöhr für Ozeanriesen

Die Südgrenze des Dänischen Wohld und des Naturparks Hüttener Berge bildet der Nord-Ostsee-Kanal: Auf einer Länge von 98,7 Kilometern verbindet die meistbefahrene künstliche Seeschifffahrtsstraße der Welt Nord- und Ostsee. Von der Elbhafenstadt Brunsbüttel im südlichen Dithmarschen tuckern Ozeanriesen und Kreuzfahrtschiffe in 6 bis 8 Stunden zur Kieler Förde. Ohne den Kanal müssten sie die 250 Seemeilen längere Route um Kap Skagen nehmen.

Die imposantesten Bauwerke des Kanals sind die Schleusen an den Enden. Die Holtenauer Schleusen an der Kieler Förde zählen zu den meistbesuchten Technikdenkmälern der deutschen Ostseeküste. 1894 wurden die Alten Schleusen eröffnet, doch als 1 Jahr später der Kanal in Betrieb genommen wurde, erwiesen sie sich als zu klein. Im Zuge der Erweiterung der damals Kaiser-Wilhelm-Kanal genannten Wasserstraße wurden Schleusenkammern mit 330 Meter Kammerlänge, 45 Meter lichter Breite und 14,10 Meter Sohlentiefe gebaut. Diese Neuen Holtenauer Schleusen wurden am 14. Juni 1914 eingeweiht und waren damals die größte Schleusenanlage der Welt. Der Tidenhub beträgt in der Ostsee nur etwa 7 Zentimeter, lang anhaltende Winde aus West oder Ost können jedoch stärkere Schwankungen des Wasserstands in der Kieler Förde verursachen. Die Holtenauer Schleusen gleichen die unterschiedlichen Wasserstände zwischen Unterelbe und Kieler Förde aus. Das Durchschleusen dauert etwa eine Dreiviertelstunde.

Technisches Denkmal
Einst waren sie die größten Schleusen der Welt: die neuen Schleusenkammern am Nord-Ostsee-Kanal in Kiel-Holtenau.

Blick von der Holtenauer Hochbrücke

Die Brücke an der Straße von Kiel nach Schilksee bietet einen exzellenten Blick auf den Kanal und die Schleusenanlagen an seiner Mündung in die Förde. Auf beiden Seiten kann man die Schleusen besichtigen. Fährt man von der Hochbrücke auf der Nordseite des Kanals durch die Holtenauer Kanalstraße, gelangt man zur Schleusenausstellung und kann an einer Führung zu den Alten und Neuen Schleusen teilnehmen. Auf der Südseite des Kanals gelangt man über die Uferstraße in Kiel-Wik zu den Neuen Schleusen und kann auf einer Plattform das Durchschleusen der Ozeanriesen hoch über der Schleusentorkammer beobachten.

Naturgewalten formen die Küste

Bei Dänisch Nienhof, Eckernholm und Schnellmark reichen Wälder direkt an die Steilküste heran. Diese landschaftlich besonders reizvollen Küstenabschnitte sind ein Dorado für Badefreunde ebenso wie für Wanderer: Der Europäische Fernwanderweg 1 folgt der Küste von Eckernförde zum Bülker Leuchtturm und weiter bis zum Olympiahafen von Schilksee. Durch die Einwirkung von Wind und Wellen, Hochwasser und Sturmfluten wird die Steilküste ständig umgestaltet. Mit rund 30 Metern erreicht sie bei Dänisch Nienhof geradezu Schwindel erregende Höhen. Hier an der Nordküste zwischen Dänisch Nienhof und dem Bülker Leuchtturm unterliegt das lockere Moränenmaterial einer besonders intensiven Abtragung: Die Fluten brechen Sand, Kies und Geröll aus der Küste heraus und lagern es, soweit es nicht am Fuß der Kliffküste liegen bleibt, an geschützten Stellen in Form von Strandwällen, Strandhaken und vor Niederungen oder Buchten wieder an. Den Fuß der Steilküsten bilden schmale, kilometerlange Strände mit zahlreichen Findlingen. Allein das Ostseebad Schwedeneck hat 16 Kilometer Strand. An den meisten Stränden ist das Wasser kinderfreundlich flach, erst nach vielen Metern vertieft es sich zum eigentlichen Meer, auf dem in der Ferne die Schiffe vorüberziehen.

Weit schweift der Blick über das Meer

Im Osten des Dänischen Wohld hat sich Strande aus einem kleinen Fischerdorf zum Seebad an der Kieler Außenförde entwickelt. Die Uferpromenade lädt zum Bummeln ein, der Fischersteg ist das Herz des Strander Hafens, hier wird fangfrischer Fisch direkt vom Kutter verkauft. Um den Fischersteg hat sich im Laufe der Zeit ein großzügiger Yachthafen mit rund 360 Liegeplätzen entwickelt.

Wanderung von Strande zum Bülker Leuchtturm

Vom Ostseebad Strande führt der aussichtsreiche Küstenwanderweg zum Bülker Leuchtturm und zu den über 30 Meter hohen Kliffküsten von Stohl und Dänisch Nienhof. Die gesamte Strecke ist mit der x-Markierung des Europäischen Fernwanderwegs 1 bezeichnet, zum Teil kann man auch unten am Strand gehen, der hier jedoch steinig ist. Der Beginn der Route ist durch die mehrere Kilometer lange Strandpromenade des Ostseebads vorgegeben, als Hauptblickfang dient das erste Etappenziel: der Bülker Leuchtturm, der als Aussichtsturm erstiegen werden kann. Die folgenden Kilometer an der Nordküste unterstreichen eindrucksvoll, dass eine Kliffküste der steten Abtragungsarbeit von Wind und Wellen ausgesetzt ist: Immer wieder ist der Weg ausgebrochen – das Material stürzt hinunter auf den steinigen Strand, zum Teil werden Birken und andere Bäume mitgerissen. Die ausgebrochenen Stellen können leicht umgangen werden: Bei Stohl führt eine lange Holztreppe hinab zum Strand. Dass steinige Strände von allen Urlaubern gemieden werden, ist eine weit verbreitete Mär. Wenn die Wälder von Dänisch Nienhof auftauchen, ist das Ziel der Wanderung erreicht: der Strand von Dänisch Nienhof, ein Kurstrand, der etwa hälftig aus feinem Sand und groben Steinen besteht. Am Strand lädt ein Restaurant nach 11 Wanderkilometern zur wohlverdienten Einkehr.

Der Bülker Leuchtturm
Die Aussichtsplattform von einem der ältesten Leuchttürme an der Kieler Förde bietet einen wunderbaren Blick auf das Meer und die Küstenlandschaft.

Der Harz des Nordens: die Hüttener Berge

Im Westen geht der Dänische Wohld in den Naturpark Hüttener Berge über, wo sich auf dem Aschberg ein überwältigendes Panorama von der Eckernförder Bucht bis zur Kieler Förde eröffnet. Der für das Tiefland gewaltige Höhenunterschied von bis zu 100 Metern zwischen den Gipfeln und den Mooren, Grünfluren und Seen der Umgebung macht die Hüttener Berge zum eindrucksvollsten Moränengebirge Schleswigs: Wer im Nordosten im Tal der Großen Hüttener Au auf einer Höhe von nur 5 Metern über dem Meeresspiegel steht und zum 106 Meter hohen Scheelsberg aufschaut, hat das Gefühl, diese bewaldeten Hügel sind echte Berge. Wer sie auf einem der zahlreichen Wanderwege durchstreift und den Blick vom Aschberg bis hin zur Eckernförder Bucht schweifen lässt, erlebt, dass es sich tatsächlich um ein Gebirge handelt, wenn auch im Kleinstformat. Harz des Nordens werden die Hüttener Berge wegen ihres Gebirgscharakters mit steilen Flanken und tiefen Tälern auch genannt. Die Hüttener Berge sind Kernstück und Namensgeber des 21 900 Hektar großen Naturparks Hüttener Berge, der weit über die eigentlichen Berge hinausgreift und der nördlichste seiner Art in Deutschland ist.

Die von den eiszeitlichen Gletschern geformte Moränenlandschaft der Hüttener Berge mit ihren Hügeln, Wäldern, Mooren, Seen und knickheckengesäumten Wegen sowie kleinen Dörfern mit alten Höfen, Wind- und Wassermühlen im umgebenden Tiefland erstreckt sich zwischen dem inneren Ende der Schlei, der Eckernförder Bucht und dem Nord-Ostsee-Kanal nur wenige Autominuten von der Küste entfernt. Es ist ein Gebiet vor allem für die stille Erholung wie Wandern, Nordic Walking und Radwandern. Von zahlreichen Wanderparkplätzen aus lassen sich Spaziergänge unternehmen, auch der Europäische Fernwanderweg 1 führt durch den Naturpark. Wassersportparadiese sind der Bistensee und der Wittensee im Vorfeld der Berge.

Knicklandschaften
Die charakteristischen Knicks überziehen die grünen Moränenhügel der Hüttener Berge.

Bequeme Wanderwege
Der Naturpark Hüttener Berge lässt sich auf idyllischen Wegen erkunden.

Holstein

Von Kiel nach Lübeck – eine sanft geschwungene Landschaft: weite Buchten und die Ausläufer des Ostholsteinischen Hügellands charakterisieren die Ostseeküste zwischen Kieler Förde und Travemünde. Die Besichtigung der Weltkulturerbestadt Lübeck schließt die Erkundung dieses Küstenabschnitts ab.

Maritime Tradition in Lübeck
Hinter der prächtig restaurierten Hafenfront an der Trave ragen die Türme.

Kiel – vom Provinznest zur Landeshauptstadt

Modern, kühl und dennoch charmant – eine Stadt, die nicht nur Segler begeistert.

Ü ber Jahrhunderte war das 1242 gegründete Kiel ein kleines beschauliches Städtchen, das eindeutig im Schatten der prächtigen Hansestadt Lübeck stand.

Dies änderte sich im Jahr 1871, als Kiel zum Reichskriegshafen ausgebaut wurde. Schiffsbau und Marine hielten in die Stadt an der Förde mit dem größten natürlichen Tiefwasserhafen der Ostsee Einzug. Die Einwohnerzahl explodierte von knapp 30 000 im Jahr 1860 auf über 200 000 zu Beginn des Ersten Weltkriegs.

Die enge Verbindung zur Marine ist der Grund dafür, dass mit dem Namen Kiel einer der wichtigsten Einschnitte der deutschen Geschichte verbunden ist: der Sturz der Monarchie durch die Novemberrevolution von 1918. Ein wuchtiges Revolutionsdenkmal mit dem martialischen Titel Feuer aus den Kesseln (1982) von Hans-Jürgen Breuste erinnert im Ratsdienergarten am Kleinen Kiel an dieses Ereignis.

Meuternde Matrosen der kaiserlichen Flotte übernahmen am 4. November 1918 die Macht in der Reichskriegshafenstadt Kiel und bildeten zusammen mit Arbeitern den ersten Arbeiter- und Soldatenrat der Novemberrevolution. Auf den Kriegsschiffen und in der Stadt wurden die roten Fahnen gehisst. Auslöser der Meuterei war, neben großer materieller Not und Hunger unter der Bevölkerung Kiels, das Himmelfahrtskommando, zu einem letzten ehrenvollen Gefecht gegen die britische Flotte auszulaufen, obwohl der Krieg bereits verloren war.

Die Kieler Ereignisse wirkten wie ein Fanal. Auf einer Versammlung in Hamburg solidarisierten sich am 5. November Soldaten und Arbeiter und riefen den Generalstreik aus. Die Aufstandsbewegung griff auf andere norddeutsche Städte über und breitete sich wie ein Flächenbrand nach Süden aus. Am 9. November verkündete Philipp Scheidemann (SPD) in Berlin das Ende der Monarchie und proklamierte die Republik.

Während der NS-Herrschaft wurden der Kieler Hafen und die Werften intensiv von der Kriegsmarine genutzt, was die fatale Folge hatte, dass Kiel im Zweiten Weltkrieg fast vollständig zerstört wurde.

Nüchtern, zweckmäßig und direkt am Meer

So konnte ab 1945 eine neue Stadt entstehen: nüchtern, zweckmäßig und ohne überflüssige Schnörkel. Wieder aufgebaut wurden die am Ende der Fußgängerzone gelegene Nikolaikirche und das Rathaus mit seinem schon von weitem sichtbaren trutzigen Turm. Geblieben sind einige Jugendstilhäuser und der Warleberger Hof, ein Alt-Kieler Adelshof, in dem heute das Stadtmuseum untergebracht ist. Obwohl man in Kiel nicht durch heimelige Gassen schlendern und die Pracht alter Gebäude bewundern kann, hat die Stadt ihren eigenen Charme. Nur wenige Schritte hinter dem Hauptbahnhof ist der Hafen. Man blickt hinüber zum Ostufer und zu den riesigen Kränen der Werften. Maritime Technik – Schiffbau, Schifffahrt und Logistik – ist

Auf den Weltmeeren daheim
Das Segelschulschiff der Bundesmarine, die *Gorch Fock*, läuft regelmäßig in die Kieler Förde ein.

Sieg des Guten über das Böse
Seit 1954 steht Ernst Barlachs *Geistkämpfer* (1927/28) an der Nikolaikirche.

Alles über Schifffahrt

Das Schifffahrtsmuseum ist in einer ehemaligen Fischhalle untergebracht. Sehenswert: die Museumsbrücke, an der drei Oldtimer-Schiffe angelegt haben.

Öffentlicher Nahverkehr

Die Fördedampfer verbinden nach festem Fahrplan die beiden Fördeufer der Landeshauptstadt miteinander.

auch heute noch ein wichtiger Wirtschaftszweig der Stadt. Ein Spaziergang an der Innenförde führt vorbei am Institut für Meereskunde, vor dem in einem Becken Seehunde spielen und schwimmen. Ferner passiert man den Ankerplatz der Gorch Fock, dem Segelschulschiff der Bundesmarine, und den Landtag: Kiel ist seit 1946 Landeshauptstadt von Schleswig-Holstein. Beobachten kann man bei diesem Bummel auch die eleganten weißen Personen- und Fährschiffe aus Norwegen, Schweden und Finnland, die in den Kieler Hafen einlaufen – und spätestens da wird einem klar, dass die Stadt aufs Engste mit dem Meer verbunden ist.

Heimathafen

In Kiel ist das 1. U-Boot-Geschwader der Bundesmarine stationiert.

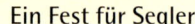

Olympiastadt Kiel – Mekka der Segler

Die »Stadt im frischen Wind«, so der durchaus zutreffende Werbeslogan, den sich die Kieler selbst gaben, ist eine weltoffene Stadt. Dies wird besonders während der Kieler Woche deutlich.

Mit mehr als 3 Millionen Besuchern und zuletzt mehr als 5000 aktiven Sportlern pro Jahr ist die Kieler Woche die größte Segelregatta der Welt. Während Athleten aus aller Welt auf der Außenförde vor dem Olympiazentrum Schilksee ihre Kräfte messen, findet auf den Ufermeilen das größte Volksfest im Norden Europas statt – die Kieler Woche. Hier wird für jeden Geschmack etwas geboten: Konzerte, Theater, Ausstellungen, eine Windjammerparade, ein großes Feuerwerk und auf der Spiellinie

direkt an der Innenförde können nicht nur Kinder basteln, musizieren und malen.

Die Kieler Woche ist vor allem auch ein Festival der Kleinkunst: Auf Straßen und Plätzen zeigen Jongleure, Artisten, Clowns,

Ein Fest für Segler
Während der Kieler Woche können sich Segler aus aller Welt miteinander messen.

Stelzenläufer und Straßentheater ihr Können. Zahlreiche Kleinkünstler aus dem In- und Ausland kommen auf eigene Faust nach Kiel, um auf den Straßen aufzutreten, und tragen so zur unvergleichlichen Kieler-Woche-Atmosphäre bei.

Der Internationale Markt auf dem Rathausmarkt bietet kulinarische Spezialitäten aus der ganzen Welt und unterstreicht damit nochmals die Bedeutung der Kieler Woche als Weltereignis – nicht nur für Segler.

Herzensbrecher
Matrosen genießen den Landgang während der Kieler Woche.

Mit einer Freundschaftsregatta fing alles an

Der Ursprung der Kieler Woche war eine Freundschaftsregatta von 20 Yachten am 23. Juni 1882 auf der Kieler Förde. Der Erfolg dieser von Hamburger Seglern organisierten Wettfahrt regte Kieler Segler an, sich zu beteiligen. Ab 1883 wurde die Kieler Regatta zum jährlich wiederkehrenden Großereignis. Wesentlich geprägt wurden die Wettfahrten von der Marine. 1894 wurde für das alljährlich im Juni veranstaltete Ereignis der heutige Name geprägt. Die Kieler Woche avancierte im Kaiserreich zu einer der bedeutendsten internationalen Segelsportveranstaltungen, diente jedoch auch dem damaligen Flottenenthusiasmus folgend der Demonstration deutscher Stärke auf dem Wasser. Erst in den Goldenen Zwanzigern erreichte die Kieler Woche wieder das internationale Flair der Vorkriegszeit. Ab 1933 funktionierten die Nationalsozialisten dieses Sportereignis zur Rüstungspropaganda um.

Die Kieler Woche – Sport und Kultur pur

Nach dem Zweiten Weltkrieg ließen die Engländer 1945 die Kieler Woche unter dem Namen Kiel Week wieder aufleben – Deutsche durften nicht teilnehmen. Das ärgerte die Kieler derart, dass 1947 der damalige Oberbürgermeister Andreas Gayk die Kulturveranstaltung Septemberwoche – Kiel im Aufbruch organisierte. Daraufhin wurden 1948 zwei Kieler Wochen veranstaltet: im Juni die Regatta- und im September die Kulturwoche. 1949 wurden diese beiden Veranstaltungen zusammengelegt: Seither ist die Kieler Woche nicht mehr nur eine Regattaveranstaltung, die die Segelelite der Welt in die Förde lockt, sondern zugleich eine Kulturveranstaltung.

An maritimem Glanz gewann die Kieler Woche, als 1972 anlässlich der Olympischen Sommerspiele die Großseglerparade eingeführt wurde. Rund eine halbe Million Menschen säumten die Ufer der Förde und beobachteten 70 prächtige Windjammer aus 17 Ländern. »So etwas Schönes habe ich noch nie gesehen«, kommentierte Bundespräsident Gustav Heinemann.

Von Konrad Adenauer bis Gerhard Schröder, von Theodor Heuss bis Johannes Rau – die gewählten Spitzen der Gesellschaft besuchen regelmäßig die Kieler Woche. Glücklicherweise wird nicht mehr militärischer Größenwahn demonstriert, sondern es werden Brücken des friedlichen Miteinanders gebaut: nach Skandinavien, in den 1970er-Jahren zu den Staaten des Ostblocks und heute zu den jungen baltischen Demokratien.

In-Treff in der Altstadt
Nach der Regatta trifft man sich mitten in der Kieler Altstadt im Kulturzentrum *Die Pumpe*.

Markanter Blickfang
An der Kieler Außenförde ragt die expressive Turmsilhouette des Marine-Ehrenmals am Strand des Ostseebads Laboe 85 Meter hoch in den Himmel. Es ist eines der meistbesuchten Denkmäler der Ostseeküste und erinnert an die Seeleute aller Nationen, die auf den Weltmeeren ums Leben gekommen sind. Das Ehrenmal ist gleichzeitig ein Mahnmal für die friedliche Seefahrt auf freien Meeren.

Fangfrisch
Was den Fischern hier ins Netz geht, kann später im Yacht- und Fischerei-hafen unweit des Ehrenmals direkt ab Kutter gekauft werden.

Die Probstei – Bauernland mit langen Stränden

Hügel, Felder, Knicks, feine Sandstrände – eine bäuerliche Landschaft lädt ein.

Zwischen Kieler Förde und Lütjenburg befinden sich die von eiszeitlichen Gletschern geformten Landschaften der Probstei und des Selenter-Seen-Gebiets mit ihren Seebädern, Binnenseen und kilometerlangen Stränden. Die Probstei erstreckt sich zwischen Laboe und Bendfeld und ist eine flache, von Hecken geprägte Knicklandschaft. Der Name Probstei leitet sich davon ab, dass die Besiedlung und Urbarmachung des Gebietes im 13. Jahrhundert von einem Benediktinerkloster ausging und der Klostervorsteher in verschiedenen Urkunden Probst genannt wurde. Die Bindungen zum Kloster in Gestalt von Dienst- und Abgabenverpflichtungen endeten erst 1873, also fast 70 Jahre nach der so genannten Bauernbefreiung in Preußen.

Vielseitiges Urlaubsgebiet

Der Yachthafen Marina Wendtorf zählt zu den größten der schleswig-holsteinischen Ostseeküste. Zwischen Schönberger Strand

metern sollte er mit einer Höhe von 4 Metern das fruchtbare Ackerland, die Dörfer und Höfe schützen. Der 1974–90 errichtete Landesschutzdeich ist beliebt bei Radfahrern und Spaziergängern. Dem Deich vorgelagert sind Sand- und Geröllstrände, Strandwälle und Nehrungshaken. An mehreren Stellen lässt sich die Entstehung von Dünen beobachten: Am ungestörtesten verläuft sie im Bereich des Kleinen Binnensees und vor allem im Naturschutzgebiet Bottsand, einem bedeutenden Vogelschutzgebiet bei der Marina Wendtorf. Die abwechslungsreiche Landschaft mit Strand und Dünen sowie erhaltene bäuerliche Strukturen machen die Probstei zu einem begehrten Urlaubsgebiet nicht nur für Wassersportler, sondern für die ganze Familie.

Lohnender Aufstieg

Zwei Aufzüge oder 341 Stufen führen im Ehrenmal zu einer Aussichtsplattform, von der an klaren Tagen der Blick an der Fördenküste entlang und nordwärts bis zu den Inseln der dänischen Südsee schweift, während sich im Osten und Südosten die Hügel, Wälder und Seen der Probstei und der Holsteinischen Schweiz zeigen. Zu Füßen des Turms wurde 1972 das Unterseeboot U-995 als historisch-technisches Museum aufgestellt.

In der Nähe des Ehrenmals befinden sich ein 2 Kilometer langer Sandstrand und breite, dem Strand vorgelagerte Sandbänke. Am malerischen Yacht- und Fischereihafen wird fangfrischer Fisch direkt vom Kutter angeboten. Von hier aus kann man auch direkt mit dem Fördedampfer nach Kiel fahren.

und Schönberg dampft in den Sommermonaten die Museumseisenbahn. Seit im Jahr 2001 die 250 Meter lange Schönberger Seebrücke eingeweiht wurde, verbinden Ausflugsdampfer die Probsteiküste direkt mit Kiel. Der erste Sandstrand beginnt gleich im Ostseebad Laboe und zieht sich längs der Probsteiküste 20 Kilometer ostwärts zu den Ostseebädern Stein, Wendtorf, Heidkate und Schönberg bis hin zum Süß- und Salzwasserbiotop bei Stakendorf.

Sturmfluten setzten der Probsteiküste in den letzten Jahrhunderten sehr stark zu. Bei der Flut vom 13. November 1872 stieg das Wasser auf 3,15 Meter über Normalnull und Hunderte von Schafen und Rindern ertranken. Danach kam 1880–82 der erste Deichbau zustande: Auf einer Länge von 12,2 Kilo-

Der Hessenstein und Gut Panker

Nordwestlich von Lütjenburg haben Gletscher Endmoränen zu beachtlichen Bergen aufgeschoben. Zu den höchsten zählt der Pilsberg, auf dessen 128 Meter hohem Haupt der zinnenbekränzte Turm Hessenstein einen einmaligen Rundblick auf die holsteinische Küste und das Binnenland ermöglicht. Den Aufstieg über die 111 Stufen einer Gusseisenwendeltreppe belohnt eine Aussicht, die zu den schönsten der Ostseeküste zählt: Während sich im Süden der Bungsberg, der höchste Berg Schleswig-Holsteins, zeigt, ragen im Westen die Kräne der Howaldtswerke aus der Kieler Förde, im Nordosten liegt weit jenseits der Hohwachter Bucht die Insel Fehmarn und im Norden zeichnen sich im Dunst der See die Umrisse der dänischen Märcheninsel Fünen ab. Der 1841 errichtete achteckige Backsteinturm mit seinen farbigen bleiverglasten Fenstern steht unter Denkmalschutz und zählt mit Gut Panker zu den attraktivsten Ausflugszielen zwischen Kieler Förde und Kossautal.

Ein Stück Hessen in Holstein

Seinen Namen trägt der Turm Hessenstein nach dem gleichnamigen Fürstentum. Dieses winzige hessische Fürstentum auf holsteinischem Boden verdankte seine Entstehung der Frucht einer deutsch-schwedischen Liebesbeziehung. Friedrich von Hessen-Kassel heiratete 1715 Ulrika Eleonora, die einzige Schwester des schwedischen Königs Carl XII. Nach dem Tod Carls 1718 wurde Friedrich von Hessen-Kassel als Fredrik I. König von Schweden. Er warf ein Auge auf das Hoffräulein Hedvig Ulrike Taube, die im Jahr 1735 den gemeinsamen Sohn Friedrich Wilhelm gebar. Um seinen unehelichen Sohn finanziell abzusichern, kaufte der König mehrere Güter an der holsteinischen Küste – darunter die benachbarten Güter Schmoel, Hohenfelde und Klamp – und vereinigte sie zur Herrschaft Hessenstein. Friedrich Wilhelm wurde 1772 mit dem Titel eines Fürsten von Hessenstein in den Reichsfürstenstand erhoben.

Dieser Friedrich Wilhelm ließ als Residenz um 1800 eines der schönsten Herrenhäuser

Elegante Reitpferde
Auf Gut Panker werden die aus Ostpreussen stammenden Trakehner gezüchtet.

Zinnenbekränzter Hessenstein
Ein beliebtes Ausflugsziel ist der nordwestlich von Lütjenburg gelegene Aussichtsturm Hessenstein.

Unter Dach und Fach
Fachwerkhäuser mit reetgedeckten Dächern wie hier auf Gut Panker stehen meist unter Denkmalschutz.

der Ostseeküste errichten. Gut Panker in landschaftlich reizvoller Lage an einem See am Fuß des Pilsbergs zählt zu den Kleinodien der Gegend: Es befindet sich im Besitz der Hessischen Hausstiftung, ist aber bis auf die Privaträume öffentlich zugänglich. Unter Feinschmeckern weithin bekannt ist das historische Restaurant *Ole Liese* auf Gut Panker. Pferdeliebhaber zieht es nach Gut Panker wegen der Trakehnerzucht. Auch Hochzeiten werden hier ausgerichtet: Die gräfliche Privatkapelle kann man mieten.

Symmetrie am Lütjensee
Das dreiflügelige Herrenhaus zählt zu den schönsten Gebäuden seiner Art im Land. Darüber hinaus ist es wegen seines berühmten Restaurants *Ole Liese* ein Treffpunkt von Feinschmeckern.

Die Hohwachter Bucht –
weiße Strände und sanfte Hügel

Strände und geschützte Naturoasen liegen nebeneinander.

Am Strand von Hohwacht
Wer es weniger mondän mag und den Trubel meiden möchte, für den ist diese Bucht genau das Richtige.

Weiße Sandstrände, lang gestreckte Strandlagunen, der Wechsel von Flach- und Steilküsten und eine herrliche Hügellandschaft mit Buchenwäldern und Binnenseen im Hinterland kennzeichnen die Hohwachter Bucht, die sich als sanft geschwungener Bogen östlich des Kossautals erstreckt. Wo einst die Kossau in die See mündete, glitzert heute der Große Binnensee: Nehrungshaken aus Sanden haben ihn von der Ostsee abgeriegelt und dadurch zu einem Strandsee werden lassen. Offen gehalten wird der nordöstlich von Lütjenburg gelegene Binnensee durch eine Seeverbindung, an deren Mündung der Sportboothafen Lippe liegt.

Ideale Brutplätze
Von Mai an beginnen die vom Aussterben bedrohten Zwergseeschwalben im Naturschutzgebiet Sehlendorfer Binnensee zu brüten.

Naturoase Sehlendorfer Binnensee

Das 108 Hektar große Naturschutzgebiet Sehlendorfer Binnensee liegt südlich von Hohwacht und nördlich von Sehlendorf. Es besteht aus einem flachen Strandsee zwischen Sehlendorf und Hohwacht, dem einzigen See an der Ostseeküste Schleswig-Holsteins, der noch eine offene Verbindung zur Ostsee hat. Wegen dieser offenen Verbindung zum Meer wechseln die Wasserstände, wird das See- mit dem Ostseewasser häufig ausgetauscht und es kommt oft zu Überflutungen der Niederungen. Salzwiesen entwickeln sich, Schlick und Meeressedimente lagern sich ab und es bilden sich Sandbänke. Hier finden Zwergseeschwalbe, Singschwan und andere seltene Wasservögel alljährlich einen Brutplatz. Dank des Wanderwegs zwischen Hohwacht und Sehlendorf kann das Naturschutzgebiet im Küstenbereich betreten werden. Als Ausgangspunkt für die kleine Wanderung bietet sich der Parkplatz schräg gegenüber der Kurverwaltung von Sehlendorf an.

Dünengebiete am Weissenhäuser Strand

Beim Seebad Weissenhäuser Strand befindet sich eines der am besten ausgebildeten Dünengebiete an der schleswig-holsteinischen Ostseeküste: der Weissenhäuser Brök. Hier beginnt auch der Oldenburger Graben, der die Ostgrenze des Ostholsteinischen Hügellands markiert. Dieser ehemalige Ostseearm erstreckt sich von den Dünen der Weissenhäuser Brök an der Hohwachter Bucht quer durch Oldenburg bis in das Gebiet des Seebads Dahme an der Lübecker Bucht.
Niedermoorlandschaften mit Feuchtwiesen und -weiden, kleine Still- und Fließgewässer sowie die charakteristischen Kopfweiden prägen das Bild dieser Niederungszone, die in den vergangenen Jahrhunderten weitflächig in Grünland umgewandelt wurde. Heute ist geplant, die Überschwemmungsbereiche des Niederungsgebiets wieder zu vernässen, der Bewirtschaftung zu entziehen und als Rückzugsraum für Brutvögel sowie rastende und Nahrung suchende Vögel zur Verfügung zu stellen.

Hohwacht – Seebad unter Bäumen

Das für die Hohwachter Bucht namengebende alte Fischerdorf Hohwacht ist seit 1986 anerkanntes Ostseeheilbad. Erst nach dem Zweiten Weltkrieg entwickelte sich das Dorf zu einem touristischen Badeort. Zuvor war es eher den Künstlern vorbehalten, Ruhe und Inspiration dort zu suchen. Die romantische Atmosphäre, die noch heute Hohwacht von anderen Seebädern unterscheidet, beruht dabei auf seiner jahrhundertealten Tradition als Reedehafen: Weil am Ufer das Wasser zu niedrig ist, müssen die Schiffe in einiger Entfernung zur Küste ankern. Der von Buchen und Eichen gesäumte Ort konnte sich deshalb seine Fischerdorfidylle noch ein Stück weit bewahren. Dazu trägt auch eine Bestimmung bei, nach der kein Haus höher als die Bäume gebaut werden darf.

Steilküsten, Wald und Strand
Diese Elemente vereinen sich an der Hohwachter Bucht zu einer ursprünglichen Küstenlandschaft.

Flach wie eine Scheibe
So präsentiert sich die Insel Fehmarn
aus der Vogelperspektive.

Fehmarn – die goldene Krone im Meer

Wenn der Raps blüht, überzieht ein gelb-grün gemusterter Teppich die Insel.

Seltener Inselgast
Auf der Nehrungshalbinsel
Krummsteert brütet der
seltene Sandregenpfeifer.

Die Insel Fehmarn zählt zu den sonnigsten und regenärmsten Gebieten Deutschlands – rund 80 Stunden im Jahr scheint die Sonne hier mehr als auf dem Festland. Lebte die Bevölkerung früher vom Fischfang und von der Landwirtschaft, so gilt heute der Tourismus als die Haupteinnahmequelle der Inselbewohner. Neben Puttgarden ist Burgstaaken der wichtigste Hafen der Insel. Ein Fischerhafen ist Burgstaaken zwar auch bis heute – doch herrscht eine sehr gemächliche Gangart vor. Weithin sind allerdings die Silos zu sehen, in denen Getreide lagert, das von Fehmarn aus bis nach Russland verschifft wird. Am Südstrand liegen die breitesten Strände der Insel, kein Wunder dass sich hier ein lebhaftes Ferienzentrum entwickelt hat. Der Weststrand, zu dem man über den Flügger Leuchtturm gelangt, bietet hingegen die schönsten Strände: mit Bäumen, die von den Weststürmen in Windflüchter verwandelt wurden – krumme, geisterhaft verdrehte Gespenster, die mehr liegen als stehen und schließlich irgendwann ganz zusammenbrechen und absterben.

Schon bei der Ersterwähnung um 1075 wird die Fruchtbarkeit Fehmarns hervorgehoben. Der Chronist Adam von Bremen weist in seiner Geschichte der hamburgischen Kirche jedoch zugleich auf das Piratenunwesen der Insulaner hin: »Diese beiden Inseln [Rügen und Fehmarn] sind voller Raubschiffer und grausamer Seeräuber, die keinen Vorüberfahrenden schonen; während andere sie gewöhnlich verkaufen, töten sie alle.« Zum Glück sind diese Zeiten längst vorbei.

Das milde Klima und die Sandstrände im Südosten haben die schöne Ferieninsel zum Campingparadies in der Ostsee werden lassen, während Vogelfreunde im Wasservogelreservat Wallnau eines der international wichtigsten Vogelschutzgebiete der Ostseeküste vorfinden. Die fruchtbaren Grundmoränenböden begünstigen eine intensive Landwirtschaft und das leuchtende Gelb zur Zeit der Rapsblüte im Mai und Juni hat der Insel die Bezeichnung »Fehmarn« – die goldene Krone im Meer – eingetragen. Das flache Eiland entragt nur bis zu 27 Meter der See, ist jedoch mit 185 Quadratkilometern und einer Küstenlänge von 78 Kilometern Deutschlands drittgrößte Insel nach Rügen und Usedom. Seit dem 1. Januar 2003 ist Fehmarn zugleich die jüngste Stadt Deutschlands.

Der einzige größere Ort auf Fehmarn: Burg

Das Zentrum der Inselstadt und der größte Stadtteil ist das Ostseeheilbad Burg. Eine malerische Kleinstadt, über deren Dächern sich die Kronen der vielen Bäume fast zu einem Dach zusammenschließen. Gleich am Ortseingang liegt der Stadtpark. Und eine schattige

Allee führt mitten ins Zentrum hinein. Eine einzige aus zwei Ebenen bestehende Straße durchzieht den Ort: Während die Hausreihen zur Rechten auf dem Niveau der Fahrbahn liegen, steigt die Straßenseite zur Linken so hoch an, dass die Häuser hier wie auf einem Dach oder einer Brücke zu stehen scheinen. Giebel reiht sich an Giebel, und schmale Gänge führen zwischen den Häusern in die auf der Rückseite gelegenen Gärten hinein.

Der Weg über den Fehmarnsund
Seit 1963 überspannt die Fehmarnsundbrücke den 1300 Meter schmalen Sund und bildet das Herzstück der verkehrsreichsten Nord-Süd-Verbindung, der so genannten Vogelfluglinie.

Traditioneller Inselmittelpunkt
Burg ist eine idyllische Kleinstadt mit mittelalterlichen Gebäuden. Dazu gehören die Nikolaikirche und stattliche Bürgerhäuser.

Die Wallnau – Rastplatz für Zugvögel

Das Wasservogelreservat Wallnau an der Westküste Fehmarns zählt zu den international bedeutendsten Vogelschutzgebieten der Ostsee. Da sich auf Fehmarn zwei Zugvogellinien kreuzen beziehungsweise vereinigen, ist das Reservat von unschätzbarem Wert als Rast- und Nahrungsbiotop für die großen Zugvogelschwärme aus Nord- und Nordosteuropa und sogar Sibirien. Kurz: ein Paradies für Naturfreunde und Vogelliebhaber. Ein Teil des Areals ist für Besucher geöffnet. Von Schutzhütten und mit einem Fernglas ausgestattet lassen sich viele seltene Vögel gut beobachten, ohne sie dabei zu stören.

Während der Hauptsaison finden täglich Führungen unter fachkundiger Leitung statt. Im jahreszeitlichen Verlauf lassen sich unterschiedliche Vögel beobachten: Im Frühsommer bestimmen Brutvögel wie Schwarzhalstaucher, Schnatterente, Mittelsäger oder Rohrdommel das Bild, im Frühling, im Spätsommer und im Herbst fallen die Scharen der Zugvögel ein und im Winter bevölkern zu Tausenden nordische Gänse, Pfeif- und Bergenten, Raufußbussarde, Schneeammern und viele weitere gefiederte Gäste das Gebiet.

Aus einer Meeresbucht entstanden

Seinen Namen verdankt die Wallnau dem ehemaligen Teich- und Fischereigut Wallnau. Ursprünglich befand sich an der Stelle, wo heute die Wallnau ist, eine Meeresbucht, die im Lauf der Jahrhunderte durch Nehrungen von der offenen See abgeschnitten wurde. Mitte des 19. Jahrhunderts wurde ein Strandwall zu einem Deich erhöht, das landseitig liegende Haff wurde mithilfe einer Windmühle entwässert und dann als Grünland genutzt. Die Sturmfluten von 1872 und 1874 ließen den kleinen Deich jedoch brechen: In der Folge ertranken allein in Wallnau 65 Rinder und 51 Schafe. Nachdem ein neuer, höherer Deich errichtet worden war, entstand an der Wende zum 20. Jahrhundert auf dem Gebiet des ehemaligen Haffs eine Teichlandschaft mit der größten Karpfen- und Schleienzucht Schleswig-Holsteins. Die von Röhrichten gesäumten Teiche lockten Hunderttausende von Vögeln an, bald war die Wallnau bekannt als größte Wasservogeljagd Norddeutschlands.

Als die Teichwirtschaft in den 1970er-Jahren zum Erliegen kam, sollte hier ein Freizeitzentrum entstehen. Um den Verlust des Gebiets für die Vogelwelt zu verhindern, startete der Deutsche Bund für Vogelschutz, der heutige Naturschutzbund Deutschland (NABU), einen Spendenaufruf und kaufte im Jahr 1975 die Wallnau für 1,2 Millionen DM. 1977 wurde das 297 Hektar große Gebiet einschließlich eines 300 Meter breiten küstenparallelen Streifens in der Ostsee als Naturschutzgebiet ausgewiesen.

Spektakuläre Unterwasserflora
Im Meereszentrum Fehmarn können auch See-Anemonen bestaunt werden.

Schwergewicht aus tropischen Gewässern
Riesenzackenbarsche haben eine auffällige Färbung. Sie erreichen bis 1 Meter Länge und wiegen rund 30 Kilogramm.

Liebling der Kinder
Seepferdchen verharren meist regungslos, doch bei der Fütterung schnappen sie blitzschnell nach der angebotenen Nahrung.

Der besondere Tipp

Tropenfische an der Ostsee

Im Meereszentrum Fehmarn besitzt Burg eine der größten tropischen Meerwasseranlagen Europas und das größte Haiaquarium Deutschlands. Über zehn verschiedene Haiarten können im riesigen Haitank von einem Unterwasserglastunnel aus beobachtet werden: Neben kleinen Arten wie Stierkopfhai, Wobbegong, Braunbandlipphai und Leopardenhai tummeln sich hier auch die Vertreter gefährlicher Arten wie Sandtigerhaie, Schwarzspitzenriffhaie, Ammenhaie und ein Zitronenhai. Ein Aquarium im Meereszentrum präsentiert die spektakuläre Unterwasserfauna und -flora der Korallenriffe mit ihren fantastischen Formen und Farben. In Felsspalten des tropischen Riffgesteins verstecken sich Muränen und lauern auf Futter. Viele Arten sind bunt wie die 1,80 Meter große grüne Muräne. Auch Barsche wie Mirakelbarsche, Juwelenbarsche oder der Paddelbarsch fallen durch ihre auffällige Färbung, der Riesenzackenbarsch kann 1 Meter Länge erreichen und wiegt dann rund 30 Kilogramm. Absolut tödlich sind die Gift tragenden Rückenstacheln des Steinfischs, der perfekt getarnt im Korallenriff auf Beute wartet. Auch eine Berührung mit den fledermausartigen Flossen des Rotfeuerfischs kann tödlich sein. Zu den Lieblingen der Kinder im »Meereszentrum« zählen die Seepferdchen: Meist verharren sie reglos in den Riffen, doch bei der Fütterung schnappen sie blitzschnell nach den vorbeischwimmenden Artemien.

Segeltuchwindmühle in Lemkenhafen

Seit Jahrhunderten weht der Wind über die Insel, den sich die Insulaner zunutze machen. Eines der romantischsten Zeugnisse aus alter Zeit ist die Segelwindmühle Jachen Flünk in Lemkenhafen. Genau wie Schiffen wurde auch Mühlen eine eigene Persönlichkeit nachgesagt: Der Name Jachen Flünk heißt auf Hochdeutsch Eilender Flügel. Sie ist nicht nur die letzte Windmühle Fehmarns, sondern die einzige erhaltene Segelwindmühle in ganz Europa. Hier wurde in den Jahren 1787–1953 Fehmarn'sches Getreide zu Grütze und Graupen gemahlen. Die mächtigen, eigentlich winddurchlässigen, da nur aus einem Holzgitter bestehenden Flügel wurden je nach Bedarf und Wetterlage an den Enden, zur Hälfte oder auch ganz mit Segeltuch bespannt und in den Wind gedreht. Die Mühle stellte 1954 ihren Dienst ein und sollte zunächst abgerissen werden. Nach langen Verhandlungen wurde sie aber unter Denkmalschutz gestellt und vom Verein zur Sammlung Fehmarnscher Altertümer e.V. restauriert. Im Jahre 1962 konnte die nunmehrige Museumsmühle ihre Flügel wieder drehen. Doch 1986 zerlegte ein Sturm die Flügel und die Galerie in ihre Einzelteile. Der Heimat- und Museumsverein sorgte für die Rettung und den Wiederaufbau der Mühle zu Lemkenhafen.

Mahlen wie in alten Zeiten
Die Museumsmühle in Lemkenhafen kann von jedermann besichtigt werden. Gelegentlich werden die Segel gesetzt, um die Funktion des Mahlwerks zu demonstrieren.

Bodenbrüter in der Wallnau
Bekassine, auch Sumpfschnepfen genannt, picken mit ihrem langen Schnabel außer Fliegen- und Käferlarven auch Regenwürmer und kleine Schalentiere aus den sumpfigen Wiesen der Wallnau.

Mit dem Vogelzug gen Norden

Fehmarn ist nicht nur wegen seiner zahllosen gefiederten Gäste eine Vogelfluginsel, sondern nimmt auch im Transitverkehr nach Skandinavien eine herausragende Stellung ein: Die Vogelfluglinie als Verbund von Straße, Schiene und Wasserweg wurde nach der Route benannt, den die Zugvögel seit Jahrtausenden wählen, wenn sie im Frühjahr zu den Brutplätzen in den Norden und im Herbst wieder zu den Winterquartieren in den Süden ziehen. Mehr als 6 Millionen Reisende nutzen alljährlich die Vogelfluglinie über Fehmarn zu den dänischen Inseln Lolland, Falster und Seeland und weiter nach Schweden.

1962 wurde bei Nykøbing die Kong-Frederik-IX.-Brücke über den Guldborgs und zwischen den Inseln Falster und Lolland eröffnet, und 1963 erhielt Fehmarn Straßenanschluss zum Festland: Die sich auf sieben weißen Betonpfeilern über die Ostsee schwingende Fehmarnsundbrücke wurde am 30. April 1963 dem Verkehr übergeben. Auf einer Länge von 963 Metern verbindet sie die Insel Fehmarn mit dem ostholsteinischen Festland. Den auf dem Sund kreuzenden Schiffen ermöglicht sie Durchfahrten auf einer Breite von 248 Metern. Mit Ausnahme von 45 Fährminuten zwischen Puttgarden und Rødbyhavn lässt sich Schweden durchgehend auf dem Landweg erreichen: Königin Margrethe II. von Dänemark und König Carl XIV. Gustaf von Schweden eröffneten am 1. Juli 2000 die 16 Kilometer lange Straßen- und Eisenbahnverbindung über den Öresund zwischen dem dänischen Helsingør und dem schwedischen Helsingborg.

Von Fehmarn kann man eine interessante Rundfahrt durch die Inselwelt der westlichen Ostsee starten. Ein Höhepunkt ist die Fahrt über den Storebeltro, eine Autobahnbrücke, die die dänischen Inseln Seeland und Fünen verbindet. Mit 6790 Metern ist sie eine der längsten Hängebrücken der Welt, die Spannweite zwischen den mittleren Pfeilern beträgt 1642 Meter. Von der Märcheninsel Fünen lohnen Ausflüge zu den Inseln der dänischen Südsee. Vielfältige Fährverbindungen führen zurück zur deutschen Ostseeküste.

Zwischenrast für Zugvögel
Jedes Jahr im Herbst queren Tausende von Wildgänsen und anderen Zugvögeln Fehmarn auf ihrer Reise in das südliche Winterquartier.

Auf dem Wasser nach

Glanzlichter in Ostholstein

Badefreunde und Kulturinteressierte kommen gleichermaßen auf ihre Kosten.

Gotische Bildkunst vom Feinsten
Der Reliquienschreinaltar der Klosterkirche von Cismar ist der älteste geschnitzte Altarschrein, den die Kunstgeschichte kennt.

Zwischen Heiligenhafen und Travemünde befinden sich entlang der Küste kleine und größere traditionsreiche Badeorte. Das Ostseebad Neustadt liegt mit seiner historischen Altstadt und den Seebädern Pelzerhaken und Rettin auf der Sonnenseite der Lübecker Bucht. Der mehr als 6 Kilometer lange Sandstrand von Pelzerhaken und Rettin und das gesunde Meeresreizklima ziehen derart viele Menschen an, dass das Gebiet rund um den Leuchtturm an Pelzerhakens Südspitze vollkommen neu gestaltet wird: Geplant sind die Errichtung eines Gesundheits- und Ferienhotels, eines zentralen Gesundheits- und Fitnesshauses sowie einer familiengerechten Ferienhausanlage. Dabei versucht Neustadt, Umweltschutz und modernen Tourismus zu verbinden: Der neue, behindertengerecht gebaute Wanderweg entlang der Pelzerhakener Dünen schützt das empfindliche Dünengelände vor der manchmal sehr stürmischen See und lässt die Erholungssuchenden gleichzeitig die Natur hautnah erleben.

Mittelpunkt der Altstadt ist der große viereckige Markt, der ab 1244 auf der höchsten Stelle eines Moränenrückens zwischen Neustädter Bucht und Binnenwasser angelegt wurde. Im Süden des Marktplatzes erhebt sich die ebenfalls ab 1244 errichtete dreischiffige gotische Stadtkirche, deren Ausmalung aus der Zeit um 1350 zu den schönsten an der Ostseeküste zählt.

Vom klassizistischen Rathaus (1819/20) auf der Nordseite des Marktplatzes führt die als Fußgängerzone ausgewiesene Kremper Straße zum Kremper Tor, dem einzigen außerhalb Lübecks erhaltenen mittelalterlichen Stadttor in Holstein. Der zweigeschossige Backsteinbau mit dem 1907 hinzugefügten Stufengiebel beherbergt mehrere Abteilungen des Ostholstein-Museums (die anderen befinden sich in Eutin). Ausstellungsschwerpunkte sind Geologie und Archäologie. Archäologische Funde von Rentierjägerstationen bis zur deutschen Kolonisation ab dem 12. Jahrhundert verdeutlichen die Besiedlungsgeschichte Ostholsteins.

Cismar – Kloster der fröhlichen Mönche

Das alte Klosterdorf Cismar im Hinterland von Grömitz, dem neben Dahme und Kellenhusen größten Ostseebad der äußeren Lübecker Bucht, ist das Künstlerdorf Holsteins. Rund um ein ehemaliges Benediktinerkloster leben Maler, Schriftsteller, Bildhauer und Kunsthandwerker. Es gibt Galerien, Ateliers und Werkstätten und es werden Theaterstücke aufgeführt.

Der Ursprung von Cismar liegt eigentlich im Lübecker Benediktiner-Doppelkloster. Da sich die Mönche und Nonnen nicht nur dem Gebet hingaben, sondern auch irdischen Lüsten zuneigten, kam es zu Gerede über die Moral in den heiligen Hallen. Zur Strafe für ihren als sündhaft angesehenen Lebenswandel verfügte der Bremer Erzbischof die Umsiedlung der Mönche in das neu gegründete

Eindrucksvolle Reste
Der gotische Chor mit der ehemaligen Klosterkirche ist von der einst viel größeren Klosteranlage geblieben.

Männerkloster in der Einöde von Cismar. Viele der fröhlichen Lübecker Mönche weigerten sich, dorthin zu ziehen, doch 1246 gaben sie ihren Widerstand auf. Es begann der Aufbau des abgesehen von Lübeck bedeutendsten Wirtschafts-, Kunst- und Kulturzentrums an der Lübecker Bucht.

Schnell wurde das Kloster wegen der angeblichen Heilkraft eines wundertätigen Brunnens berühmt. Ein weiterer Anziehungspunkt war eine Heilig-Blut-Reliquie, die eine große Zahl von Wallfahrern anlockte. Die Gewinne aus dem blühenden Geschäft mit den Wallfahrern investierte das Kloster in Bildung, Kunst und Landbesitz sowie in die Bewirtschaftung des Landes. Allein die Klosterbibliothek war so umfassend und erlesen, dass sie bei der Auflösung des Klosters nach Kopenhagen verfrachtet wurde, wo sie den Grundstock der heutigen Staatsbibliothek bildet.

1561 wurde das Kloster aufgelöst, die Kunstschätze wurden verschleudert, eingeschmolzen oder zerstört, die Gebäude verfielen bzw. wurden als Gutshof genutzt. Der gotische Chor der Klosterkirche aus dem Jahr 1296 wird heute von der evangelischen Kirchengemeinde von Cismar als Gottesdienstraum genutzt und enthält den kostbarsten Rest der einstigen Klosterschätze. Der um 1310 in einer lübischen Werkstatt geschnitzte Reliquienschreinaltar mit mehr als 120 Einzelfiguren ist der älteste geschnitzte Altarschrein, den die Kunstgeschichte kennt, und zählt wegen seiner künstlerischen und theologischen Bedeutung zu den Hauptwerken gotischer Bildkunst an der Ostseeküste. Zweck dieses Flügelaltars war die Aufbewahrung und feierliche Zurschaustellung von Reliquien.

Das Laienschiff der 60 Meter langen ehemaligen Klosterkirche wurde 1768/69 zu einem dreistöckigen Schloss umgebaut. Heute ist es Außenstelle der Schleswig-Holsteinischen Landesmuseen, die hier seit 1987 Wechselausstellungen von überregionaler Bedeutung veranstalten.

Der besondere Tipp

Spaß garantiert

Der Hansapark in Sierksdorf an der Lübecker Bucht ist der größte Ferien- und Freizeitpark Schleswig-Holsteins. Über 20 Millionen Menschen hat der 460 000 Quadratkilometer große Hansapark bislang in seinen Bann gezogen – ein unvergessliches Erlebnis für die ganze Familie. Bei Regen lockt die überdachte Spiellandschaft Kiddie-Camp mit Piratenburg, Super-Trucks und (pädagogisch wertvollen) Computerspielen.

Travemünde –
Lübecks schönste Tochter

Voller Trubel und dennoch gibt es auch Rückzugsmöglichkeiten – für Spaziergänge, Ruhe und Erholung.

Travemünde ist das mondänste Seebad der deutschen Ostseeküste: zwischen alten Giebelhäusern flanieren, auf der Strandpromenade lustwandeln oder abends ins Casino gehen – Lübecks schönste Tochter ist ein Ostseeheilbad des gepflegten Genießens und Gesehenwerdens.

Als hanseatische Kaufleute aus Lübeck den strategisch wichtigen Platz an der Mündung der Trave in die Lübecker Bucht 1320/29 kauften, ahnten sie nicht, dass einst der Fremdenverkehr die Haupteinnahme dieses Ortes sein würde. Seit 1802 ist Travemünde Seebad, sein internationales Renommee verdankt der Ort seit Kaiser Wilhelms Zeiten den als gesellschaftliche Events zelebrierten Regatten der Travemünder Woche sowie dem Strand: feinsandig, mehr als 4 Kilometer lang und so breit

Beliebtes Seebad mit Flair
Der einstige Fischerort Travemünde ist nach Heiligendamm und Norderney (Nordsee) das älteste Seebad in Deutschland.

wie sonst nirgendwo an der deutschen Ostseeküste.

Das Wahrzeichen Travemündes liegt seit 1960 im Hafen vor Anker: Die Viermastbark Passat wurde 1911 gebaut, umsegelte 39-mal Kap Horn und umrundete 1932 und 1948 die Welt. Von Mitte Mai bis Mitte September sind Bordbesichtigungen auf diesem berühmten Windjammer möglich.

Einen Großteil der schönen Sandstrände verdankt Travemünde dem als Landschaftsschutzgebiet ausgewiesenen Brodtener Steilufer, das bis zu 20 Meter senkrecht aus der Lübecker Bucht aufragt und auf 4 Kilometer Länge einen der wenigen noch unverbauten Küstenabschnitte auf der holsteinischen Seite der Bucht bildet. Vor allem während der Herbststürme und im Frühjahr brechen Erd-

Auf den Spuren von Hermann Löns
Eine Wanderung entlang des Brodtener
Steilufers sollte bei einem Besuch dieses Küsten-
abschnitts unbedingt eingeplant werden.

massen aus eiszeitlichem Grundmoränen-
schutt, Lehm und Sand heraus, die Steine bleiben unten am und im Wasser liegen, der Sand
jedoch wird an den Stränden von Travemünde
und Niendorf sowie am Priwall angelandet.
Rund 7000 Jahre dauert dieser Vorgang schon
an: Damals lag das Brodtener Ufer etwa 2 Kilometer weiter ostwärts in der Lübecker Bucht,
alljährlich verlegen Brandung und Strömung
das Ufer um 0,5 bis 1 Meter zurück.

Auf den Spuren von Hermann Löns

Wer auf dem Fußweg von Niendorf längs des
Flüsschens Aalbek zum Hemmelsdorfer See
wandert, bewegt sich auf den Spuren des Hei-
dedichters Hermann Löns. 1958 wurde am See
der »Löns-Blick« geschaffen, ein 20 Meter ho-
her Aussichtsturm, von dem sich ein schöner
Blick über den See hinweg nach Lübeck bietet.

Löns war 1911 Kurgast in Niendorf. Immer
wieder spazierte der Mümmelmann-Dichter
durch die nähere Umgebung, um seine Pro-
bleme zu vergessen. Seine Ehe mit Elisabeth
Erbeck war 1901 gescheitert, auch in der 1902
geschlossenen zweiten Ehe mit Lisa Haus-
mann fand er keinen Frieden. Der in die Krise
geratene Meister der Naturschilderung saß nie
im Strandkorb und mied auch die Kurpromenade, stattdessen suchte er die einsamen Stellen auf, die es damals im Strandbereich noch
gab, wanderte über das Brodtener Ufer, unter-

Naturerlebnis Brodtener Ufer

Die Wanderung von Travemünde längs der
Abbruchkante des zum Teil bizarr zerklüfte-
ten Brodtener Steilufers nach Niendorf zählt
zu den abwechslungsreichsten Ausflügen an
der Lübecker Bucht. Auch der Ostseeküsten-
Radweg folgt dieser Route. Startpunkt in
Travemünde ist der unübersehbare Hoch-
hausbau des Hotels *Maritim* mit seinem
Dachgarten-Panoramacafé und dem auf das
Dach aufgesetzten »höchsten Leuchtturm
Europas«. Auf der Strandpromenade geht
es am berühmten Spielcasino vorbei und

schließlich hinauf auf das von
Buchenwäldchen, Gehölzen
und freier Feldflur begleitete
Hochufer. Im südlichen Teil
des Brodtener Ufers sind die
Abbruchprozesse zum Still-
stand gekommen, im Steil-
hang hat sich eine dichte
Vegetation aus Sanddorn,
Zwergholunder, Malven und
anderen Pflanzen gebildet.
Wenig weiter beginnt die aktive Kliffzone, an der Jahr für
Jahr neue Abbrüche entste-
hen, sodass sich nur wenige Pflanzenarten
ansiedeln können. In exzellenter Aussichts-
lage über dem aktiven Steilufer lädt das
Restaurant *Hermannshöhe* zur Einkehr ein.
Wer will, kann einen Treppensteilpfad nach
unten nehmen und die Steilküstenwand vom
Strand aus betrachten: Dort befindet sich eine der größten Uferschwalbenkolonien Europas, man sieht die Einfluglöcher der mehr als
2500 Bruträhren. Vorsicht ist geboten beim
Wandern auf dem zum Teil nur wenige Meter
breiten Strand am Fuß des Brodtener Ufers:
Bei starkem Ostwind kann man vom Wasser
eingeschlossen werden.

nahm Spaziergänge im Bereich der Aalbeek-
niederung und begleitete die Fischer zum
Fischfang. Viele Wanderungen unternahm er
in Begleitung des jungen Niendorfer Lehrers
Emil Becker, der die Erinnerung an Löns in
Niendorf aufrechterhielt. Die Naturerlebnisse
konnten Löns Ehe leider nicht retten, doch
spiegeln sie sich in seinen Gedichten wider.

Die letzte Feldpostkarte, mit der Löns an
seinen Niendorfer Aufenthalt zurückdachte,
schrieb er an seine Quartiersleute am 20. September 1914 zu Beginn des Ersten Weltkriegs.
6 Tage später fiel der 48-Jährige bei einem
Sturmangriff auf Reims.

Wahrzeichen von Travemünde
Die 1911 gebaute Passat liegt als Wahrzeichen der Stadt im Hafen vor Anker.
Die Viermastbark hat in der ersten Hälfte
des letzten Jahrhunderts 39-mal Kap Horn
umsegelt.

Weltkulturerbe Lübeck – Königin der Hanse

Auf Schritt und Tritt begegnet der Besucher einer ruhmreichen Vergangenheit.

Lübeck ist als ehemaliges Haupt der Hanse eine der bedeutendsten Städte des Ostseeraums. Die von Trave und Wakenitz umflossene Altstadtinsel mit dem Holstentor, der Siebentürmesilhouette des Doms und der Pfarrkirche und den über tausend denkmalgeschützten Bauwerken ist ein großartiges Zeugnis des mittelalterlichen Städtebaus und steht als Weltkulturerbe unter dem Schutz der UNESCO. Den

Das berühmteste deutsche Stadttor
Das Holstentor mit seinen leicht geneigten Türmen ist das Wahrzeichen Lübecks. Weithin bekannt wurde es auch als Rückseitenmotiv der alten 50-DM-Scheine.

Ein »steinernes Märchen«
Das Lübecker Rathaus verbindet verschiedene Baustile miteinander.

88

besten Blick auf die Silhouette der Altstadtinsel gewährt der Küsterberg an der Travebucht Schlutuper Wiek. In der Stadt selbst hat man von der Aussichtsplattform der Petrikirche einen einmaligen Blick auf die Altstadt.

Rundgang durch die Altstadt

Beim Rundgang durch die Altstadt lohnen als Abstecher die zahlreichen malerischen Höfe und Gänge, in denen im Mittelalter hinter

den prachtvollen Backsteinbauten der Bürger zwei Drittel der Bevölkerung in Buden lebten.

Im Süden der Insel erhebt sich die doppeltürmige Westfront des romanischen Doms (1), des 1247 geweihten, ältesten Gebäudes von Lübeck. Chor und Langhaus wurden 1266–1335 gotisiert, als hervorragendstes Werk der Ausstattung hat die 17 Meter hohe Triumphkreuzanlage (1477) des Bildschnitzers Bernt Notke die Bombardierung von 1942 überstanden. Den krönenden Abschluss des Wiederaufbaus des Doms bildete 1982 die Wiederherstellung der spätromanischen Paradies-Vorhalle (1260) mit ihren Fabelwesen. Das 1594 erbaute Zeughaus (2) neben dem Dom beherbergt die Völkerkundesammlung des Museums für Kunst und Kulturgeschichte; zu ihren Highlights zählt die über 2500 Jahre alte ägyptische Apothekermumie.

Lohnenswert ist vom Dom aus der Spaziergang am Wasser entlang durch den Malerwinkel längs des Straßenzugs An der Obertrave. An der Kreuzung mit der Holstenstraße liegen links das Holstentor (3) und die ehemaligen Salzspeicher (4), während sich

Ein schwarz-rot-geringeltes Bollwerk
Das Burgtor sicherte im Norden der Stadt den einzigen natürlichen Zugang. Beiderseits schließen sich Reste der mittelalterlichen Stadtmauer an.

Das Buddenbrookhaus – das berühmteste Bürgerhaus Lübecks

Als realer und fiktiver Ort zugleich ist das im Jahr 1758 erbaute Buddenbrookhaus in der Mengstraße das berühmteste Bürgerwohnhaus in Lübeck und eines der bekanntesten Häuser der Weltliteratur. Heute beherbergt es das Heinrich-und-Thomas-Mann-Zentrum, eine Gedenk- und Forschungsstätte für die beiden Lübecker Schriftstellerbrüder. 1842 erwarben die Großeltern das Haus. Als Kinder verbrachten Heinrich (*1871) und Thomas (*1875) viel Zeit bei den Großeltern, bis das Haus 1891 verkauft wurde. Für Thomas Mann wurde das alte Bürgerhaus mit der Rokoko-Putzfassade »das Symbol der Überlieferung, aus der ich wirkte«. Sein Roman *Buddenbrooks – Verfall einer Familie* spielt zu großen Teilen in einem »Haus in der Mengstraße«, das viele Ähnlichkeiten, aber auch Unterschiede zum Buddenbrookhaus aufweist: Thomas Mann orientierte sich an der historischen Wirklichkeit des Hauses mit der lateinischen Inschrift Dominus providebit (der Herr wird vorsorgen) auf dem Portalgebälk, verwandelte diese Wirklichkeit jedoch in Dichtung. Rückblickend sagte der Literaturnobelpreisträger: »Ich habe zu Ehren meiner Vaterstadt und meiner Familie auf meine Art ebenso viel getan wie mein Vater, der vielleicht in Lübeck noch nicht ganz vergessen ist, auf seine Art getan hat. Ich habe in hunderttausenden Deutschen Teilnahme für lübeckisches Wesen geweckt, ich habe die Augen von Hunderttausenden von Menschen auf das alte Giebelhaus in der Mengstraße gelenkt.«

Ein Bestseller des 20. Jahrhunderts

Die Buddenbrooks zählen zu den meistgelesenen Werken des 20. Jahrhunderts mit Übersetzungen in über 30 Sprachen. Nach der Verleihung des Nobelpreises (1929) erreichte die Auflage 1930 die erste Million. Bei der ersten Verfilmung führte 1923 Gerhard Lamprecht Regie, in der zweiteiligen ersten Tonfilmfassung (1959) Alfred Weidenmann. 1979 folgte eine elfteilige Fernsehproduktion, der TV-Dreiteiler *Die Manns – ein Jahrhundertroman* von Heinrich Breloer mit Armin Mueller-Stahl in der Rolle Thomas Manns unterstrich 2001 das ungebrochene Interesse an der Lübecker Künstlerfamilie. Thomas Manns facettenreicher Roman entführt in die versinkende Welt des alten Lübeck: »Konsul Buddenbrook stand, die Hände in den Taschen seines hellen Beinkleides vergraben, in seinem Tuchrock ein wenig fröstelnd, ein paar Schritte vor der Haustür und lauschte den Schritten, die in den menschenleeren, nassen und matt beleuchteten Straßen verhallten. Dann wandte er sich und blickte an der grauen Giebelfassade des Hauses empor. Seine Augen verweilten auf dem Spruch, der überm Eingang in altertümlichen Lettern gemeißelt stand: *Dominus providebit*. Während er den Kopf ein wenig senkte, trat er ein und verschloss sorgfältig die schwerfällig knarrende Haustür. Dann ließ er die Windfangtüre ins Schloss schnappen und schritt langsam über die hallende Diele ...«

Thomas Mann (1875-1955)
Für seinen Roman *Buddenbrooks – Verfall einer Familie* erhielt der weltbekannte Schriftsteller 1929 den Nobelpreis für Literatur.

Berühmtes Bürgerhaus mit Rokokofassade
Einst Roman-Schauplatz, jetzt Heinrich-und-Thomas-Mann-Zentrum: das Buddenbrookhaus in der Mengstraße.

Ein gewaltiges Backsteingewölbe
St. Marien, die Kirche des Rates der Hansestadt Lübeck, ist die drittgrößte Kirche Deutschlands. Sie gilt als besonders hochrangiges und großartiges Beispiel kirchlicher Backsteingotik.

Klönschnack unter Kapitänen
Eines der schönsten mittelalterlichen Gebäude Lübecks ist die Schiffergesellschaft (Breite Straße 2). Die Räume des ehemaligen Amts- und Versammlungshauses der Schiffer und Segelmacher werden heute größtenteils als Restaurant genutzt und sind von der Schiffergesellschaft verpachtet.

Eigentumsnachweis
Ein Schild bezeugt, dass die Schiffergesellschaft bereits 1535 das Grundstück erworben hat, auf dem bis heute das gleichnamige Gebäude steht.

stadteinwärts der 108 Meter hohe Turm der Petrikirche (5) erhebt und am Marktplatz das Rathaus (6) und die Marienkirche (7) stehen.

Die um 1350 vollendete Marienkirche, die Kirche des Rats der Hansestadt, war die erste Übersetzung des westeuropäischen hochgotischen Kathedraltyps in den norddeutschen Backsteinbau und ist die drittgrößte Kirche in Deutschland. Mit dem monumentalen dreischiffigen Bau, dessen Türme 125 Meter in den Himmel ragen, wollte der Lübecker Rat seine Macht demonstrieren. Das fast 40 Meter hohe Mittelschiff weist das höchste Backsteingewölbe der Welt auf. Das in jeder Hinsicht überragende Bauwerk wurde zum Vorbild für zahlreiche Sakralbauten im Ostseeraum. Der ab 1230 errichtete, im Wesentlichen gotische Gruppenbau des Rathauses zwischen Marien-

Anno 1535

schipper - Gesellschaft

kirche und Markt ist eines der schönsten deutschen Rathäuser. Bis heute erfüllt es seine Aufgabe als Tagungsort der Bürgerschaft und des Senats.

In unmittelbarer Nähe der Marienkirche befinden sich in der Mengstraße zahlreiche ehemalige Kaufmannshäuser, darunter das Buddenbrookhaus (8). Vom Buddenbrookhaus kommend, fällt beim Gang durch die Breite Straße der Turm der Jakobikirche (9) mit der großen Uhr auf. Die drittgrößte Lübecker Kirche wurde 1334 geweiht und war die Kirche der Seefahrer. In unmittelbarer Umgebung stehen das als »klassischste Kneipe der Welt« bezeichnete Haus der Schiffergesellschaft (vor 1292) und das monumentale, für die stationäre Unterbringung von 100 Kranken konzipierte Heiligen-Geist-Hospital (1286), eine der ältesten Sozialeinrichtungen in Europa (10).

Türme dominieren das Stadtbild
Egal, von welcher Stelle aus man Lübeck betrachtet: Immer rücken die stolzen Türme der Stadt ins Blickfeld.

Am Burgtor (11) befand sich bis zum Bau des Elbe-Trave-Kanals (1900) die einzige Landverbindung zur Altstadtinsel, weshalb hier eine besonders starke Befestigung angelegt wurde. Das Burgtor (ab 1224) war das innere der ursprünglich drei Tore der Burgtorbefestigung. Ein besonders schöner Blick bietet sich hier von Norden aus auf die Wehranlagen neben dem Tor, auf den Klughafen im Osten und den Hansa- und den Burgtorhafen im Westen der Altstadtinsel.

Stadttor und Wahrzeichen – das Holstentor

Wahrzeichen der Hansestadt und das bekannteste deutsche Stadttor überhaupt ist das zweitürmige Holstentor (»Holstein-Tor«) am Hauptzugang der Altstadt vor der Kulisse des Stadthügels. Als Symbol des deutschen Bür-

gerstolzes schmückte das Bild des Holstentors ab 1962 die Rückseite der 50-DM-Banknoten. Nach dem Vorbild flandrisch-hansischer Brückentore vollendete der Ratsbaumeister Hinrich Helmstede 1478 das Holstentor als repräsentative Visitenkarte in der Stadtmauer der Hansestadt. Mit 30 Kanonen bestückt sicherte der Backsteinbau mit seinen 3,50 Meter dicken Mauern den Traveübergang. Das Kürzel SPQL über dem Durchfahrtsbogen auf der Stadtseite bedeutet Rat und Volk Lübecks (lateinisch: Senatus Populusque Lubicensis) und unterstreicht, dass diese Stadt keinen Fürsten und Königen untertan, sondern ähnlich wie Genua oder Venedig ein unabhängiger Stadtstaat war. Erst die Nationalsozialisten been-

deten 1937 die jahrhundertealte Selbstständigkeit des Freistaats Lübeck und gliederten das Territorium der damaligen Freien und Hansestadt in die preußische Provinz Schleswig-Holstein ein.

Traditionell: Marzipan von bester Güte

Lübecker Marzipan zählt zu den Spitzenprodukten der Ostseeküste. Seit dem Untergang von Königsberg (Kaliningrad) ist Lübeck die europäische Marzipanstadt schlechthin. Um sich vor billiger Massenware zu schützen, haben sich die Hanseaten den Begriff Lübecker Marzipan für das Gebiet der Europäischen Union gesetzlich sichern lassen. Danach müssen Produkte mit der Bezeichnung Lübecker Marzipan bestimmte Gütekriterien erfüllen: Die verwendeten Mandeln müssen von definierter Güte sein und die zugesetzte Zuckermenge darf eine (niedrige) festgesetzte Grenze nicht überschreiten. Produkte, die unter dem Namen Marzipan in den Handel kommen, dürfen zu gleichen Teilen aus Marzipanrohmasse und Zucker bestehen (also 50 : 50), Lübecker Marzipan muss dagegen ein Mischungsverhältnis von 70 : 30 aufweisen. Bei Lübecker Edelmarzipan beträgt der Anteil der Marzipanrohmasse sogar 90 Prozent.

Natürlich wird in Lübeck auch über die Entstehung des Marzipans erzählt: Als im Jahr 1407 eine Hungersnot wütete und die Kornvorräte zu Ende gingen, trug der Senat den Bäckern auf, die in den Speichern lagernden Mandeln zu Brot zu verbacken. Diese bis heute nicht verifizierbare Sage kursiert übrigens auch in anderen Marzipanstädten. Historisch verbürgt ist, dass der Aufstieg Lübecks zur Marzipanstadt erst Anfang des 19. Jahrhunderts begann, etwa zeitgleich mit Königsberg. Zu dieser Zeit war Zucker noch eine Luxusware. Als jedoch in Deutschland der verstärkte Anbau von Zuckerrüben und die industrielle Revolution Zucker erschwinglicher machten, konnten sich im Verlauf des 19. Jahrhunderts mehr und mehr Menschen Marzipan kaufen. Dutzende von Marzipanfirmen in Lübeck, Königsberg, Danzig und Hamburg wurden gegründet, um den Appetit auf Marzipan zu stillen. Von den Firmen überlebten nur einige, darunter die Lübecker Häuser Niederegger (1806) und Carstens (1845).

Amazonas des Nordens

Sogar an Naturattraktionen hat die unmittelbare Umgebung von Lübeck einiges zu bieten: Die Wakenitzniederung im Südosten gilt als »Amazonas des Nordens«. Im Süden des Priwall-Nehrungshakens wechseln sich botanisch interessante Feuchtwälder, Sanddorngebüsche und Salzwiesenreste ab, und der Dassower See mit seinen beiden Inseln ist Mauserplatz und Rastrevier für Tausende von nordischen Zugvögeln. Schon 1958 wurde das Dummersdorfer Traveufer mit seinen Steilufern, Stränden und Flachwasserzonen, Gehölzen, Trockenrasen, Feuchtwiesen, Sickerquellen und Weihern als Naturschutzgebiet ausgewiesen.

Einst Wohnquartiere der Armen
Der Adlergang ist einer von über 100 historischen Wohngängen, die es heute noch in der Altstadt Lübeck gibt.

Mecklenburg

Vom Klützer Winkel zur Rostocker Heide – hier trifft man auf mondäne, historische Seebäderarchitektur, liebevoll restaurierte Hansestädte, Badeorte und weite Strände, aber auch auf bewaldete Hügel und ein fantastisches Radwegenetz. Naturschutzgebiete ziehen nicht nur Vogelkundler an, sondern jeden, der unberührte Natur sucht.

Badebetrieb mit Tradition
Weiße Strände und prächtige Villen wie hier in Kühlungsborn locken seit mehr als 100 Jahren Sommerfrischler an.

Klützer Winkel –
die goldene Aue Mecklenburgs

Weite offene Fluren und sanft geschwungene Hügel, Sandstrände und Steilküsten machen den Reiz dieser Landschaft aus.

Östlich von Lübeck zwischen Dassower See und Wismarbucht erstreckt sich der idyllische Klützer Winkel. Kliffküsten, Dünen, feinsandige Strände und urtümliche Waldgebiete machen den Reiz dieser Landschaft aus. Der fruchtbare Boden eignet sich hervorragend zum Anbau von Weizen, der im Hochsommer das Land in eine tiefgelbe Farbe taucht. Kein Wunder also, dass der Klützer Winkel auch die goldene Aue Mecklenburgs genannt wird.

Wer die Gegend auf dem Europäischen Fernwanderweg 9 erkundet, sieht fast von jedem Punkt aus jenseits von Kornfeldern, Baumwipfeln und Wiesen die Bischofsmütze, das Wahrzeichen des Klützer Winkels. 54 Meter reckt sich der achteckige Kirchturm der gotischen Kirche St. Marien von Klütz in den Himmel. Ein Besuch der Kirche ist auf jeden Fall lohnenswert und danach kann man im historischen und jetzt renovierten Stadtkern von Klütz bummeln und einkaufen. Zum Einkehren bietet sich die 1904 errichtete Galerie-Holländer-Windmühle an, die 1985 mit viel Engagement heimischer Handwerker und Einwohner zu einer Gaststätte umgebaut wurde.

1188 gestattete Kaiser Friedrich I. Barbarossa den Lübeckern, zum Zweck des Haus- und Schiffbaus nach Belieben Holz im Wald »Clutse« zu schlagen. Damit begann die Rodung der Urwälder östlich von Trave und Priwall. Die zahlreichen Ortsnamen mit der Endung -hagen verweisen auf Waldhufendörfer, die im Zuge der Kolonisierung der Gegend angelegt wurden. Gleichzeitig entstanden zahlreiche Burgen und Schlösser. So beispielsweise Schloss Kalkhorst, das von einem Landschaftspark im englischen Stil umgeben ist. Seit 1999 wird es ebenso als Schlosshotel genutzt wie Schloss Lütgenhof in Dassow, das 1839 als Herrenhaus errichtet und 1890 durch Anbau des Nordflügels in ein neoklassizistisches Schloss umgewandelt wurde.

Großgrundbesitzer beherrschten einst das fruchtbare Land

Unter den zahlreichen Familien, die im Klützer Winkel um Macht und Einfluss kämpften, dominierten über 300 Jahre die Plessen. Ihre Burg, die Plessenburg, ist südlich von Klütz noch als Ringwall erhalten. Anfang des 18. Jahrhunderts wurden die Plessen von der Familie von Bothmer abgelöst: Innerhalb weniger Jahre kauften die von Bothmer weite Teile des Klützer Winkels auf, avancierten zu den größten Grundbesitzern und ließen sich zum Zeichen ihrer Macht in den Jahren 1726–32 eine Schlossanlage in barockem Stil nach englischem Vorbild (Blenheim Palace bei Oxford) errichten – die größte barocke Schlossanlage in Mecklenburg-Vorpommern. Der dazugehörige Garten wurde im 19. Jahrhundert weitgehend zum Landschaftspark umgestaltet, von der ursprünglichen Anlage blieb die eindrucksvolle Lindenallee erhalten.

Die zweckentfremdete Nutzung des Schlossensembles nach der Flucht und die Enteignung der Familie von Bothmer hat in vielen Gebäudeteilen, insbesondere den Seitenflügeln, massive Spuren hinterlassen: Das Schloss diente als Kommandantur der Alliierten, war Seuchenkrankenhaus und von 1948–1995 das Altenheim Kreisfeierabendheim Klara Zetkin.

Nostalgisches Ambiente
Nach einer Stadtbesichtigung in Klütz bietet sich die Gaststätte in der Galerie-Holländer-Windmühle zur Einkehr an.

Herrschaftliche Symmetrie
Wie eine Spitzenkante säumen die spalierartig gezogenen und beschnittenen Linden den 300 Meter langen Weg zum Schloss Bothmer.

Der besondere Tipp

Eine Reise in die Steinzeit

Archäologische Funde zeugen davon, dass dieser fruchtbare Landstrich schon vor Jahrtausenden besiedelt war. Ein Hauch von vorzeitlicher Lebensweise lässt sich im Steinzeitdorf Kussow erleben. Das Freilichtmuseum zwischen Klütz und Grevesmühlen hat sich zu einer wahren Touristenattraktion entwickelt. Verschiedene Häuser, die mithilfe archäologischer Befunde rekonstruiert wurden, eine Wasserstelle, Stall- und Lagergebäude versetzen die Besucher in das Jahr 3000 v. Chr. Darüber hinaus können die Besucher selbst Korn mahlen und uralte Kulturpflanzen, aber auch die Verwendung von Kräutern kennen lernen. Der Pflanzgarten lädt zum Riechen und Schmecken ein, und an Aktionstagen gibt es die Gelegenheit, sich in traditionellen Handwerkstechniken wie dem Töpfern zu versuchen.

Der Besucher begegnet heute einem renovierungsbedürftigen architektonischen Juwel, einem faszinierenden Schlossensemble zwischen Vergangenheit und Zukunft. Alljährlich im Sommer bilden Schlosspark und Schloss die Kulisse für Klassikkonzerte im Rahmen des Festivals Mecklenburg-Vorpommern.

Boltenhagen: vom Badekarren zum Seebad

Auf die Initiative der Grafen von Bothmer geht auch die Gründung des Seeheilbads Boltenhagen mit seinem über 4,5 Kilometer langen Strand zurück, der aufgrund der guten Wasserqualität und der Sauberkeit des Strandes 1999 die Blaue Europa-Flagge verliehen bekam. Schilfgedeckte Hallenhäuser in den alten Ortsteilen sowie villenartige Ferienhäuser kennzeichnen den Ort. Von der 1992 neu errichteten 290 Meter langen Seebrücke stechen Fischkutter zum Hochseefischen in See und Ausflugsschiffe legen an, um Passagiere an Bord zu nehmen. Vom 31 Meter hohen Steilufer Großklützhöved hat

Kurkonzert am neuen Brunnen
In neuem Glanz präsentiert sich die Kurpromenade in Boltenhagen, Deutschlands drittältestem Ostseebad.

man den besten Blick über die Bucht und die Felder- und Wiesenlandschaft des Klützer Winkels.

Ursprünglich war Boltenhagen wie die anderen Hagen-Dörfer des Klützer Winkels nichts weiter als ein lang gestrecktes Waldhufendorf: Auf der einen Seite der Straße lagen Höfe und Weideland, auf der anderen die durch Rodung entstandenen Äcker. Als Gründungsjahr des Seebads gilt 1803: Damals ließ der Graf von Bothmer bei Redewisch einen Badekarren aufstellen. Diesem Beispiel folgten einige Bauern, und schon bald lockten die Weltabgeschiedenheit und der stein-

Strandvergnügen
Der Sandstrand von Boltenhagen bietet Sommer-
urlaubern auch zahlreiche Sportmöglichkeiten,
zum Beispiel Beach-Volleyball.

freie Strand zahlreiche Gäste an. Heute ist das
Ostseebad Boltenhagen dank der intakten
Natur in der Umgebung, des flachen Sand-
strands, der weitläufigen Rad- und Wanderwege sowie der zum größten Teil renovierten
historischen Gebäudesubstanz als familien-
freundlicher Urlaubsort eine feste Größe unter den mecklenburgischen Seebädern.

Leuchtturm im Kornfeld
Nur der beschauliche
Leuchtturm verrät,
dass hinter wogenden
Getreidefeldern die
Ostsee anbrandet.

Hanseatische Tradition
Im Alten Hafen vermitteln
schmucke Segler einen Hauch
vom Flair vergangener Zeiten.

Hansestadt Wismar – Mittelalterstadt der Ostsee

Mehr als 300 denkmalgeschützte Bauten spiegeln den Kaufmannsstolz der Wismarer Bürger wider.

Wismar ist die einzige in dieser Größe erhaltene Hansestadt im südlichen Ostseeraum. Seit 2002 stehen die Altstadt mit ihren prachtvollen Giebelhäusern und Backsteinkirchen und der historische Alte Hafen als Kulturerbe der Menschheit unter dem Schutz der UNESCO.

Der Alte Hafen ist die Wiege der Seehandelsstadt am geschützten Inneren der Wismarbucht. Mit den vorgelagerten Inseln Walfisch und Poel bildet er einen der sichersten Hafenplätze der Ostseeküste. Bereits in wendischer Zeit (zwischen 600 und 1200) ließen sich hier Fischer, Seefahrer und Händler nieder, ehe um 1200 eine deutsche Marktsiedlung entstand, die 1229 als Stadt erstmals erwähnt wird; der Name leitet sich von dem Flüsschen Wissemaraa ab.

Heute lässt sich am Alten Hafen vor der historischen Kulisse alter Speicherhäuser typische Hafenatmosphäre erleben: mit Restaurants und Kneipen, Fischkuttern, Hafenbarkassen und Ausflugsdampfern, die zu Rundfahrten starten. Nebenan befinden sich der Yachthafen sowie alte Segelschiffe, die längs der Kaipromenade ankern. Von der Spitze des Alten Hafens bietet sich ein prachtvoller Blick auf die Wismarer Altstadt, während seeseitig die Moderne Einzug gehalten hat: Die Aker MTW Werft, der größte Arbeitgeber in Wismar, baut hochseegängige Container- und Kreuzfahrtschiffe und Tanker.

Prächtige Bauten zeugen von einstiger Blüte

Der Aufschwung der Hafenstadt veranlasste die mecklenburgischen Landesherren 1256, ihre Residenz von der Mecklenburg nach Wismar zu verlegen. Ein Siegel aus diesem Jahr zeigt die Elemente des heutigen Stadtwappens: Die Kogge steht als Symbol für die Seefahrt, der Stierkopf symbolisiert Mecklenburg.

Mit dem Dreibund, den Lübeck, Wismar und Rostock 1259 zum Schutz vor Piraterie schlossen, begann Wismars Aufstieg zu einer der mächtigsten Städte der Hanse. Ab 1276 wurde die vier Meter hohe Stadtmauer mit ihren fünf Stadttoren errichtet. Erhalten ist das Richtung Hafen erbaute spätgotische Wassertor, das einzige erhaltene Wasser-Stadttor an der deutschen Ostseeküste.

Die Zugehörigkeit zum mecklenburgischen Territorium hinderte die Wismarer nicht, nach größtmöglicher Unabhängigkeit von den Landesherren zu streben. 1358 verlegte Herzog Albrecht II. die Residenz nach Schwerin.

Nach dem Frieden von Stralsund, der die politische und wirtschaftliche Vormachtstellung der Hanse im Ostseeraum sicherte, begann für Wismar jene Blütezeit, in der als Zeugen von Wohlstand die Bauwerke entstanden, derentwegen die Altstadt heute als Weltkulturerbe unter Schutz steht – neben Bürgerhäusern wie dem Alten Schweden (um

1380) die drei mächtigen spätgotischen Hauptkirchen Sankt Nikolai, Sankt Marien und Sankt Georgen.

Der 80 Meter hohe Turm der gotischen Marienkirche, der früheren Rats- und Hauptpfarrkirche, ist ein Wahrzeichen Wismars. Seit einem halben Jahrtausend weist er zu Land und auf See den Weg zur Stadt. Die 1945 schwer beschädigte dreischiffige Halle der Kirche wurde 1960 gesprengt und abgetragen. Nur die Nikolaikirche, das 1403 geweihte Gotteshaus der Schiffer und Fischer, überstand unbeschadet den Zweiten Weltkrieg. Mit ihrem 37 Meter hohen Mittelschiff zählt diese Backsteinbasilika zu den höchsten Kirchenbauten in Deutschland. Auch die riesige Backsteinbasilika Sankt Georgen, die größte der mittelalterlichen Kirchen Wismars, war zu DDR-Zeiten dem Verfall preisgegeben. 1990 begann ihr Wiederaufbau, heute finden im Inneren Konzerte und Ausstellungen statt. Kunstwerke aus Sankt Marien und Sankt Georgen haben in der Heilig-Geist-Kirche und in der Nikolaikirche einen neuen Platz gefunden.

Der Handel sorgte für Wohlstand

Grundlage für den Reichtum der Stadt war der Handel. Im Wismarer Hafen wurden Weine aus Spanien, Italien und Frankreich umgeschlagen, Pelze und Holz aus Russland, Felle aus Norwegen, auch Tuche, Seide und Wolle, vor allem aber Fische und Gewürze, Wachs, Malz und Salz sowie Bier. Im 15. Jahrhundert gab es in Wismar über 180 verschiedene Braustätten. Auch die seinerzeit große Anzahl von 130 Hopfengärten deutet auf die rege Brautätigkeit hin. Bier aus Wismar war ein in ganz Europa bekanntes und begehrtes Getränk. In Lübeck bestand

Der besondere Tipp

Karstadt – ein Kaufhaus aus Wismar erobert Europa

Der viergeschossige Jugendstilbau in der Altstadt an der Krämerstraße/Ecke Lübsche Straße ist das Stammhaus eines der größten europäischen Warenhauskonzerne. Der in der Nachbarstadt Grevesmühlen geborene Rudolph Karstadt gründete hier im Jahr 1881 mit nur 1000 Talern Startkapital und einem einzigen Angestellten ein Tuch-, Manufactur- und Confectionsgeschäft. Fixpreise und sofortige Bezahlung traten an die Stelle des damals üblichen Feilschens und des Anschreibens, also der Gewährung zinsloser Darlehen, die zahlreiche Einzelhändler in Schwierigkeiten brachten. Dieses Prinzip ermöglichte eine genaue Kalkulation und bessere Einkaufskonditionen. Bereits 1884 eröffnete Karstadt in Lübeck die erste Filiale und 1912 in Hamburg das erste Großstadt-Warenhaus im norddeutschen Raum.

1920 fusionierte die Rudolph Karstadt KG mit der von Theodor Althoff in Westfalen gegründeten Einzelhandelskette, 1931 betrieb das Unternehmen 58 Karstadt- und 14 Althoff-Filialen. Während der Weltwirtschaftskrise schied Karstadt 1932 aus dem Unternehmen aus und zog sich nach Wismar zurück. Der schwerste Schlag für die Firma kam mit der Enteignung der Filialen in der Sowjetischen Besatzungszone 1945. In der Bundesrepublik hingegen etablierte sich das Unternehmen mit Sitz in Essen zu einer der erfolgreichsten Kaufhausketten Europas. 1991 übernahm die Karstadt AG das Wismarer Stammhaus und sanierte das Gebäude. Ein Rudolph Karstadt Museum im Kaufhaus erinnert an die Anfangsjahre.

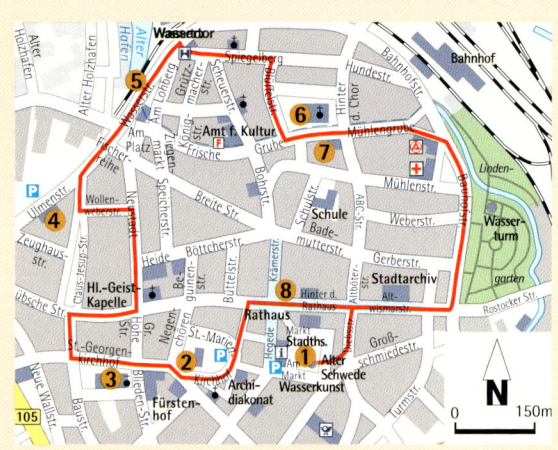

Rundgang durch die Altstadt

Ausgangspunkt in der historischen Altstadt ist der Marktplatz (1) mit dem Wasserkunst-Brunnenhaus (1602). Mit einer Fläche von rund 10 000 Quadratmetern ist der Marktplatz einer der größten in Norddeutschland. Auf seiner Nordseite steht das klassizistische Rathaus (1817–19), in das die Reste des 1807 eingestürzten spätgotischen Vorgängerbaus integriert wurden. Das Giebelhaus Alter Schwede (um 1380) auf der Ostseite ist einer der bekanntesten Traditionsgasthöfe der Stadt. Der 80 Meter hohe Marienkirchturm (2) am Sankt-Marien-Kirchhof ist der imposante Rest der 1960 gesprengten gotischen Marienkirche.

Zwischen ihr und der riesigen dreischiffigen Backsteinbasilika der Georgenkirche (3), die im Mittelalter das Gotteshaus der Handwerker und Gewerbetreibenden war, residierten die mecklenburgischen Herzöge im Fürstenhof (heute Amtsgericht). Das Zeughaus (4), 1700 errichtet nach der Explosion des Vorgängerbaus, ist eines der bedeutendsten Zeugnisse schwedischer Militärarchitektur des Barock in Deutschland (heute Stadtbibliothek und Kulturzentrum). Am Ziegenmarkt sieht man die Mitte des 13. Jahrhunderts angelegte Grube, einen der ältesten erhaltenen künstlichen innerstädtischen Wasserläufe in Deutschland. Zu den Höhepunkten des Stadtrundgangs zählt das Gebiet des Alten Hafens (5) mit dem Baumhaus, den Schwedenköpfen und dem Wassertor, das als eines der fünf Stadttore in die vier Meter hohe Stadtmauer eingelassen war. Von hier gelangt man durch die Straße Spiegelberg zur Nikolaikirche (6), in der zahlreiche Kunstwerke aus den anderen Kirchen der Stadt ausgestellt sind. Im Schabbellhaus (7) (1569–71) an der Grube bei der Nikolaikirche ist das Stadtgeschichtliche Museum untergebracht; der Renaissancebau wurde als Brauhaus und als Wohnhaus für den späteren Bürgermeister Hinrich Schabbell errichtet. Schlendert man von hier zurück zum Marktplatz, sieht man bald an der Krämerstraße/ Ecke Lübsche Straße das Karstadthaus (8): Der 1907/08 errichtete Stahlskelettbau ist das Stammhaus des Karstadt-Konzerns.

Frisch vom Kutter
Ein Genuss, den man sich nicht entgehen lassen sollte: geräucherter Fisch.

sogar zeitweise Ausschankverbot für Wismarer Bier, weil es beliebter und von besserer Qualität war als das Lübecker. Verschifft wurde das Wismarer Bier nach Holland, Flandern, England, Portugal und in den skandinavischen Raum.

Während die Wismarer in den ersten Jahrhunderten des Bestehens der Stadt mit Trinkwasser aus Brunnen versorgt wurden und Wasserträger und Wasserfahrer das Wasser bei Bedarf sogar in die Häuser brachten, sorgte der hohe Wasserbedarf der Brauereien im 16. Jahrhundert für Trinkwasserknappheit. Um 1563 wurde auf dem 105 mal 95 Meter großen Marktplatz, einem der größten Marktplätze im deutschen Küstengebiet, ein hölzerner Brunnen errichtet, der zunächst vom nahe gelegenen Mühlenteich gespeist wurde. Da der Bedarf an Trinkwasser die Kapazitäten des Mühlenteichs jedoch weit überstieg, wurde 1570 eine Wasserleitung von den Metelsdorfer Quellen nach Wismar geführt, und der Utrechter Baumeister Philipp Brandin errichtete über dem hölzernen Brun-

Historischer Zugang vom Alten Hafen
Das Wassertor war im Mittelalter Teil der Stadtbefestigung. Beeindruckend sind die spätgotischen Giebel.

nen die Wasserkunst (1602), die heute ein
weiteres Wahrzeichen von Wismar ist.

Trotz ihres Reichtums gelang es der Stadt
nie, sich von der Herrschaft der mecklenburgischen Herzöge zu befreien. Diese ließen
sich nach der Reformation zum Zeichen ihrer
steigenden landesherrlichen Macht als Stadt-
residenz den Neuen Fürstenhof (1553/54)
nach italienischen Renaissancevorbildern errichten.

Abendstimmung auf dem Marktplatz
Die berühmte Wasserkunst wurde zu
Beginn des 17. Jahrhunderts über einem
hölzernen Brunnen erbaut, der die
Stadt damals mit Trinkwasser versorgte.

Wismar und die Schweden

Alljährlich im August erinnert Wismar mit dem farbenprächtigen Schwedenfest an das Ende seiner jahrhundertelangen Zugehörigkeit zur einstigen Ostsee-Großmacht Schweden. Keine andere deutsche Stadt war so lange Teil eines nicht deutschsprachigen Staats wie Wismar: 1632 eroberte Schweden die Hansestadt, erst seit 1903 gehört Wismar wieder zu Mecklenburg. Mehr als 100 000 Menschen – unter ihnen Bundespräsident Johannes Rau und zahlreiche schwedische militärhistorische Vereine, die auf dem Marktplatz ein »Feldlager« aufschlugen – feierten im August 2003 das 100. Schwedenfest.

Der Dreißigjährige Krieg (1618–48) und der Beginn der Schwedenherrschaft bedeuteten für Wismar den politischen und wirtschaftlichen Ruin. Am 7. Januar 1632 eroberten schwedische Truppen die Stadt. Im Westfälischen Frieden (1648) trat das Herzogtum Mecklenburg die Stadt Wismar und die Insel Poel sowie das Amt Neukloster und den Zoll bei Warnemünde an das Königreich Schweden ab, das damit die mecklenburgische Küs-

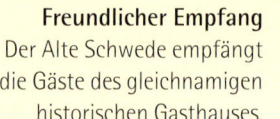

Freundlicher Empfang
Der Alte Schwede empfängt die Gäste des gleichnamigen historischen Gasthauses.

Repräsentatives Waffenarsenal
Im vorbildlich restaurierten Zeughaus waren Waffen und Munition der in Wismar stationierten schwedischen Garnison untergebracht.

te und die Schifffahrt kontrollierte. Im Fürstenhof wurde 1653 das Königlich-Schwedische Tribunal als oberster Gerichtshof für die deutschen Provinzen des Königreichs Schweden errichtet. Die schwedischen Könige billigten der Stadt zu, ihre örtlichen Angelegenheiten selbst zu regeln.

Ab 1672 wurde Wismar als einer der wichtigsten Plätze der schwedischen Ostseeherrschaft zu einer der modernsten und größten Festungen Nordeuropas ausgebaut. Gegen die Zusage, Wismar nie wieder zu befestigen, verblieb die Stadt nach dem großen nordischen Krieg beim Königreich Schweden.

Im Vertrag zu Malmö verpfändete Schweden 1803 Wismar mit der Insel Poel und dem Amt Neukloster für 1,258 Milliarden Taler an das Herzogtum Mecklenburg-

Schwedisches Tribunal
Der Fürstenhof diente den Schweden bis zu Beginn des 19. Jahrhunderts als Gerichtshof, heute ist er der Sitz des Amtsgerichts. Rechts im Hintergrund steht der Kirchturm von St. Marien mit der berühmten, 1647 vom schwedischen Generalmajor Wrangel gestifteten Uhr.

Schwerin. Schweden sicherte sich dabei allerdings das Recht der Pfandeinlösung nach 100 bzw. 200 Jahren. Nach den ersten 100 Pfandjahren besiegelte 1903 der Vertrag von Stockholm die endgültige Rückgabe Wismars an Mecklenburg.

Zeugnisse schwedischer Vergangenheit

Vieles erinnert in Wismar bis heute an die schwedische Epoche. Vor dem Baumhaus am Alten Hafen ruhen die Schwedenköpfe – früher standen sie an der Hafeneinfahrt, heute sind sie ein Wahrzeichen der Stadt. Ein erhaltenes Original zählt zu den Kostbarkeiten des Stadtgeschichtlichen Museums Schabbelhaus. Der Alte Schwede am Markt ist das einzige im Äußeren kaum veränderte mittelalterliche Bürgerhaus Wismars. Das um 1380 errichtete Backstein-Giebelhaus beherbergt seit 1878 eine Gaststätte. Weitere Relikte aus der Schwedenzeit sind das schwedische Zeughaus (um 1700), das heute als Bibliothek und Kulturzentrum dient, und der Schwedenstein von 1903 – ein 400 Zentner schwerer Felsbrocken mit den Wappen von Wismar, Mecklenburg und Schweden.

Gotische Prunkfassade
Das älteste erhaltene Bürgerhaus der Stadt (erbaut 1380) beherbergt seit 1878 die stilvolle Gaststätte *Alter Schwede*.

Eine enge Verbindung zwischen Wismar und Schweden ist bis heute geblieben, jährlich kommen zahlreiche schwedische Touristen auf der Suche nach Spuren der Vergangenheit. Kooperationen mit schwedischen Firmen und Universitäten helfen das schwedische Erbe weiterhin aufrechtzuerhalten und zu pflegen.

Höhepunkt im Festkalender
Seit mehr als 100 Jahren wird alljährlich das beliebte Schwedenfest gefeiert.

Poel – Mecklenburgs fruchtbare Insel

Hafenszene mit Leuchtturm
Segelyachten im Hafen von Timmendorf. Im Hintergrund der von weitem sichtbare Leuchtturm.

Eine flache Insel vor den Toren Wismars lockt mit Ruhe und Beschaulichkeit.

Ostseebad Insel Poel staatlich anerkannter Erholungsort. Die abwechslungsreiche Landschaft verlockt zu ausgedehnten Wanderungen auf einer Insel, die noch nicht überlaufen ist.

Der weiche kalkhaltige Geschiebelehm ist der Grund dafür, dass die Insel stetig kleiner wird: Die See nagt im Schnitt alljährlich im Winter einen halben Meter der Küsten ab. Während der fruchtbare Boden ins Meer hinausgespült wird, bleiben die freigespülten, oft tonnenschweren Findlinge am Fuß der Steilküsten liegen. So lässt sich an den vorgelagerten grobsandigen und steinigen Stränden deutlich erkennen, wie weit die Insel in früheren Jahrzehnten in die See hinausgereicht hat.

Hauptort mit Historie

Hauptort der Insel ist Kirchdorf mit seinem Sportboot- und Fischereihafen. An der Anlegerbrücke machen die Fahrgastschiffe von Wismar fest. Die Anreise über den Wasserweg ist die reizvollste, auch wenn Poel durch Damm und Brücke über den Breitling mit dem Festland verbunden ist. Zu den Besonderheiten von Kirchdorf zählt die Veste, auch Schlosswall genannt. Um Poel zur mecklenburgischen Flottenbasis auszubauen, ließen die Herzöge 1614–18 um die mittelalterliche Kirche eine gewaltige Festungsanlage in Form eines fünfstrahligen Sterns anlegen. Die Relikte dieser Anlage ermöglichen reizvolle Ausblicke. Der bedeutendste Strand auf Poel liegt bei Timmendorf. Der von Wismar aus mit Fahrgastschiffen erreichbare Hafen von Timmendorf mit seinen beiden Brücken ist schon aus der Ferne an dem Leuchtturm erkennbar.

Die Insel Poel zählt zu den fruchtbarsten Inseln der deutschen Ostseeküste. Das flachwellige, 37 Quadratkilometer große Eiland am Eingang der Wismarbucht ist von Geschiebemergelböden bedeckt, die eine ertragreiche Landwirtschaft ermöglichen. Zur Zeit der Rapsblüte faszinieren die Farbenspiele, wenn das leuchtende Gelb mit dem Blau der See und dem saftigen Grün der eingesäten Felder kontrastiert.

Die Reformen nach dem Zusammenbruch der DDR leiteten einen Wertewandel ein. Die industriell ausgerichtete Landwirtschaft erlebte einen massiven Rückgang, während Naturschutz und sanfter Tourismus an Bedeutung gewannen. Wegen seines Heilklimas ist das

Langenwerder gewährt Seevögeln Schutz

Die der Insel Poel nordöstlich vorgelagerte Insel Langenwerder ist Deutschlands ältestes Seevogelschutzgebiet. Schon im Jahr 1909 hatte der Hamburger Professor Dietrich die kleine flache Insel zu wissenschaftlichen Zwecken entdeckt. Und er war es auch, dem es als Ornithologe gelang, die mecklenburgische Regierung für den Vogelschutz dort zu interessieren. Hierzu benötigte man jedoch einen Vogelwärter. Im Jahr 1910 wurde der Fischer Jochen Schwartz als erster Vogelwart eingestellt – er ist heute noch als der Meiwenkönig (Möwenkönig) den älteren

Einheimischen bekannt. Jedem seiner gefiederten Freunde hatte er einen plattdeutschen Namen gegeben. So hießen die Vögel zum Beispiel Klimperdüker, Tülüht, Krushahn, Pielstart oder Klashahn. Unter anderem war es Schwartz' Aufgabe, die brütenden Vögel vor Eiersammlern und Jägern zu schützen, ohne dass der Eierklau gänzlich eingedämmt werden konnte. Die Unterschutzstellung der Insel erfolgte 1924 durch das mecklenburgische und 1937 durch das Reichsnaturschutzgesetz.

Über 250 verschiedene Vogelarten gibt es heutzutage auf der ein Kilometer langen und bis zu 450 Meter breiten Insel. Sie brüten dort, überwintern oder rasten auf dem Durchzug. Zu den Brütern zählen unter anderem Seeschwalben, Austernfischer, Sandregenpfeifer, Rot-

schenkel, Mittelsäger sowie Brandgans und verschiedene Entenarten und Höckerschwäne. Im Winter ist die Insel ein wichtiges Rastgebiet für Tausende von Schwänen, Gänsen und Enten, die im Frühjahr in ihre nördlichen Brutgebiete zurückfliegen.

Beobachtungen der Vogelschutzinsel sind vom Rastplatz auf dem Hochufer östlich des Gollwitzer Strands aus mit dem Fernglas möglich.

Besonders Interessierte können außerhalb der Brut- und Aufzuchtperiode an Exkursionen auf der Insel teilnehmen, die unter fachkundiger Leitung durchgeführt werden. Ansonsten darf die Vogelschutzinsel nicht betreten werden.

Paradies für Seevögel
Auf Langenwerder können Seevögel seit Jahrzehnten ungestört nisten und brüten.

Unverwechselbarer Sommergast
Der Rotschenkel sammelt sich gelegentlich in Scharen auf dem Eiland.

Botanisches Kleinod
Sogar der seltene Fieberklee gedeiht
auf der Halbinsel Wustrow.

Naturparadies Salzhaff

Auf überfluteten Salzwiesen finden am Haff seltene Vögel und Pflanzenarten optimale Lebensbedingungen.

Das durch die Nehrung zwischen dem Ostseebad Rerik und der Halbinsel Wustrow von der offenen See abgetrennte Salzhaff zählt zu den beliebtesten Surf- und Segelrevieren der mecklenburgischen Küste. Zugleich ist das flache Haff mit seinen Salzwiesen, Dünen, Brackwasser-Röhrichten und Seevogelbrutgebieten sowie mit einer Vielzahl geschützter Pflanzen- und Tierarten ein für den westlichen Ostseeküstenbereich einzigartiges Naturparadies. Anders als andere Haffs hat das Salzhaff einen optimalen Wasseraustausch mit der Ostsee, während der Süßwasserzufluss gering ist. Es ist das einzige innere Küstengewässer der deutschen Ostsee, dessen Boden noch fast vollständig mit Unterwasserwiesen bedeckt ist.

che Wasser- und Watvögel. Durch die Eindeichung und den Aufbau von Schöpfwerken seit den 1960er-Jahren blieben die nährstoffreichen Überflutungen vieler Salzwiesen aus: Sie wurden in Ackerflächen umgewandelt und mit Kunstdünger bedüngt. Im Jahr 2002 begann die Renaturierung der Salzwiesen jedoch zwischen dem Ostseebad Rerik und Roggow: Durch die Öffnung der Deiche soll die Ostsee die Wiesen wieder überspülen können, Ziel ist die Wiederherstellung der Salzwiesen.

Mit dem Schiff über das Salzhaff

Der Hafen von Rerik ist der Startpunkt für eine Schiffsrundfahrt auf dem Salzhaff. Schon nach Ablegen der MS *Ostseebad Rerik* bietet sich ein einmaliger Blick auf die Haffpromenade, den Schmiedeberg und die gotische Backsteinkirche Reriks. Rechter Hand erstreckt sich die zehn Kilometer lange Halbinsel Wustrow, deren äußerste Punkte die Sandhakenspitzen Kap Kirchmesse und Kieler Ort beidseits der Naturschutzgebietsbucht Kroy sind ein Eldorado für Wasservögel.

Zwischen Meer und Haff
Das idyllische Ostseebad Rerik ist günstiger Ausgangspunkt für reizvolle Schiffsausflüge über das Salzhaff.

Streng geschütztes Reservat
Die Salzwiesen und Röhrichtzonen an der Wustrower Haffküste dürfen von Besuchern nicht betreten werden.

Die Schlick- und Sandsalzwiesen, die sich an den Überflutungsbereich anschließen, sind durch Verlandung von Strandseen entstanden. Hier haben Strandflieder, Andelgras, Strandbeifuß, Salzbinsen und Salzstraußgras, aber auch äußerst seltene Pflanzenarten wie Löffelkraut und Erdbeerklee ihre Rückzugsgebiete gefunden. Die Salzwiesen bilden Brut-, Rast- und Überwinterungsplätze für zahlrei-

Goldenes Abendlicht
Traumhafte Sonnenuntergänge wie
hier in Kühlungsborn machen abend-
liche Strandspaziergänge zu einem
besonderen Erlebnis.

Kühlung – wo die Berge
bis an die Kliffküste reichen

**Am Rand eines natur-
nahen Waldgebiets liegt
das Seebad Kühlungsborn
mit seinem breiten weißen
Sandstrand.**

Mehr als 20 000 Wanderer werden im Jahr 2004 im Ostseebad Küh-lungsborn erwartet, wo erstmals an der Ostseeküste der Deutsche Wandertag stattfindet. Nicht nur die Prome-naden im Bereich der weißen Jugendstilstadt und der Europäische Fernwanderweg längs der Küste werden dann im Mittelpunkt stehen, sondern auch und vor allem die Wege über die Kühlung, den bewaldeten Moränenrücken im Hinterland von Kühlungsborn.

Die bis an die Kliffküste der Ostsee reichende Kühlung ist eine dicht bewaldete Hügelkette,

die im Diedrichshagener Berg in 130 Meter Höhe gipfelt und damit die höchste Land-marke zwischen Salzhaff und Rostock bildet. An ihrem seeseitigen Ende liegt das Jugend-stilbad Kühlungsborn.

Mit ihrem abwechslungsreichen Relief, ih-ren artenreichen Buchen- und Mischwäldern und schluchtartigen Tälern, ihren Bächen, Mooren und Tümpeln, den sagenumwobenen Findlingen und aussichtsreichen Bergkuppen zählt die Kühlung zu den beliebtesten Wan-dergebieten der Region. Der Pilzreichtum lockt im Herbst Hunderte von Sammlern an.

Häufig gibt der Wald den Blick frei, vom Diedrichshagener Berg öffnet sich an klaren Tagen ein Land-See-Panorama, das bis nach Fehmarn und zu den Inseln der dänischen Südsee reicht.

Vermutlich haben die starken Zerklüftungen (Kuhlen) zur Benennung dieses Endmoränenzugs aus der letzten Eiszeit geführt, der sich wie ein kleiner grüner Wall landeinwärts zieht und das größte Landschaftsschutzgebiet im Kreis Bad Doberan bildet. Um die Entstehung der Hügelketten rankt sich die Sage, dass 60 Fuß große Riesinnen früher in diesen Bergen gehaust haben sollen und die Ostsee zuschütten wollten. Deshalb trugen sie in ihren Schürzen Erde herbei, merkten jedoch, dass der Inhalt ihrer Schürzen nicht ausreichen würde, und ließen die gesammelte Erde wieder fallen. Auf diese Weise entstanden die Kuppen und die Landschaft der Kühlung. Einer dieser Hügel ist der Bastorfer Signalberg. Auf ihm steht der höchstgelegene Leuchtturm der Ostseeküste.

Zeugen der eiszeitlichen Entstehung der Kühlung sind die zahlreichen Findlinge. Zu den größten zählt der 7,5 Kubikmeter große Steinblock namens Steineiche nordöstlich des Diedrichshagener Bergs. Seinen Namen verdankt der Findling der Tatsache, dass früher eine Eiche aus ihm herauswuchs. Unter dem Klothstein östlich des Diedrichshagener Bergs ruht der Sage nach eine goldene Wiege, die nur um Mitternacht zu heben ist.

Kühlungsborn – aus drei Fischerdörfern gewachsen

Bis 1937 bestand das jetzige Kühlungsborn aus den drei kleinen Fischerdörfern Brunshaupten, Arendsee und Fulgen. Ab 1880 begann sich eine Seebadkultur zu entwickeln. Die ersten Badegäste kamen nach Brunshaupten und Arendsee, bald darauf schufen Hotel- und Pensionsbesitzer eine gemeinnützige Badegemeinschaft, worauf Badeärzte und

Apotheker im Ort sesshaft wurden. Eine erhöhte Bautätigkeit fand in beiden Orten statt. Ende des 19. Jahrhunderts entstanden die ersten streng getrennten Badeanstalten, wobei Männer und Frauen bis zu 100 Meter voneinander entfernt badeten. Auch Seestege wurden errichtet. Bald wurde der Bülow-Weg gebaut, der Brunshaupten und Arendsee miteinander verband. Kurhäuser wurden in beiden Orten gebaut, die Seebrücken verlängert. Mit Fulgen erhielten die Orte am 1. April 1938 ein gemeinsames Stadtrecht und den Namen Ostseebad Kühlungsborn.

Zu DDR-Zeiten übernahm der Feriendienst FDGB die durch die Aktion Rose enteigneten Häuser entlang der Ostseeküste. Kühlungsborn wurde mit 160 000 Besuchern das größte Ostseebad der DDR. Aus Furcht vor einer Republikflucht wurde nach 1961 den Badegästen der Aufenthalt am Strand nach 22 Uhr sowie eine Bootsbenutzung untersagt. Aus demselben Grund wurden die Seebrücken dem Verfall preisgegeben. Nach der Wende 1991 wurde die neue 240 Meter lange Seebrücke eingeweiht. Hotels und Pensionen wurden vollständig renoviert und erstrahlen in neuem Glanz. Die Strandpromenade und viele Straßen und Wege wurden erneuert, Rad- und Wanderwege neu geschaffen.

Pause mit Meerblick
Ein typisches Strandcafé lädt in Kühlungsborn zu Kaffee und Kuchen ein.

Eldorado für Pilzsammler
Berühmt ist die Kühlung für ihren Pilzreichtum, der im Herbst etliche Sammler anlockt. Mit etwas Glück findet man sogar Steinpilze.

»Heiliger Damm« – das exklusive Seebad der Ostsee

Der Hochadel und die »bessere« Gesellschaft gaben sich in Heiligendamm ein Stelldichein.

Mystischer Küstenwald
Der Gespensterwald bei Nienhagen mit der vorgelagerten Steilküste präsentiert sich im Abendlicht besonders reizvoll.

Die weißen klassizistischen Prunkbauten von Heiligendamm bilden das erlesenste Bäderarchitektur-Ensemble der Ostsee. Bis in die 1870er-Jahre schufen die Baumeister Johann Christoph Heinrich von Seydwitz, Carl Theodor Severin und Gustav Adolph Demmler ein einzigartiges klassizistisches Gesamtkunstwerk aus Bade- und Logierhäusern. Die zur See hin ausgerichtete Architekturkulisse von Haus Mecklenburg, Burg Hohenzollern, Grandhotel, Orangerie, Severin Palais und Kurhaus diente dem europäischen Hochadel als Feriendomizil, selbst die Zarenfamilie verbrachte im eleganten deutschen Seebad einst ihre Sommerfrische. Bis in die 1930er-Jahre blieb Heiligendamm ein exklusiver Badeort mit prominenten Gästen, in der damaligen Gesellschaft galt es als Muss, wenigstens einmal im Leben in Heiligendamm gewesen zu sein.

Nach dem Zweiten Weltkrieg verfiel das Seebad zusehends. Erst 1995 erwarb eine Investorengruppe den Großteil der Gebäude und begann eine der aufwändigsten und spektakulärsten Renovierungsaktionen an der Ostseeküste. Kanzler Schröder schickte sein Grußwort zum ersten Spatenstich des Grand Hotel, Bundespräsident Rau war beim Richt-

Ein Traum in Weiß
An aristokratische Glanzzeiten knüpft das
Kempinski Grand Hotel in Heiligendamm mit
seinen klassizistischen Prachtbauten an.

fest dabei, und im Juni 2003 war es so weit: Mit dem *Kempinski Grand Hotel* Heiligendamm öffnete eine der exklusivsten Hotelanlagen der Ostseeküste in den historischen Gebäuden ihre Pforten. Seither erstrahlt das älteste deutsche Ostseebad wieder in seinem ursprünglichen weißen Glanz.

Wo Fürsten und Adlige einst Gesundheit tankten

Am 8. September 1793 badete Herzog Friedrich Franz I. von Mecklenburg-Schwerin gemeinsam mit anderen zum ersten Mal im Meer am Heiligen Damm. Dieser Tag gilt als Gründungsdatum des ersten deutschen Ostseebads. Das gekrönte Haupt hatte einen neuen Trend gesetzt: baden in der See zum Zweck der Gesundheit.

1794 wurde ein kleines Badehaus errichtet, für die 308 Badegäste standen so genannte Badeschaluppen zur Verfügung, und mit Haus Mecklenburg entstand 1795 der erste repräsentative Luxusbau. Im Gefolge des adeligen Trendsetters kamen Aristokraten und hohe Beamte, später auch Industrielle und bekannte Persönlichkeiten in den Ortsteil von Bad Doberan – von Königin Luise bis zu Feldmarschall Blücher. Heiligendamm avancierte zur Topadresse und zur Legende.

Ihren Ruhm verdankt die zauberhafte Ansiedlung zwischen Buchenwald und Strand zum einen dem eleganten Chic, den die noble Gästeschar mit sich brachte, und zum anderen den genialen Baumeistern, die die weiße Stadt am Meer planten. In den 1840er-Jahren entstanden die so genannte Cottages als zweigeschossige Villen. Durch immer neue Investitionen festigte das Seebad seinen führenden Ruf. 1823 wurde zwischen Heiligendamm und Doberan die erste Galopprennbahn Deutschlands eröffnet (seit 1993 wieder eröffnet). 1850 wurde zwischen Heiligendamm und Doberan die Lindenallee angelegt, die heute zu den schönsten Alleen an der Ostseeküste zählt, und 1885 nahm der *Molli* als erste Bäderbahn der Ostseeküste seinen Betrieb auf.

Die Conventer Niederung

Im Schutz des Heiligen Damms liegt die Conventer Niederung mit einem der bedeutendsten Vogelschutzgebiete an der mecklenburgischen Küste. Das Kernstück des Naturschutzgebiets ist die Vogelfreistätte Conventer See. Dieser See ist der Rest einer ehemaligen Meeresbucht, die durch den Heiligen Damm von der offenen See abgeriegelt wurde. Die Zisterzienser von Doberan begannen vermutlich schon um das Jahr 1260 mit der Entwässerung der Niederung. Als die Agrarindustrie Ende der 1960er-Jahre mit der Meliorierung von Teilen der Conventer Niederung begann, senkte sich der Wasserspiegel des Sees um 80 Zentimeter. Heute ist geplant, wieder eine Verbindung mit der Ostsee zu schaffen, um dieses wichtige Rast- und Brutgebiet zu erhalten.

Östlich des Heiligendamms findet sich eine weitere Naturperle: Mit seinen bizarrwüchsigen Buchen ist der Gespensterwald beim Ostseebad Nienhagen vor allem bei Sonnenuntergang oder bei Nebel eine viel besuchter mystischer Ort. Es handelt sich um einen schmalen Waldstreifen im Nienhagener Holz direkt an der Steilküste. Die salzhaltige feuchte Seeluft und der Wind verursachen die wundersamen Verformungen der Bäume, die wie Gespenster am Wanderweg stehen. Der Gespensterwald bietet einen wunderschönen Blick auf das Meer und die Steilküste, an Hochsommerabenden sieht man die Sonne in der See versinken.

Der besondere Tipp

Kempinski Grand Hotel

Das Hotelgelände umfasst mehrere historische Gebäude, darunter Haus Mecklenburg, das 1795 als erstes gemauertes Repräsentativgebäude für die fürstlichen Badegäste errichtet und in den 1870er-Jahren seine endgültige klassizistische Gestalt erhielt. Mit der Burg Hohenzollern erfüllte Großherzog Paul Friedrich von Mecklenburg-Schwerin sich und seiner Gemahlin Alexandrine von Preußen einen Traum. Heute residieren die Gäste unter Zinnen und Giebeln in zwölf luxuriösen Zimmern und neun Suiten.
Das Herz der Anlage und einer der herausragenden Bauten des Klassizismus an der Ostseeküste ist das Kurhaus mit dem Ballsaal als Mittelpunkt des gesellschaftlichen Lebens. Die Säulenvorhalle auf der dem Meer zugewandten Langseite ist heute den Feinschmeckern vorbehalten. Auf der Vorderseite des Kurhauses prangt auch das lateinische Motto des Seebads: *Hic te laetitia invitat post balnea sanum* – Hier empfängt dich die Freude nach gesundem Bade.

Mit dem Molli von Bad Doberan nach Kühlungsborn

Eisenbahnromantik wird lebendig, wenn die 440 PS starke Lokomotive mit grau-beigen Wagen im Schlepptau wild fauchend im Bahnhof hält. Im Stundentakt schnauft die älteste Schmalspurbahn der Ostseeküste die 15,2 Kilometer von Bad Doberan nach Kühlungsborn West. Ungefähr eine Dreiviertelstunde dauert die Fahrt, auf dem Bahnsteig warten im Sommer Gäste aus aller Welt auf den *Molli*.

Da die Strecke einspurig ist, fahren die Züge zeitgleich von beiden Endpunkten ab und passieren einander im Bahnhof von Heiligendamm. In Bad Doberan bimmelt der

Schnauft ohne Pause
Seit 1886 zuckelt die nostalgische Bäderbahn *Molli* unermüdlich von Bad Doberan über Heiligendamm nach Kühlungsborn.

Eine Perle der Backsteingotik
Stimmungsvoll eingebettet in einen Park liegt
das Doberaner Münster mit seinem hochstreben-
den Hauptschiff.

Molli unüberhörbar durch die Straßen der
Münsterstadt. Die Fahrt führt parallel zu
einer der schönsten deutschen Alleen nach
Heiligendamm, auf halber Alleestrecke liegt
die 1993 wieder eröffnete Pferderennbahn,
die älteste Galopprennbahn des Kontinents.
Dort hält der Zug nur an Renntagen.

Der Aufschwung des Seebads Heiligen-
damm zog zahlreiche Badegäste in das da-
mals inmitten unberührter Natur gelegene
Fleckchen, eine problemlose Verkehrsanbin-
dung an die Küste gab es nicht. Aus diesem
Grund wurde eine Bahnverbindung in das
mondäne Heiligendamm geschaffen: Die
Schmalspurbahn von Bad Doberan nach
Kühlungsborn unterscheidet sich von an-
deren Schmalspurbahnen deshalb, weil ihre
Spurweite nur 900 Millimeter im Gegensatz
zu den üblichen 1000 Millimetern anderer
Bahnen beträgt; damit ist sie eine Rarität für
Eisenbahnfreunde. Zudem ist sie eine reine
Touristikbahn. Der Güterverkehr spielte von
Anfang an nur eine untergeordnete Rolle
und wurde 1969 ganz eingestellt. Auch der

Molli sollte in den 1960er-Jahren stillgelegt
werden, doch der Busnahverkehr schaffte es
nicht, die zahlreichen Urlauber und Badegäste zu bedienen.

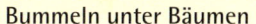

Bummeln unter Bäumen
Am Ziel- bzw. Startort Bad Doberan zieht
ein idyllischer Kurpark die Besucher an.

Wie bei anderen Bahnen brachen die
Fahrgastzahlen nach der deutschen Wiedervereinigung ein – der Bahn drohte das Aus.
1995 übergab die Deutsche Bahn die Leitung
an die eigens gegründete Mecklenburgische
Bäderbahn Molli GmbH. Neue Konzepte und
die Einplanung von Triebwagen in verkehrs-
ungünstigen Zeiten sorgten bald wieder für
schwarze Zahlen. Im Bahnhof Kühlungsborn
West wurde 1996 das Molli-Museum eröffnet, alljährlich am 3. Oktober findet in Kühlungsborn und Bad Doberan das Molli-
Bahnhofsfest *Schall und Rauch* statt.

Nostalgie auf Schienen
Im Sommer führt der *Molli* einen Salonwagen mit,
in dem man Kaffee und Kuchen bekommt.

Rostock – Hansestadt in neuem Glanz

In der einzigen Großstadt an der mecklenburgischen Küste begegnet man einem reizvollen Nebeneinander von alt und neu.

Alter Reichtum am Neuen Markt
Am zentralen Markt der Altstadt reihen sich prächtig restaurierte Bürgerhäuser aus mehreren Jahrhunderten auf.

Wenn eines der Kreuzfahrtschiffe vom Warnemünder Passagierkai ablegt, kommt Rührung auf: Aus den Lautsprechern erklingt der Abschiedsevergreen *Time to say good-bye,* und winkende Menschen sehen mit verklärtem Blick den Luxuslinern nach, die auf ihren Ostseetörns Station in Rostock machen. Der Kreuzfahrttourismus bringt der größten Stadt Mecklenburg-Vorpommerns ein unbezahlbares Renommee, denn als Anlaufpunkt der schwimmenden Luxusliner hat sich Rostock als einer der wichtigsten Häfen der Ostsee etabliert.

Kreuzschifffahrt, Fährverkehr, Tanker und Frachtschiffe bilden das wirtschaftliche Rückgrat der Überseehafenstadt, die sich als Drehscheibe im Verkehr zwischen Skandinavien und Südeuropa zum zweitgrößten deutschen Ostseehafen entwickelt hat. Trelleborg, Gedser, Malmö, Helsinki, Talinn, Travemünde, Hiddensee – von Rostock steuern Passagier- und Ausflugsschiffe Destinationen im gesamten Ostseeraum an.

Die historische Altstadt Rostocks am Warnowknie zeugt vom alten Reichtum der Hansestadt, die im 16. Jahrhundert die wohlhabendste nach Lübeck war. An der Petri-

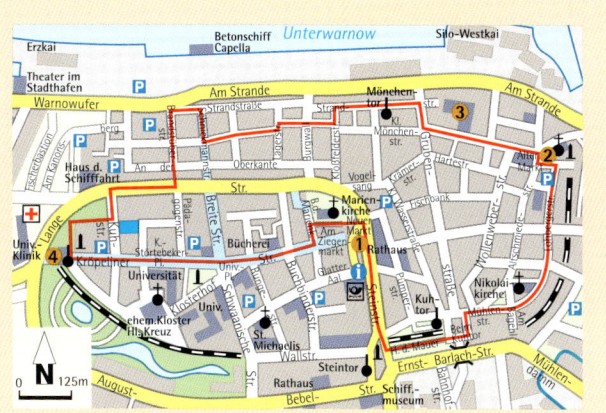

Rundgang durch die Altstadt

Ausgangspunkt ist der Neue Markt (1) mit Giebelhäusern des 15.–19. Jahrhunderts und dem Rathaus, dessen barocke Putzfassade (18. Jahrhundert) von den sieben Fialtürmen der mittelalterlichen Schaugiebelwand (1484) überragt wird. An der Nordwestecke des Neuen Markts erhebt sich die Marienkirche, eine ab 1398 nach dem Vorbild französischer Kathedralbauten errichtete kreuzförmige Backsteinbasilika mit astronomischer Uhr (1472). Die mit ihrer Turmspitze 117 Meter hohe Petrikirche (2) am Alten Markt markiert die Stelle der ältesten Rostocker Stadtgründung auf dem Hochufer über der Warnow. Lohnenswert ist die Besteigung des Turms (Aufzug), dessen Dach 1994 wieder mit Kupfertafeln eingedeckt wurde. Das 1270 gegründete Zisterzienserinnenkloster zum Heiligen Kreuz wurde 1562 in ein Damenstift umgewandelt. Seit 1980 beherbergen die Klostergebäude das Kulturhistorische Museum (3); das Kirchengebäude wird auch als Konzertsaal genutzt. Große Teile der alten Stadtbefestigung sind erhalten. Südwestlich des Kröpeliner Tors (4) bis zur Schwaanschen Straße erstrecken sich die Wallanlagen mit den in die Mauer eingefügten Wiekhäusern und einem Teil des hölzernen Wehrgangs. Geht man vom Steintor entlang an der Stadtmauer weiter, trifft man auf das älteste Stadttor Mecklenburgs: das Kuhtor, das 1262 erstmals urkundlich erwähnt wurde.

kirche erinnert eine in die Mauer eingelassene Tafel an die Stadtrechtsbestätigung 1218. Das letzte noch erhaltene Strandtor ist das Mönchentor, das 1806 im klassizistischen Stil umgestaltet wurde.

Die Geschicke Rostocks waren stets aufs Engste mit denen von Warnemünde verknüpft: Wer Herr über die Warnemündung war, hatte auch Rostock in der Hand. Bereits 1323 wurde das Dorf Warnemünde ganz Eigentum der Hansestadt, ohne freilich ein Eigenleben zu entwickeln: Anfang des 19. Jahrhunderts bestand der von Sturmfluten gefährdete Ort nur aus den beiden Straßen Vörreeg (Am Strom) und Achterreeg (Alexandrinenstraße), ehe in den 1820er-Jahre die rasante Entwicklung und der Aufstieg zum Seebad begann.

Warnemünde – Seebad mit besonderem Flair

Zu den Wahrzeichen Warnemündes zählt der auch als Aussichtsturm fungierende Leuchtturm (1898). Eine Gedenktafel hält die Erinnerung an die große Sturmflut von 1872 wach. Die Molen, zum Schutz vor den mächtigen Naturgewalten errichtet, säumen die Hafeneinfahrt. Wer Warnemünde besucht,

Kunstschatz in der Marienkirche
Vollendete Reliefs und Plastiken zieren die Kanzel von 1574.

Wasserspiele
Vor der ältesten Universität Norddeutschlands plätschert der 1980 gebaute *Brunnen der Lebensfreude.*

Stelldichein der Segler

Jedes Jahr im Sommer findet die *Hanse Sail Rostock* statt, die größte maritime Veranstaltung im Küstenland Mecklenburg-Vorpommern – ein farbiges Volksfest mit Kultur- und Unterhaltungsangeboten für jedermann. Doch im Vordergrund stehen die stolzen Windjammer, liebevoll erhaltenen Traditionssegler, Museumsschiffe und Oldtimer.

muss auf der Westmole gewesen sein. Wie weit man auf der 530 Meter langen Mole hinausgehen kann, hängt allerdings vom Wetter ab: ruhiges Wasser, leicht bewegte See, Schaumkronen auf den Wellen, spritzende Gischt – hier sind alle Stimmungen des Meeres erlebbar. An ihrem seeseitigen Ende steht die Leuchtbake, ein beliebter Punkt, um die Schiffe auf dem Meer zu beobachten und den Blick längs der Küste von Rosenort im Osten bis hinter Stoltera im Westen schweifen zu lassen.

Das maritime Herz Warnemündes ist der Alte Strom: Fischkutter, Fahrgastschiffe, große Yachten und kleine Segelboote, aber auch ein

Seenotrettungskreuzer sind hier vertäut. Die Häuser beherbergen heute Cafés, Gaststätten und Geschäfte. Am anderen Ufer des Stroms, auf der Mittelmole, befinden sich der alte Fährhafen, der Bahnhof und die Marinas. In Höhe der drehbaren Bahnhofsbrücke liegt das Vogteigebäude, der historische Sitz der Rostocker Stadtverwaltung in Warnemünde.

Weit über 100 Meter breiter, feiner Sandstrand ist ein Markenzeichen Warnemündes. Hier soll die Idee zum Bau eines Strandkorbes geboren worden sein – von einer älteren Rostocker Dame, die wegen ihres Rheumaleidens einen geeigneten Schutz vor dem Seewind suchte.

Rostocker Heide – ein Wald der Superlative

Die wegen ihrer mächtigen Einzelbäume berühmte Rostocker Heide ist das letzte große geschlossene Waldgebiet an der deutschen Ostseeküste und ein beliebtes Wander- und Radwanderrevier. Auch der Ostseeküstenradweg und der Europäische Fernwanderweg 9 führen durch diese 6000 Hektar große Wald-, Moor- und Heidelandschaft, die bis zum Ostseebad Graal-Müritz und bis vor die Tore des Seebads Dierhagen reicht. Seit 1996 ist die Rostocker Heide Landschaftsschutzgebiet.

Als Fürst Heinrich Borwin II. von Mecklenburg 1252 die damaligen Urwälder im Hinterland von Heiligensee und Hüttelmoor an die Stadt Rostock verkaufte, gab es Hunderte von Baumriesen in diesem Waldgebiet. Nach Fürst Heinrich Borwin II. ist die Borwinseiche benannt, deren Alter auf rund 500 Jahre geschätzt wird: 1940 ging sie ein, Anfang der 1960er-Jahre stürzte sie dann um. 1992 wurde vor den Resten der alten Eiche eine neue Borwinseiche gepflanzt.

Die Eibe in Mönchhagen ist der älteste Baum Mecklenburgs und einer der ältesten Bäume Deutschlands: 1000 bis 1500 Jahre soll der zwölf Meter hohe Baum alt sein, seine Krone verzweigt sich zu einem Umfang von 30 Metern, und der Stamm ist 3,40 Meter dick.

Zu den unheimlichen Orten in der Rostocker Heide zählt im Revier Hinrichshagen Brandts Kreuz, ein Holzkreuz, das zum Andenken an den 1669 von einem Keiler getöteten Jäger Brandt errichtet wurde. In der Chronik der Rostocker Heide heißt es dazu: »1669 ereignete sich in der Stadtheide das Unglück, dass ein Jäger namens Brandt von einem hauenden Schwein getötet ward. Nach mündlichen Traditionen geht dieser Jäger von Markgrafenheide, wo er wohnte, zur Kirche, um zu communizieren. Er trifft auf dem Wege einen starken Keiler und ruft aus: ›Wenn ich zurückkehre, soll dich der Teufel holen oder mich.‹ Nach der Rückkehr greift er zur Büchse, und man findet ihn bald nachher tot mit aufgeschlitztem Bauche. Zum Andenken des Vorfalls hat man an dieser Stelle ein Kreuz gesetzt, welches erneuert noch vorhanden ist ...« 1994 wurde das Kreuz erneuert.

Zu den schönsten Ausflügen von Rostock aus zählt eine Radwanderung durch die Rostocker Heide nach Graal-Müritz. Auf stillen Sandwegen radelt man in das beschauliche Seebad mit seinen restaurierten Fischerkaten, schilfgedeckten Büdner-Häusern und dem Rhododendronpark, in dem im Mai/Juni über 200 Stauden erblühen. Im Sommer laden der feinsandige Strand und glasklares Wasser zum baden ein, und von der 350 Meter langen Seebrücke startet die *MS Baltica* zur Minikreuzfahrt nach Warnemünde.

Ungleiches Duo
Neben den 37 Meter hohen Leuchtturm von Warnemünde wurde im Jahr 1968 der *Teepott* mit seiner kühnen Dachkonstruktion gebaut. Das gastronomisch und touristisch genutzte Gebäude steht heute unter Denkmalschutz.

Rügen

Deutschlands größte Insel ist auch die landschaftlich abwechslungsreichste. Rügens einzigartige Natur steht in zwei Gebieten unter Schutz: Im Nationalpark Jasmund befinden sich die leuchtend weißen Kreidefelsen der Kliffküste und die uralten Buchenwälder der Stubbnitz. Im Nationalpark Vorpommersche Boddenlandschaft liegen die Kranichinsel Ummanz, die autofreie Künstlerinsel Hiddensee und der südliche Bug, der größte Sandhaken Rügens.

Naturwunder der Superlative
Die von grünen Buchenwäldern umrahmten Kreidefelsen der Stubbenkammer sind touristischer Hauptanziehungspunkt der Insel.

Von Malern und Dichtern entdeckt

Traumhafte Strände, malerische Kliffküsten und urwüchsige Wälder – Rügen gilt als Paradies für Romantiker.

Ein Hauch von Unendlichkeit
Mit seinem Aquarell *Wissower Klinken* hat Caspar David Friedrich die weiß leuchtenden Felsen vor dem türkisblauen Meer verewigt.

Zahlreiche Landschaftsmaler und Dichter entdeckten in der Frühromantik die Schönheit und Einzigartigkeit Rügens. Sie verewigten diese in Gedichten, Zeichnungen und Gemälden. Das Gemälde Kreidefelsen auf Rügen von Caspar David Friedrich gehört sicherlich zu den bekanntesten deutschen Kunstschätzen dieser Art, das Gedicht Heimweh nach Rügen von Ernst Moritz Arndt stilisiert die Insel zum Sinnbild in der »Sehnsuchtsgeographie« romantischen Pilgerns:

»O Land der dunklen Haine,
o Glanz der blauen See,
o Eiland, das ich meine,
wie tut's nach dir mir weh!«

Dass Rügen im Natur- und Weltverständnis der Romantik diese außerordentliche Bedeutung gewann, ist in erster Linie in den natürlichen Gegebenheiten dieser ungewöhnlich zergliederten Insel zu suchen, die auf verhältnismäßig engem Raum ein Höchstmaß an natürlicher Vielfalt bietet. Der romantische Dichter Gotthard Kosegarten, der 1792 bis 1808 als lutherischer Pastor in Altenkirchen auf Rügen wirkte, gab im Jahr 1800 die Wanderungen durch Rügen seines Schülers Karl Nernst heraus. Dieses literarische Wanderbuch machte die Schönheiten Rügens europaweit bekannt (Neuausgabe 1994). Bis heute zählen die malerischen Wege an den Kliffküsten und in den Wäldern Rügens zu den traumhaftesten Wanderrouten im Norden Deutschlands.

Als Erster entdeckte der berühmte Landschaftsmaler Jacob Philipp Hackert die damals schwedische Insel Rügen für die Malerei. 1763/64 schuf er eine Folge von Radierungen mit idealisierten Ansichten der Kreideklippen und anderer Naturwunder und bemalte sechs Leinwandtapeten für das Gutshaus Boldevitz in Westrügen mit arkadischen Landschaften. Hackerts Bilder sorgten weithin für Aufsehen bei Literaten und Künstlern im ganzen Norden, Reproduktionen gelangten auch nach Weimar in die Sammlungen Goethes, der bei Hackert Zeichenunterricht nahm und 1811 eine Hackert-Biografie schrieb.

Ein wahrhaftiger (Bilder-)Traum

Der Rügen-Maler schlechthin ist Caspar David Friedrich. Im Juni 1801 unternahm er seine erste Rügen-Wanderung und hielt in seinem Skizzenbuch die Insel Vilm, die Granitz, die Landschaft am Jasmunder Bodden, die Kreidefelsen der Stubbenkammer, den Königsstuhl, Kap Arkona und zahlreiche weitere Motive fest. Schon am 15. August 1801 ließ sich Friedrich erneut nach Rügen übersetzen

und führte diesmal auch ein malerisches Tagebuch. Etwa am Hexenbusch zeichnete er den Vilm und Putbus mit dem Schloss (1960 abgerissen) und wanderte auf die Halbinsel Mönchgut, wo er das Zickersche Höft festhielt. Am 16. Mai 1802 startete Friedrich zur dritten Rügen-Wanderung. Er zeichnete den Blick über den Kleinen Jasmunder Bodden mit der damaligen Insel Pulitz, stand in Bergen auf dem Rugard (den er noch mit den Resten der slawischen Wallburg festhielt) und wanderte weiter zur Stubbenkammer. Als Friedrich im Juli 1802 nach Dresden zurückkehrte, übertrug er die Motive der Zeichnungen auf kleine Gouachen und großformatige Sepiabilder, die ihn beim Publikum und den Kunstkritikern bekannt machten. Die berühmtesten dieser Bilder sind die Stubbenkammer- und mehr noch die Arkona-Sepien mit der als kosmische Urlandschaft aufgefassten Kliffküste im Mondlicht, bei aufgehender Sonne, mit Fischerboot usw. In Wirklichkeit geht die Sonne nie vor Kap Arkona auf oder unter – Standpunkt des Malers war Vitt –, doch darauf kam es nicht an: Was die Kritiker zu Begeisterung hinriss, war Friedrichs

Interpretation der als göttlich gedachten Landschaft. Die frühen Rügen-Zeichnungen, -Gouachen und -Sepien Friedrichs sind auch

Sinnbild für eine harmonische Welt
Mit seinen minuziösen Naturdarstellungen wie beispielsweise *Schiffe im Hafen von Greifswald* weckt Caspar David Friedrich beim Betrachter romantische Stimmungen.

Der Rabenbaum
Ein einsamer, vom Seewind gebeugter Baum an der Küste Rügens hat Caspar David Friedrich 1822 zu diesem mystisch angehauchten Werk inspiriert.

aus landschaftshistorischer Sicht von großer Bedeutung, weil sie vieles zeigen, was es heute nicht mehr gibt: den Rugard ohne Ernst-Moritz-Arndt-Turm, die zahlreichen Windmühlen, die Insel Pulitz, das Schloss von Putbus und anderes.

Bei seiner vierten Rügen-Wanderung im Juni/Juli 1806 zeichnete Friedrich auffallend viele Steinsetzungen und Hünengräber, darunter die Megalithanlage von Dwasieden bei Sagard, den Opferstein und ein Großsteingrab bei Quoltitz. 1810 kaufte Herzog Karl August von Sachsen-Weimar vermutlich auf

Anregung Goethes Friedrichs Ölgemälde Landschaft mit dem Regenbogen, das die Feldflur im heutigen Biosphärenreservat Südost-Rügen mit dem Greifswalder Bodden zeigt. Im August 1818 unternahmen Friedrich und seine Frau Caroline ihre Hochzeitsreise, die sie unter anderem nach Rügen führte. Im Anschluss an diese Reise entstanden Friedrichs berühmteste Rügen-Gemälde, darunter Frau am Meer mit Blick über die Tromper Wiek hinweg auf die Kliffküste von Wittow mit dem Kap Arkona und das Gemälde Kreidefelsen auf Rügen.

Anziehungspunkt Nummer eins
Ungebrochen ist die Faszination, die von der Kreideküste der Stubbenkammer ausgeht: Künstler verewigten sie vor 200 Jahren in Wort und Bild, und noch heute ist die steile Küste für die meisten Besucher die Hauptattraktion auf Rügen.

Insel der Hünengräber und Opfersteine

Die zahlreichen Großsteingräber Rügens sind durch die Gemälde von Hünengräbern und Opfersteinen sowie durch literarische Beschreibungen bekannt geworden. Der 73 Tonnen schwere Quoltitzer Opferstein in den Quoltitzer Bergen ist einer der größten und gleichzeitig auch berühmtesten Findlinge auf Rügen. Seinen Namen verdankt er drei in den Stein gepickten Schalen und einer quer über den Stein verlaufenden Rille, die als Blutrinne gedeutet wird. Caspar David Friedrich zeichnete den Opferstein von Quoltitz am 17. Juli 1806. Schon Johann Friedrich Zöllner erwähnte ihn 1797 in seiner Reise durch Pommern nach der Insel Rügen: »Du glaubst nicht, welch ein Geist des heiligen Grauens auf dem ganzen Platze zu schweben scheint. Eine feierliche Totenstille breitet sich über das ganze Tal aus,

dessen dürre Fläche nur mit magern Kräutern und hier und da mit Wacholdersträuchern und Dornbüschen bedeckt ist. Hundert Menschenalter ziehen in einem Augenblicke vor unserem Auge vorüber. Nur ein verdunkelnder Nebel umschleiert ihre Gestalten.« Auch der Arzt und Philosoph Gotthilf Schubert suchte 1816 den Quoltitzer Opferstein auf. In seiner Autobiografie schreibt er: »Der große, wohl erhaltene Opferstein bei Quoltitz war allerdings des Besehens wert ... Dort auf den Anhöhen um Quoltitz ist ein ganzes Totenfeld der Steingräber aus der alten Heidenzeit; es ist seit alter und ältester Zeit ein tiefes, unabweisbares Bedürfnis der Menschenseele gewesen, den ernsten Gedanken des Todes mit dem der Ewigkeit und einer reinigenden Weihe am Opferaltare zu verbinden.«

Bronzezeitliche Grabstätte
Eines der größten und bekanntesten Hügelgräber ist der Granitz bei Sagard. Die Grabkammer befindet sich im Innern des Hügels.

Großsteingräber und Hügelgräber künden von der vorzeitlichen Besiedelung Rügens.

Zeugnisse der Megalithkultur
Hünengräber, auch Großsteingräber oder Großdolmen genannt, wie das Hünengrab bei Nobbin wurden vor etwa 4000 Jahren von Ackerbauern und Viehzüchtern angelegt.

Der besondere Tipp

Das Hünengrab bei Nobbin

Der Riesenberg bei Nobbin oberhalb der Kliffküste der Halbinsel Wittow am Europäischen Fernwanderweg 10 ist eine der bekanntesten Megalithanlagen Rügens. Sie ist 34 Meter lang und besteht aus zwei ovaloiden Steinreihen mit zwei stattlichen Ecksteinen (Wächtersteinen) im Süden. Der Riesenberg wird heute meist mit dem Hünengrab gleichgesetzt, das Caspar David Friedrich (1806), Carl Gustav Carus (1819) und andere während ihrer Rügen-Wanderungen zeichneten und später in Gemälden als Motiv verwendeten, so Carus in seinem »Hünengrab im Mondschein« (um 1819/20). Der Altenkirchener Pfarrer Kosegarten beschreibt in seinen Rhapsodien (1794) das Hünengrab bei Nobbin als »das imposanteste und zugleich am besten erhaltene, was ich auf dieser Insel noch gesehen habe«. Die Megalithanlage ist nur zu Fuß über den Europäischen Fernwanderweg 10 zu erreichen.

Bergen – Rügens Hauptstadt am Rugard

Als Marktplatz und Verwaltungszentrum präsentiert sich die moderne kleine Insel-Hauptstadt.

Die Kreisstadt Bergen ist dank ihrer zentralen Lage der wirtschaftliche und kulturelle Mittelpunkt und mit 18 000 Einwohnern die größte Stadt der Insel. Sie liegt am Südwesthang des Rugard, der mit 91 Metern die höchste Erhebung des Inselkerns bildet. Der 27 Meter hohe Backsteinrundturm (1877) auf dem Gipfel trägt den Namen des Rügener Dichters Ernst Moritz Arndt (1769–1860).

80 Stufen führen zur Aussichtsgalerie, die eines der besten Panoramen der Inseln Rügen und Hiddensee sowie des Großen und des Kleinen Jasmunder Boddens, der Halbinsel Mönchgut, Jasmund und Wittow bis hin zu den Türmen von Stralsund am Festland gewährt. »Wie ein Lustgarten Gottes liegt das blühende Eiland vor den seligen Blicken ausgegossen; wie ein herrlicher Teppich, von Meisterhand aus Anmut, Ordnung und wilder Pracht gewoben« – so rühmte bereits im Jahr 1800 Karl Nernst diese Aussicht in seinem Buch *Wanderungen durch Rügen*. 1821 malte Friedrich Schinkel die Aussicht vom Rugard, sein Gemälde *Der Rugard auf Rügen* zählt zu den herausragenden Werken romantischer Landschaftsmalerei.

Die Marienkirche – das älteste Bauwerk der Insel

Als die christlichen Dänen 1168 Rügen eroberten und die slawischen Heiligtümer dem Erdboden gleich machten, ließ sich der slawische Rügenfürst Jaromar I. taufen und gründete unterhalb seiner Rugard-Burg die Marienkirche. Sie ist das älteste erhaltene Bauwerk auf Rügen und die Hauptsehenswürdigkeit in der Altstadt von Bergen. Der stattliche Bau (12.–15. Jahrhundert) entfaltet seine ganze Pracht im fast vollständig ausgemalten Inneren. Die Fresken zeigen menschengestaltige Paradiesflüsse, Szenen aus dem Marienleben, die törichten Jungfrauen, Selige in Blumenblüten, den Erzengel Michael in der Hölle sowie Zyklen zum Alten und zum Neuen Testament. Nach der Reformation wurde dieses Kunstwerk dick übertüncht, doch um 1900 wieder freigelegt und restauriert. Heute gelten die Fresken der Marienkirche als bedeutendste mittelalterliche Wandmalereien Mecklenburg-Vorpommerns.

In die Westwand der Marienkirche ist der so genannte Slawenstein eingemauert. Diese konische Stele aus Granit zeigt das Relief eines bärtigen Mannes mit Kappe und fußlangem Rock. Der Gegenstand in den Händen der Figur ist weggekratzt und durch ein christliches Kreuz ersetzt worden. Möglicherweise handelt es sich um eine Darstellung des Gottes Svantevit: Der slawischen Bevölkerung sollte demonstriert werden, dass Svantevit von den Waffen des siegreichen Glaubens überwunden worden war.

Ein Spaziergang durch die Altstadt

Ausgangspunkt für einen Rundgang durch die Altstadt und auf den Rugard ist der

---

Ernst Moritz Arndt – patriotischer Dichter aus Rügen

Der Aussichtsturm auf dem Rugard in Bergen trägt seinen Namen, in Garz, der ältesten Stadt Rügens, wurde 1937 das Ernst-Moritz-Arndt-Museum eröffnet, und 1933 – kurz nach der Machtergreifung der Nationalsozialisten – erhielt auch die Greifswalder Alma Mater ihren heutigen Namen: Ernst-Moritz-Arndt-Universität. Geboren wurde Ernst Moritz Arndt (1769–1860) in dem Weiler Groß Schoritz bei Garz als Sohn eines Gutspächters, der sich erst wenige Monate zuvor gegen die hohe Ablösesumme von 80 Talern aus der Leibeigenschaft des (schwedischen) Grafen zu Putbus freigekauft hatte. Er ist ein außerordentlich zwiespältiger Publizist und Lyriker. Zum Widerspruch reizen seine antifranzösische Lyrik, sein Antisemitismus und die Glorifizierung deutsch-vaterländischer Art. Sein Eintreten für einen Verfassungsstaat, für Pressefreiheit und für die politische Partizipiation ist auch heute noch zeitgemäß. Im Nationalsozialismus wurde Arndt wegen nationalistischer Ergüsse als Vorläufer des Dritten Reichs gefeiert, im Sozialismus galt er als Vorkämpfer der Arbeiterklasse.

Mittelpunkt der Insel
Vom Ernst-Moritz-Arndt-Turm auf dem Rugard genießt man einen traumhaften Ausblick.

Idyllische Lage
Unübersehbar ist der Turm der Marienkirche, wenn man sich Bergen nähert.

Siegessymbol
In der Westwand der Marienkirche ist der Slawenstein eingemauert – vermutlich als Erinnerung an den Sieg des Christentums über Svantevit.

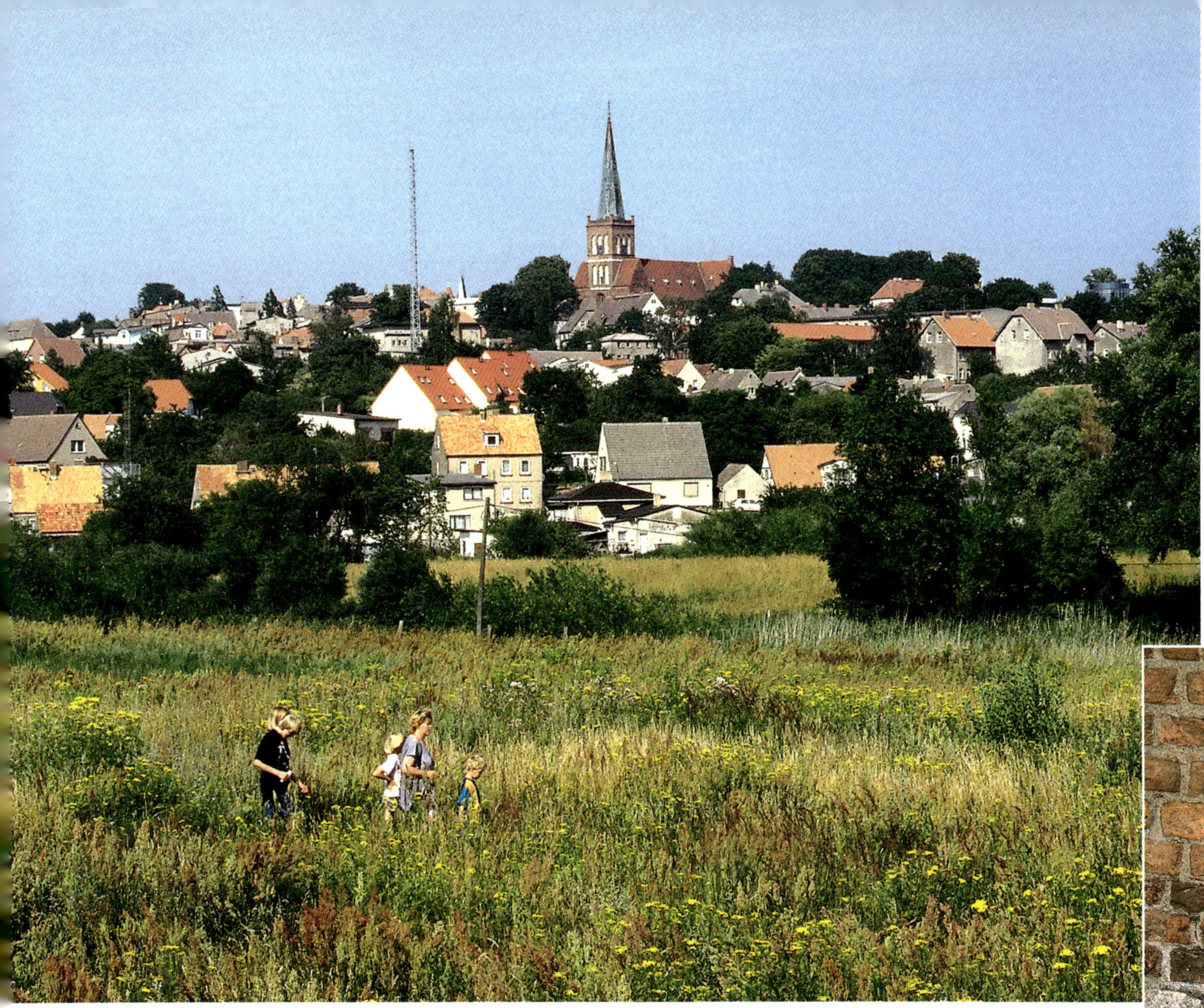

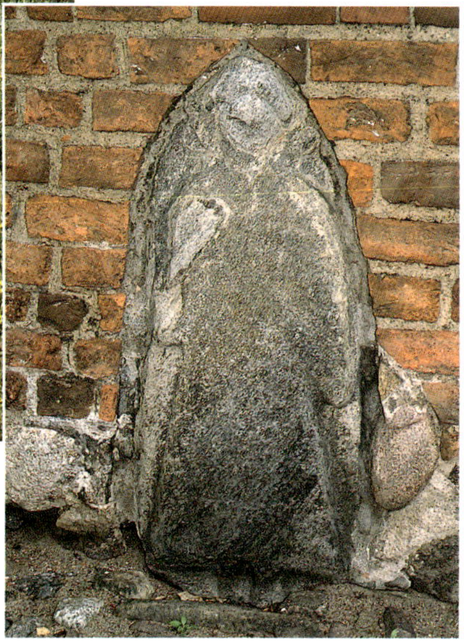

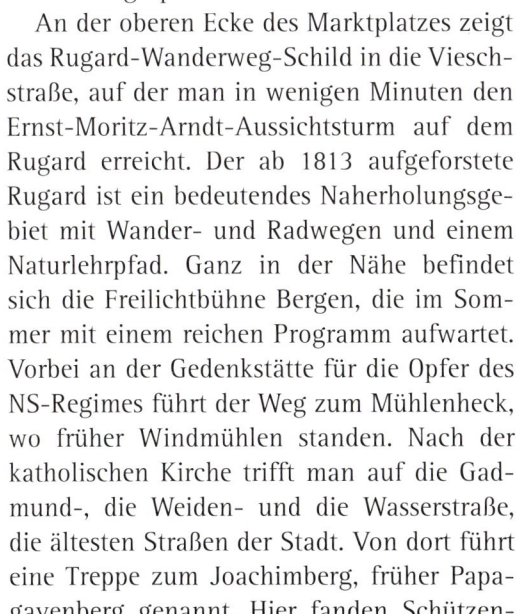

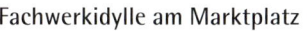

Marktplatz von Bergen mit seinen Backstein- und Fachwerkhäusern, darunter das Benedix-Haus (1538), das älteste Fachwerkhaus der Stadt. Der große Stein vor dem Ratskeller ist der mittelalterliche Rechtsstein. Er wurde 1996 bei Ausschachtungsarbeiten wieder entdeckt. An seinem ursprünglichen Standort, etwa 60 Meter südlich im ehemaligen Schnittpunkt von Kloster, Kirche und Markt, wurde im Mittelalter einmal wöchentlich Recht gesprochen.

An der oberen Ecke des Marktplatzes zeigt das Rugard-Wanderweg-Schild in die Vieschstraße, auf der man in wenigen Minuten den Ernst-Moritz-Arndt-Aussichtsturm auf dem Rugard erreicht. Der ab 1813 aufgeforstete Rugard ist ein bedeutendes Naherholungsgebiet mit Wander- und Radwegen und einem Naturlehrpfad. Ganz in der Nähe befindet sich die Freilichtbühne Bergen, die im Sommer mit einem reichen Programm aufwartet. Vorbei an der Gedenkstätte für die Opfer des NS-Regimes führt der Weg zum Mühlenheck, wo früher Windmühlen standen. Nach der katholischen Kirche trifft man auf die Gadmund-, die Weiden- und die Wasserstraße, die ältesten Straßen der Stadt. Von dort führt eine Treppe zum Joachimberg, früher Papagayenberg genannt. Hier fanden Schützenfeste mit dem berühmten Armbrustschießen auf den hölzernen Vogel Papagai statt. Weiter geht es in die Billrothstraße. Gegenüber dem Geburtshaus des Chirurgen Theodor Billroth (1829–94) steht das Landratsamt, zu dessen Bau vermutlich Reste des alten Stadtschlosses verwendet wurden. Dann geht es weiter am Amtsgericht vorbei zum Klosterhof.

Fachwerkidylle am Marktplatz
Das älteste Haus Bergens wurde 1538 nach einem der großen Stadtbrände errichtet.

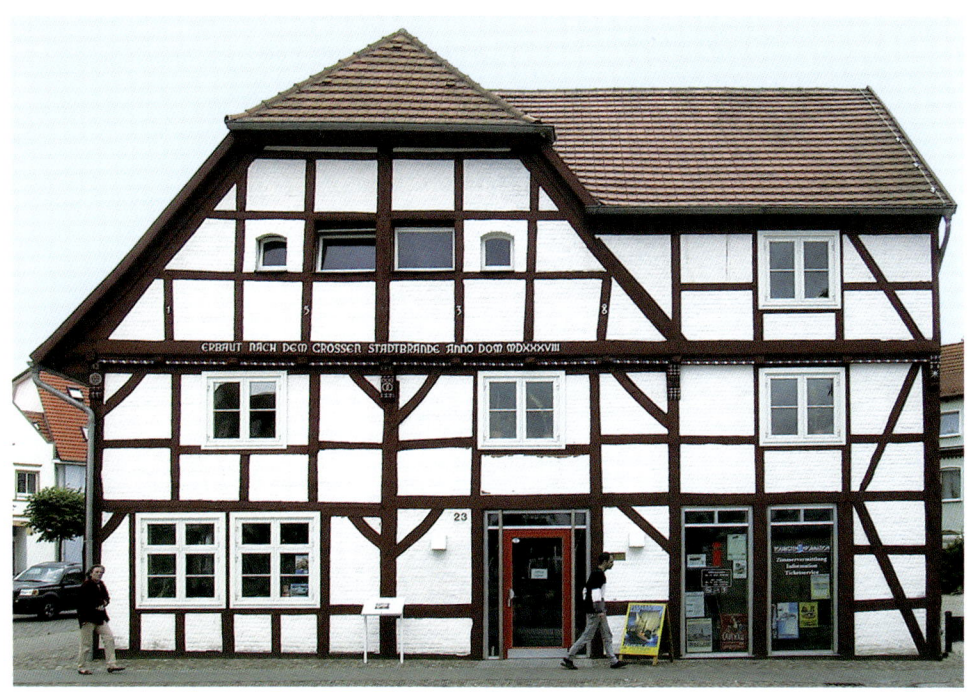

Insel der Alleen

Alleen sind aus der Natur geschaffene Kunstwerke. Wer sie pflanzt, denkt nicht an heute oder morgen, sondern an übermorgen – an die Generationen der Enkel und Urenkel. Die meisten Alleen sind deshalb alt, oft über 100 Jahre und mehr. Dem Zauber der mit alten Bäumen eingefassten Straßen und Wege kann man sich kaum entziehen. Im Frühling blühen sie überwältigend, man denke nur an die Kastanienbäume; im Sommer geben Sie Schatten, im Herbst bezaubern sie durch die Farbenpracht ihres Laubes und im Winter gliedern sie die Landschaft, machen sie zur Kulturlandschaft. An ihnen bricht sich der Wind und wird zur milden Brise. Im dichten Laubwerk finden unzählige Vögel und Insekten ihren Lebensraum. Von den Früchten ernähren sich die Tiere der Wälder und Wiesen.

Mit mehr als 250 Kilometer Alleen an Straßen und autofreien Wegen ist Rügen eines der Alleenparadiese Deutschlands. Nicht von ungefähr beginnt die Deutsche Alleen-straße in Sellin auf Rügen. Zu den beidseitigen Alleen kommen noch 50 Kilometer einseitiger Baumreihen hinzu.

Die Deutsche Alleenstraße ist eine der bedeutendsten Ferienstraßen Deutschlands und führt von Rügen quer durch die Republik bis zum Bodensee. Startpunkt ist das Ostseebad Sellin im Biosphärenreservat Südost-Rügen: Von hier folgt die Alleen-straße der Bundesstraße 196 an Lancken-Granitz vorbei in die weiße Stadt Putbus und weiter nach Garz, der ältesten Stadt Rügens. An Poseritz und Gustow vorbei geht es weiter nach Altefähr und auf dem Rügendamm in die Hansestadt Stralsund. Dort verlässt die Deutsche Alleenstraße die Ostseeküste und führt durch die Müritz und Brandenburg weiter nach Dresden.

Nicht alle Passagen der Deutschen Alleenstraße sind tatsächlich von Baumreihen flankiert. Um die Deutsche Alleenstraße auf Dauer zu einer durchgehenden Alleenstraße zu machen, wird zwischen Sellin und Bodensee das umfangreichste Alleenpflanzprogramm in der Geschichte der Bundesrepublik durchgeführt. So wurden in den letzten Jahren rund 80 Kilometer Alleen neu gepflanzt – beispielsweise zwischen Nipmerow und Lohme auf der Halbinsel Jasmund und zwischen Gustow und Altefähr an der Deutschen Alleenstraße im Südwesten der Insel. Überwiegend werden Berg- und Spitzahorn gesetzt, da diese Baumarten sehr widerstandsfähig sind. Einer der Hauptunterstützer dieses Programms ist der Allgemeine Deutsche Automobilclub (ADAC).

Schatten spendend im Sommer
An beschauliche Postkutschenzeiten fühlt man sich in dieser alten Allee erinnert.

Die ältesten Alleenstraßen

Im Südwesten befindet sich eine der Kostbarkeiten der Alleenstraße auf Rügen: Der Abschnitt zwischen Kasnevitz und Garz ist auf einer Länge von rund drei Kilometern mit den in Mitteleuropa äußerst seltenen Krimlinden bepflanzt. Die Alleen von Kiekut nach Zirkow und von Karow nach Kiekut wurden um 1820 gepflanzt und bilden die ältesten und prächtigsten Rotbuchenalleen auf Rügen. Rotbuchenalleen haben unter den 175 Alleen in offener Landschaft auf Rügen einen Anteil von weniger als fünf Prozent. Die als Naturdenkmale unter Schutz stehenden Altbuchen sind prachtvolle Exemplare mit kräftigen Stämmen und weit ausladenden Kronen. Die 96 Bäume umfassende Mustitzer Allee wurde in den 1990er-Jahren revitalisiert; das bedeutet, in die Lücken wurden Jungbäume gepflanzt. Auch das historische Kopfsteinpflaster wurde freigelegt und ausgebessert. Rügen mit seiner zahlreichen Alleen steht im übrigen exemplarisch für ganz Mecklenburg und Vorpommern. In beiden Bundesländern sind es tausende Straßenkilometer die von alten, schönen Bäumen gesäumt sind.

Golden leuchtend im Herbst
Mächtige Kastanienbäume überdachen dieses Pflastersträßchen bei Lancken-Granitz.

Historisches Juwel
Ein repräsentativer Säulenportikus ziert
das klassizistische Theater.

Putbus – die weiße Stadt am Meer

Das klassizistische Städtchen ist Europas letzte planmäßig gebaute Residenzstadt.

P utbus wurde benannt nach einem alten Rügener Adelsgeschlecht, das bereits im 13. Jahrhundert in den Besitz der Stadt und ihrer Umgebung gelangte. Fürst Wilhelm Malte I. von Putbus

wurde 1807 unter dem Namen Malte I. in den schwedischen Fürstenstand erhoben, und als Rügen 1815 preußisch wurde, bestätigte der preußische König Friedrich Wilhelm III. seine Fürstenwürde, ernannte ihn zum Generalgouverneur von Pommern und zum Kanzler der Universität Greifswald. Einer seiner Nachfahren beteiligte sich im Juli 1944 am Attentat auf Hitler und starb 1945 im KZ Sachsenhausen.

Die Putbus-Güter wurden 1945 in der Sowjetischen Besatzungszone enteignet und waren in den folgenden Jahrzehnten Volkseigentum. 1960 wurde das Schloss abgerissen. Erst nach der deutschen Wiedervereinigung ist das Städtchen allmählich wieder aufgeblüht und die Gebäude wurden renoviert.

Parkspaziergang
Im fürstlichen Park befindet sich ein
Wildgehege mit zutraulichem Rotwild.

Putbus ist eine der bedeutendsten klassizistischen Residenzstädte an der Ostsee und das Ergebnis von Fürst Maltes I. Traum einer weißen Stadt am Meer. Durch die Auftragsvergabe an bedeutende Architekten sicherte man sich die Aufmerksamkeit einer zahlungskräftigen Klientel. 1819 besuchte der preußische König Friedrich Wilhelm III. den Ort.

Weiße Häuser mit Rosenstöcken prägen den ab 1810 planmäßig angelegten Ort, den die Fürsten 1816 zum ersten Seebad auf Rügen ausbauten. Einen krönenden Abschluss der Baumaßnahmen bildete der ab 1834 am Ostende der Alleestraße angelegte kreisrunde Circus-Platz, in dessen Mitte sich der Obelisk (1845) zur Erinnerung an die Gründung von Putbus erhebt. Im Gebäude Circus 1 befindet sich heute das Putbus-Museum. 1816 wurde in Putbus das erste Seebad Rügens eröffnet, wegen des großen Zuspruchs ließ Fürst Malte I. im nahen Ortsteil Lauterbach am Rügenschen Bodden bis 1818 das eindrucksvolle Friedrich-Wilhelms-Bad (heute: Haus Goor) ebenfalls im klassizistischen Stil erbauen. Lauterbach ist heute ein beliebter Segel- und Yachthafen und Startpunkt der Fähren nach Lubmin und Greifswald bzw. zur Naturschutzinsel Vilm, die zu Putbus gehört.

Kunst und Kultur blühen in der Rosenstadt

Der Schlossgarten wurde nach Fürst Maltes Vorstellungen 1810–30 in einen romantischen Landschaftsgarten mit verschlungenen Wegen, Solitärbäumen, Teichen, Gehölzen und Skulpturen umgewandelt. Das ehemalige Affenhaus (um 1830) beim Schwanenteich beherbergt ein Puppen- und Spielzeugmuseum.

Heute ist die kleine, gepflegte Rosenstadt wieder von Kunst und Kultur durchdrungen. Im ehemaligen Kursalon, der 1891/92 zur evangelischen Kirche umgestaltet wurde, und im ehemaligen Marstall (1821–24) finden in den Sommer-

monaten Konzerte statt. Ein dominantes Bauwerk an der Flaniermeile Alleestraße ist das klassizistische Theater, das 1821 zur Unterhaltung der Badegäste eröffnet wurde und bis heute das einzige Theater auf Rügen ist. Nach der Restaurierung wurde es 1998 wieder eröffnet. Mit jährlich rund 150 Veranstaltungen zählt es zu den bedeutendsten Bühnen Vorpommerns.

Im ehemaligen Palais Lottum in der Alleestraße 14 ist die Kunstgalerie des Landkreises Rügen untergebracht. Die ehemalige Orangerie erhielt ihre heutige Gestalt während des Umbaus durch Friedrich Stüler 1853/54 und wurde nach umfassender Renovierung 2001 als städtisches Kunst- und Kulturzentrum neu eröffnet. Die drei Galerien im Hauptgebäude veranstalten Wechselausstellungen über verschiedenste Kunstbereiche sowie die Ausstellung Schätze aus dem Schloss zu Putbus. Gegenüber der Orangerie befindet sich in der Alleestraße 5 die Tusculum Galerie mit einer Kleinkunstbühne.

Der Traum eines Fürsten
16 zwei- und dreigeschossige Gebäude im klassizistischen Stil umsäumen einen kreisrunden Platz – den Circus – und lassen den Blick auf die umgebende Landschaft frei.

Weltmännischer Gestalter
Das Standbild im Park erinnert an den Gründer der »weißen Stadt am Meer«: Fürst Malte I.

Urwaldinsel Vilm

Beschützte Natur: Höchstens 30 Leute dürfen die kleine Insel an einem Tag betreten.

Die Insel Vilm vor der Südküste Rügens ist von urwüchsigen Buchen- und Eichenwäldern bewachsen. Die 94 Hektar große Insel im Rügischen Bodden erhebt sich bis zu 37 Meter über dem Meeresspiegel. Sie besteht aus den beiden Inselkernen Groß- und Klein-Vilm, die durch den Mittel-Vilm, eine schmale, nehrungsartige Strandwallbildung, miteinander verbunden sind.

Der letzte große Holzeinschlag fand 1527 statt. Damals ordnete Agathe Frau zu Putbus jedoch an, dass 60 Bäume als Hegebäume stehen bleiben mussten. In der Folgezeit wuchsen die Wälder zum Urwald aus und wurden ab der Zeit der Romantik von Caspar David Friedrich, Carl Gustav Carus, Friedrich Preller und vielen anderen in Aquarellen und Gemälden festgehalten. Bereits 1813 wurden die Wälder vor der drohenden Abholzung geschützt, und seit 1936 steht der Vilm unter Naturschutz. Alte hohle Bäume bieten hervorragende Brutplätze für Gänsesäger und Waldkauz. Brandgans und Uferschwalbe legen Nisthöhlen im Steilufer an, als größere Säugetiere kommen Reh und Fuchs, Stein- und Baummarder vor. Kormorane und Graureiher fischen im Bodden, gelegentlich wird ein Seeadler gesichtet. Auf den Wasserflächen rund um die Insel rasten im Herbst und Frühjahr zahllose Tauch- und Schwimmenten, Säger, Schwäne, Gänse und Limikolen. Mit über 300 verschiedenen Farn- und Blütenpflanzen ist die Flora der Insel überaus artenreich. Das Waldgeißblatt schlingt sich als Liane meterhoch in das Geäst der Bäume, und Adlerfarn bedeckt als mannshohes Dickicht weite Flächen des Waldbodens.

Starker Andrang

Der Bekanntheitsgrad der Insel seit den Zeiten der Romantik führte zu einem starken Besucherdruck. In den 1950er-Jahren gab es eine einzige Gaststätte auf der Insel, die an schönen Sommertagen bis zu 700 Besucher anzog. 1959 sperrte der Ministerrat der DDR die Insel für den öffentlichen Besucherverkehr und ließ Häuser als Feriendomizile für Funktionäre aus Partei und Gewerkschaft errichten. Seit 1990 liegt die Insel Vilm im Biosphärenreservat Südost-Rügen.

Auf Vilm befindet sich heute der Sitz der Internationalen Naturschutzakademie (INA) und der Bundesforschungsanstalt für Naturschutz und Landschaftsökologie. Täglich werden öffentliche Führungen für maximal 30 Personen angeboten, rechtzeitige Anmeldung für die Führung auf einer der schönsten deutschen Inseln ist zu empfehlen.

Vom Politikerdomizil zum Naturschutz
Elf reetgedeckte Häuser gibt es auf Vilm. Bis 1990 waren sie ausschließlich DDR-Politikern als Ferienquartiere vorbehalten. Heute stehen sie als Unterkunft für die Internationale Naturschutzakademie zur Verfügung.

Mit dem Rasenden Roland durch das Biosphärenreservat

Die Schmalspurbahn *Rasender Roland* verbindet auf einer Länge von etwa 24 Kilometern die weiße Stadt Putbus mit den Seebädern Sellin, Baabe und Göhren. Gut eine Stunde geht es auf landschaftlich reizvoller Strecke von Lauterbach-Mole am Rügischen Bodden durch das Biosphärenreservat Südost-Rügen zum bedeutendsten Seebad Rügens an der Ostküste der Insel. Da die Nostalgiebahn auch Fahrräder befördert, eignet sie sich hervorragend als Transportmittel für Tourenfahrer. Am 22. Juli 1895 wurde der erste Abschnitt des *Rasenden Roland* von Putbus nach Binz eröffnet, bis 1899 war die Verlängerung der von der Rügenschen Kleinbahn-Aktiengesellschaft (RüKB) betriebenen 750-Millimeter-Schmalspurbahn bis Göhren fertig gestellt.

Das 1990 ausgewiesene Biosphärenreservat Südost-Rügen umfasst 23 500 Hektar der abwechslungsreichen Kultur- und Naturlandschaft im Südosten der Insel mit den Buchenwäldern der Granitz, der Halbinsel Mönchgut, der Umgebung von Putbus und dem Rügischen Bodden einschließlich der Insel Vilm.

Besonders interessant ist die Entstehungsgeschichte des abwechslungsreichen Gebiets. Gletschervorstöße der Weichselkaltzeit und in der jüngsten Vergangenheit küstenparallele Strömungen brachten Jungmoränen- und Küstenlandschaft mit

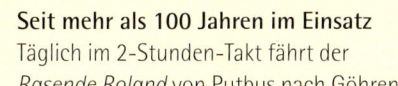

Grundmoränenplatten, Haken, Halbinseln und Nehrungen, mit aussichtsreichen Endmoränenhügeln und Kliffs, vermoorten Niederungen und Boddengewässern hervor. Feinsandige Strände wechseln mit schroffen Steilküsten ab, zu deren Füßen sich imposante Blockstrände erstrecken. Die landschaftliche Formenvielfalt spiegelt sich in einer reich differenzierten Vegetation und Tierwelt wider. Zugleich wird das Gebiet seit der Jungsteinzeit von Menschen naturnah genutzt: Megalithanlagen wie das monumentale Herzogsgrab, Hügelgräber, Ringwallanlagen, Kirchen und Siedlungen, historische Bauwerke, Parks, Alleen, Feldgehölze und zum Teil mehrhundertjährige Einzelbäume setzen reizvolle Akzente. Zu den Glanzpunkten gehört auch die klassische Bäderarchitektur in den Seebädern Binz, Sellin, Baabe und Göhren.

Seit mehr als 100 Jahren im Einsatz
Täglich im 2-Stunden-Takt fährt der *Rasende Roland* von Putbus nach Göhren.

Schmuckstück am Sandstrand
Binz ist der älteste und beliebteste Badeort Rügens. Markenzeichen sind der breite Sandstrand und die kilometerlange Strandpromenade.

Binz – bedeutendstes Seebad auf Rügen

Wald und dazwischen weißer feinsandiger Strand – ideale Voraussetzungen für eine Bäderküste

Seebad der Reichen
Industrielle wie Krupp und Thyssen und kapitalkräftige Großbürger genossen bereits um 1890 die Vorzüge von Binz.

Zwischen Prorer Wiek und Schmachter See befindet sich das bedeutendste Seebad der Insel. Der breite, feinsandige Strand und die ca. vier Kilometer lange Strandpromenade, die Buchenwälder der Granitz mit dem Jagdschloss auf dem Tempelberg und das Naturschutzgebiet Schmachter See machen Binz zu einem günstigen Ausgangspunkt, um die Schönheiten Rügens zu erkunden: zu Fuß, mit dem Rad, im Auto – oder mit dem *Rasenden Roland.*

Ursprünglich war Binz ein Bauern- und Fischerdorf am Schmachter See. Fürst Malte I. zu Putbus, zu dessen Territorium das Gebiet gehörte, ließ um 1830 an der Mündung der aus dem Schmachter See in die Ostsee

fließenden Aalbeck einfache Badegebäude errichten. Immer mehr Gäste und Ausflügler besuchten den Ort, nachdem 1846 das für den Fürsten errichtete Jagdschloss auf dem Tempelberg in der Granitz vollendet war. Dessen Aussichtsturm gewährt übrigens einen der schönsten Panoramablicke von Rügen.

Nach der Gründung der Aktiengesellschaft Ostseebad Binz 1888 begann eine rege Bautätigkeit: Binz wurde Urlaubsort für Industrielle (Krupp, Thyssen) und für kapitalkräftige Großbürger. Das architektonisch eindrucksvolle Bäderarchitektur-Ensemble mit repräsentativen Villen und Pensionsgebäuden aus der Zeit um 1900 sowie der Dreiflügelanlage des Kurhauses (1908) liegt vor dem breiten Sandstrand an der Prorer Wiek. Unverwechselbare Merkmale dieser Bäderarchitektur sind die hölzernen Loggien mit ihren feingliedrigen Arkaden und dem charakteristischen Laubsägedekor.

Während der Aktion Rose 1953 wurden Besitzer von Hotels, Pensionen und Häusern als Volksfeinde kriminalisiert, willkürlich verhaftet und enteignet. 1956 übernahm der Freie Deutsche Gewerkschaftsbund das Seeschloss als erstes Ferienheim. Nach der Wiedervereinigung Deutschlands wurden zahlreiche der heruntergewirtschafteten Villen an die früheren Eigentümer zurückübertragen. Sie wurden saniert, rekonstruiert oder neu aufgebaut und werden heute wieder als Hotels, Pensionen oder Appartementhäuser genutzt.

Das Ostseebad Sellin

Mit seinen kilometerlangen Sandstränden liegt Sellin im Biosphärenreservat Südost-Rügen zwischen den Buchenwäldern der Granitz und dem Selliner See. Charakteristisch sind dort die zahlreichen Bauten im Stil der Bäderarchitektur aus der Zeit vor dem Ersten Weltkrieg. Zur Seebrücke führt als Prunkpromenade die 1896 angelegte Wilhelmstraße, gesäumt von Häusern im Stil der Bäderarchitektur. Von der Wilhelmstraße zweigt die Granitzer Straße ab, in der sich Rügens einziges Bernsteinmuseum befindet. Sellin liegt an der Strecke des *Rasenden Rolands* und am Beginn der Deutschen Alleenstraße.

Die nach historischen Vorbildern aus den 1920er-Jahren rekonstruierte und 1998 eröffnete Seebrücke ist das alte und neue Wahrzeichen des Städtchens. 394 Meter ragt sie in die See hinaus. In den stilvollen Aufbauten

befinden sich zwei Restaurants mit gepflegter Gastronomie und Veranstaltungsräumen. Zudem ist die Seebrücke Anleger für Ausflugsfahrten längs der Küste Richtung Binz und Jasmund.

In den Anfangsjahren des Selliner Seebadebetriebs vor 1900 wurden die Gäste noch mit Booten angelandet bzw. zu den Schiffen gebracht. Dabei kam es mehrmals zu tödlichen Unfällen. 1901 wurde eine erste kleine und 1906 eine 508 Meter lange Seebrücke eröffnet. In den folgenden Jahren und Jahrzehnten wurde sie mehrfach vom Eisgang schwer beschädigt und 1942 bis auf die Aufbauten fast völlig zertrümmert.

Der Koloss von Rügen

Im nördlich von Binz gelegenen Küstenort Prora sollten während der NS-Diktatur acht sechsgeschossige Feriengasthäuser von je 500 Meter Länge für die Freizeitorganisation »Kraft durch Freude« entstehen. 1942 wurden die Bauarbeiten an diesem so genannten Koloss von Rügen eingestellt. Nach der Gründung der DDR wurde daran weitergebaut, es entstanden Kasernen für die Volkspolizei, später genutzt von der Nationalen Volksarmee. Heute haben sich in diesen Bauten zahlreiche Museen und Galerien eingerichtet (Museumsmeile Prora). Das Museum Prora dokumentiert die Geschichte des längsten Bauwerks in Europa. Das größte der Prora-Museen ist das Eisenbahn- und Technikmuseum: Auf über 10 000 Quadratmetern präsentiert es Lokomotiven, Pkw-Oldtimer, Lastkraft- und Feuerwehrwagen, darunter die 250 Tonnen schwere sowjetische Schnellzuglok P 36-0123, die größte Dampflok Europas.

Der besondere Tipp

Jagdschloss Granitz

Das monumentale Jagdschloss Granitz auf dem Tempelberg (107 Meter) in den Buchenwäldern der Granitz südlich des Seebads Binz ist ein eindrucksvolles Beispiel romantischer neugotischer Architektur und eine der bedeutenden Sehenswürdigkeiten Rügens. Errichtet wurde der zweigeschossige, annähernd quadratische Putzbau mit vier zinnenbesetzten Ecktürmen 1838–41/46 nach Plänen von Johann Gottfried Steinmeyer. Die ebenfalls zinnenbekränzte Aussichtsplattform des 1844 errichteten Aussichtsturms nach Plänen Friedrich Schinkels im Lichthof kann auf einer gusseisernen Treppe mit 154 Stufen erklommen werden. In 114 Meter Höhe eröffnet sich ein wunderbarer Blick über die Baumkronen hinweg zu den Bädern und zur Prorer Wiek, weiter bis Sassnitz und südostwärts zur Halbinsel Mönchgut, während im Westen der Wasserturm von Putbus hervorragt. Im Schloss befindet sich heute ein Naturkundemuseum.

Altes und neues Wahrzeichen
Die rekonstruierte Seebrücke von Sellin ist die schönste der ganzen Insel.

135

Halbinsel Mönchgut – von Göhren in die Zickerschen Alpen

Wälder, Sandstrände, Hünengräber – die Insel hat viel Ursprüngliches bewahrt.

Wie aus dem Bilderbuch
Das Pfarrwitwenhaus von 1723 in Groß Zicker ist eines der ältesten Wohnhäuser auf Rügen.

Die Halbinsel Mönchgut im äußersten Südosten Rügens mit den Seebädern Göhren, Baabe und Thiessow, der sichelartig in den Greifswalder Bodden ragenden Landzunge Reddewitzer Höft und den Zickerschen Alpen führte auf Rügen mehr als ein halbes Jahrtausend ein Eigenleben, das erst mit dem Aufkommen des Bädertourismus im ausgehenden 19. Jahrhundert endete. Seit 1990 gehört das naturbelassene Mönchgut mit seinen kilometerlangen Sandstränden, seinen Wäldern, Aussichtspunkten und Hünengräbern zum Biosphärenreservat Südost-Rügen.

1252 erhielten die Zisterzienser des Klosters Eldena bei Greifswald das Land Reddewitz im Norden der Halbinsel von den Herren zu Putbus. Dieser Klosterbesitz wurde in einer Urkunde um 1295 *dat Mönke Guedt* (Mönchgut) genannt. Im Jahr 1360 kaufte das Kloster auch den südlichen Teil der Halbinsel. An der schmalsten Stelle des einzigen Landzugangs ließen die Mönche eine Befestigungsanlage errichten, den etwa 1,5 Kilometer langen Mönchgraben am Nordausgang von Baabe. Dieser Graben bildete die Scheidelinie zwischen dem als heilig gedachten Boden des Mönchguts und der profanen Welt. Die Mönche holten niedersächsische Bauern ins Land, die die Rodungsdörfer Kleinhagen, Philippshagen und Middelhagen anlegten, und unterbanden jeglichen Austausch zwischen ihnen und den Bewohnern außerhalb des Mönchguts. Auf diese Weise entwickelte sich das Mönchgut als Klosterstaat, der nach eigenen Gesetzen regiert wurde. Mit der Reformation um 1535 fiel das Mönchgut an das pommersche Herzogshaus, dennoch blieb die Abgeschlossenheit der Halbinsel mit zum Teil nur hier ausgebildeten Sitten und Gebräuchen bis ins 19. Jahrhundert erhalten.

Göhren an der Endstation der Nostalgiebahn *Rasender Roland* ist das größte Seebad auf der Halbinsel Mönchgut. Villen, Pensionen und Hotels im typischen Stil der Bäderarchitektur prägen das Ortsbild. Göhren liegt am Ansatz der schmalen Landzunge Nordperd, die Rügens Ostkap bildet, und hat daher gleich zwei Strände. Am Nordstrand bildet die 270 Meter lange Seebrücke den Startpunkt für Schiffsausflüge, die drei Kilometer lange Strandpromenade verbindet Göhren mit dem Nachbarort Baabe. Als Außenstandort der 2003 in Rostock veranstalteten Internationalen Gartenausstellung wurde die Strandpromenade mit dem Kurplatz und dem Musikpavillon zur Bernsteinpromenade umgestaltet.

Sakrales Kleinod auf Mönchgut
Die kleine gotische Backsteinkirche in Groß Zicker aus dem 14. Jahrhundert birgt wunderschöne Glasfenster.

Die Zickerschen Alpen – sanfte Hügel am Meer

Eine der attraktivsten Ecken der Halbinsel Mönchgut ist die sanft hügelige Moränenlandschaft der von Schafen beweideten Zickerschen Alpen. Mit 66 Metern bilden der Bakenberg und der Zickersche Berg die höchsten Erhebungen mit wundervollen Ausblicken auf den gesamten Südosten Rügens, zur Greifswalder Oie, nach Stralsund und zur Urwaldinsel Vilm. Beim Zickerschen Berg befindet sich ein Uferabstieg zum sagenumwobenen Nonnenloch am Zickerschen Höft: An diesem idyllischen Platz mit einer kleinen Badestelle am Fuß des Steilufers und imposanten Findlingen aus rötlich schimmerndem Granit im Wasser sollen sich der Legende zufolge Nonnen mit Mönchen heimlich getroffen haben, um in paradiesischer Umgebung irdischen Lüsten zu frönen.

In Gager und Groß Zicker am Fuß der Zickerschen Alpen warten Reethausromantik und Räucherfisch. In Gager an der Hagenschen Wiek kann man den Fischern zusehen, wenn sie von ihren Fangfahrten heimkehren. Das Dorf Groß Zicker ist eines der am besten erhaltenen ehemaligen Mönchguter Bauerndörfer. Das bekannteste Gebäude ist das Pfarrwitwenhaus, ein reetgedecktes Lehmfachwerkhaus von 1723. Die Backsteinkirche mit ihren bunten Glasfenstern wurde Ende des 14. Jahrhunderts errichtet. Auch in Groß Zicker gibt es einen kleinen Fischereihafen, wo man frisch geräucherten Fisch aus der Räuchertonne erwerben kann.

Erhebung mit Ausblick
Vom Jagdschloß Granitz schweift der Blick über die Halbinsel Mönchgut.

Nationalpark Jasmund – Kreideklippen und Buchenwälder

Der Königsstuhl an den Kreideklippen bietet einen traumhaften Ausblick hinaus auf das Meer.

Der 30 Quadratkilometer große Nationalpark Jasmund liegt im Nordosten Rügens in der Nähe der kleinen Hafenstadt Sassnitz.

Am Fuß der aktiven, von Schluchten zergliederten Kreidefelsen findet man Fossilien und Feuersteine. Auf der Kliffkante erstrecken sich die ausgedehnten Rotbuchenwälder der Stubnitz. Im 16. Jahrhundert stellte der Fürst von Putbus die Wälder als Wildreservat mit Wegegebot unter Schutz. An den Hauptwegen, die nicht verlassen werden durften, wurden Wachthäuser errichtet, die noch heute so genannten Baumhäuser. In den Buchenwäldern liegen Feuchtgebiete, Moore und zum Teil schluchtartig eingetiefte Bachläufe; der Kieler Bach bildet bei seiner Mündung an der Kreideküste den mit vier Metern höchsten Wasserfall Rügens.

Wo einst Könige Platz nahmen: der Königsstuhl

Die bis zu über 100 Meter aufragenden Kreideklippen der Stubbenkammer mit dem Königsstuhl sind das Wahrzeichen Rügens und das meistbesuchte Ziel der Insel. 117 Meter hoch ragt der Königsstuhl fast senkrecht über der See auf und gewährt eine traumhafte Aussicht auf die Steilküste mit den Felsen der Kleinen und der Großen Stubbenkammer sowie in Sonnenaufgangsrichtung hinaus auf das Meer. Zwar ist der private Autoverkehr zum Königsstuhl verboten, doch gilt dieses Verbot nicht für Reisebusse. Da auch die Wanderung vom Großparkplatz in Hagen aus höchstens 15 Minuten dauert, bilden sich an freundlichen Sommertagen lange Schlangen vor dem Kassenhäuschen, an dem der Eintritt für den

Die Farben der Stubbenkammer
Das Grün der Buchenwälder und das Weiß der Kreidefelsen bilden einen reizvollen Kontrast.

Zugang zu dem abgezäunten, winzigen Felsplateau zu entrichten ist.

Der Aufstieg lohnt sich trotz Gedränge. Zwei Punkte sollte man sich beim Ausblick besonders merken: Rechts (südlich) fällt der Blick über einen schluchtartigen Einschnitt hinweg auf die Felsen der Kleinen Stubbenkammer, jenseits des Einschnitts links – hier soll sich einst Claas Störtebeker versteckt haben – zeigen sich die Felswände der Großen Stubbenkammer. Von der Hangkante oberhalb beider Einschnitte bieten sich hervorragende Profilansichten des Königsstuhls, die auch auf zahlreichen Aquarellen, Sepien und Ölgemälden seit der Zeit der Romantik dargestellt sind. Den wohl bekanntesten Blick bietet die Viktoriasicht auf dem Hochuferweg in Richtung der Kleinen Stubbenkammer.

Im Tagebuch von seiner Reise nach Norddeutschland im Jahre 1796 beschreibt Wilhelm von Humboldt den Königsstuhl: »Von der Herthaburg an steigt man noch immer höher und höher. Nach und nach sieht man die See durch Bäume schimmern, und plötzlich steht man vor einer Schwindel erregenden Tiefe im vollen Anblick derselben. Zwei fünftehalbhundert Fuß hohe Kreidewände lagern sich in vielfachen Säulen gegenüber, und in der Öffnung, die sie bilden, liegt das Meer vor dem Auge in seiner unermesslichen Größe da. Dies ist die Stubbenkammer. Es ist nicht möglich, einen einfacheren und erhabeneren Anblick zu finden, eine bloße Öffnung im Meer, aber die unendliche Ebene so frei und groß daliegend, und der Schauplatz, von dem man sie sieht,

Romantischer Waldpfad
Teils auf Wegen, teils auf Leitern führt der Weg im schattigen Buchenwald am Kieler Bach entlang zum Wasserfall an der Küste.

Strenger Naturschutz
Naturnahe Wege sind im Nationalpark den Wanderern vorbehalten.

Nationalpark

Wanderweg
Fahrradfahren VERBOTEN

Wanderung entlang der Kreideklippenküste

Der Hochuferweg vom Ostseehafen Sassnitz an der Kreideklippenküste des Nationalparks Jasmund zählt zu den schönsten Wanderrouten im deutschen Norden. Der für Fahrräder gesperrte Waldweg führt mit einmaligen Ausblicken am Rand alter Buchenwälder an der Kante der Kliffküste entlang. Zwischendurch besteht mehrfach die Möglichkeit, auf meist steilen Pfaden, die zum Teil durch Leitern und Treppen ergänzt sind, zum Strand abzusteigen, um die bis zu über 100 Meter aufragenden Kreideklippen vom Wasser aus zu bewundern. Erster Höhepunkt am Weg ist die aus zwei sanft geschwungenen Kreidewänden bestehende Felsformation Wissower Klinken. Einen unvergleichlichen Ausblick auf die kilometerlange Kreideküste bietet wenig später die Felsnase Ernst-Moritz-Arndt-Sicht. Durch Buchenwälder führt der Weg über das Hohe Ufer zum Tal des Kieler Bachs, wo man auf einer Stufenanlage zum Wasserfall am Kieler Ufer hinuntersteigen kann. Zuletzt erwarten den Wanderer die Viktoriasicht an der Kleinen Stubbenkammer und anschließend der Königsstuhl. Von dort führt der Weg am Herthasee vorbei weiter durch den Wald und in das Fischerdorf Lohme, von wo der Bus zurück nach Sassnitz fährt.

Die Wissower Klinken

Die Wissower Klinken werden oft als Vorbild für Caspar David Friedrichs berühmtes Gemälde *Kreidefelsen auf Rügen* (um 1818) bezeichnet. Wer an einer Nationalparkführung teilnimmt, bekommt in der Nähe der Victoriasicht erzählt, dass sich Friedrich von den Felsen an der Kleinen Stubbenkammer habe inspirieren lassen. Ob dies richtig ist, ist fraglich, denn viele Gemälde setzte der Maler aus verschiedenen Motiven der in den Skizzenbüchern fest-gehaltenen Landschaften zusammen. Ob sich Friedrich also an den Wissower Klinken oder zwischen Königsstuhl und Kleiner Stubbenkammer zu seinen Kreidefelsen inspirieren ließ, wird weiterhin Gegenstand von Diskussionen sein, noch dazu, wo es

Kreide, Wald und Wasser
Nicht nur Caspar David Friedrich geriet beim Anblick der Kreideküste ins Schwärmen.

Spektakuläre Natur
Steil fallen die Kreidefelsen an der Viktoriasicht zum schmalen Steinstrand ab.

ein Kreidefelsen-Aquarell von Friedrich gibt, das scheinbar dieselbe Szenerie wie bei den berühmten Kreidefelsen zeigt, nur ohne Menschen: Diesmal zeigt er die Felsen der Großen Stubbenkammer, rechts erhebt sich der Königsstuhl.

Bei den Wissower Klinken lädt seit 1874 das gemütliche Restaurant Waldhalle zur Einkehr. Um den Gästen die Möglichkeit zu bieten, die Wissower Klinken auch vom Ufer aus zu bewundern, und um Unfälle zu vermeiden – jedes Jahr gab es an der Kreidekliffküste mindestens einen tödlichen Unfall, weil Leichtsinnige an den Felswänden zum Strand hinabzuklettern versuchten – ließ die Nationalparkverwaltung 1998 eine 110 Meter lange Abstiegstreppe aus Lärchenholz am Wissower Bach errichten. Ein Erdrutsch zerstörte die Treppe bereits ein Jahr später, und 2002 teilte die Nationalparkverwaltung mit, dass der Abstieg voraussichtlich nicht wiederhergestellt werden könne. Das bedeutet für Wanderer: Man darf sich nicht bei den auf den Karten verzeichneten Abstieg verlassen. Von Sassnitz oder vom Abstieg am Kieler Wasserfall aus lassen sich Spaziergänge am steinigen Strand unterhalb der Kreideklippen unternehmen. Vorher muss man sich jedoch erkundigen, an welchen Stellen es benutzbare Auf- und Abstiege gibt.

so kühn und fest gegründet, so wunderbar gestaltet durch die Winkel der Ecken und Felsen, so abstechend von Farben mit den weißen Kreidewänden gegen das blaue Meer, und so freundlich und schauervoll heilig durch den grünen, schattigen Wald, aus dem man soeben hervortritt.«

Seinen Namen trägt der Königsstuhl deshalb, weil diejenigen, die in alter Zeit die Königskrone erringen wollten, den Felsen besteigen mussten. Der Erste, der den Gipfel erreichte und auf einem dort bereitgestellten Stuhl Platz nahm, erhielt die Krone. Einer anderen Version zufolge trägt der Felsen seinen Namen, weil König Carl XII. von Schweden hier während des Nordischen Kriegs einen Sessel habe aufstellen lassen, von dem aus er

ein Gefecht seiner Flotte gegen die Dänen beobachtete. Im März 2004 eröffnete dort das Nationalparkzentrum Königsstuhl. Kern des Zentrums ist eine interaktive Ausstellung mit Multivisionsschau, die Herz und Sinne für die Geheimnisse der verborgenen Natur öffnet.

Sassnitz – einst bedeutendstes Seebad der Insel

Die zweitgrößte Stadt Rügens liegt an der Ostküste der Halbinsel Jasmund in unmittelbarer Nachbarschaft des Nationalparks und ist einer der großen deutschen Fährhäfen. Ab Mitte des 19. Jahrhunderts stieg Sassnitz zum bedeutendsten Seebad der Insel auf. Aus dieser Zeit stammt Theodor Fontanes Diktum »Nach Rügen reisen, heißt nach Sassnitz reisen«. Als Genua des Nordens wurde der Ort wegen seiner markanten Steilhanglage bezeichnet, die sich sehr gut während eines Spaziergangs über die 1450 Meter lange Mole zum Leuchtturm zeigt.

Stilvolle Bäderarchitektur
Solche Villen im Stil der Bäderarchitektur künden von der langen Tradition des Orts als Kurbad.

Waldumkränzter Kurort
Ein idealer Ausgangspunkt für Wanderungen entlang der Kreideküste ist das Städtchen Sassnitz.

Sagenumwobener Herthasee

Bei Vollmond eröffnet sich dem Besucher ein ganz besonderes Spektakel an diesem See – so die Sage ...

Vielfältige Tierwelt
Sogar der vom Aussterben bedrohte Laubfrosch hat am Herthasee ein Refugium gefunden.

Der Herthasee im Nationalpark Jasmund ist mit elf Meter Tiefe der tiefste See Rügens. Seit den Forschungen des Danziger Historikers und Geographen Philipp Clüver (1616) wird der von alten Buchen umgebene See mit dem Kult in Verbindung gebracht, den der römische Geschichtsschreiber Publius Cornelius Tacitus im Zusammenhang mit der nordischen Erdgöttin Nerthus beschreibt. Auch der Name Herthaburg für die slawische Ringwallanlage an diesem eiszeitlichen Schmelzwassersee geht auf Clüvers Gleichsetzung Nerthus = Hertha zurück. Bis dahin hieß der Ringwall noch auf einer Karte des Jahres 1608 schlicht Borgwall.

Den Nerthuskult beschreibt Tacitus so: »Auf einer Insel des Weltmeers gibt es einen heiligen Hain, und dort steht ein geweihter Wagen, mit Tüchern bedeckt. Einzig der Priester darf ihn berühren. Er bemerkt das Eintreffen der Göttin im Allerheiligsten. Er geleitet sie in tiefer Ehrfurcht, wenn sie auf ihrem mit Kühen bespannten Wagen dahinfährt. Dann folgen frohe Tage. Festlich geschmückt sind alle Orte, denen die Göttin die Huld ihrer Ankunft und Rast gewährt. Man zieht nicht in den Krieg, man greift nicht zu den Waffen, verschlossen ist alles Eisen. Dann kennt, dann liebt man nur Ruhe und Frieden, bis die Göttin, des Umgangs mit den Menschen müde, vom gleichen Priester ihrem Heiligtum zurückgegeben wird. Dann werden Wagen und Tücher und, wenn man es glauben will, die Gottheit selbst in einem entlegenen See gewaschen. Diener sind hierbei behilflich, und alsbald verschlingt sie derselbe See. So herrscht denn ein geheimes Grauen und heiliges Dunkel, was das für ein Wesen sei, das nur Todgeweihte schauen dürfen.«

Da nur Todgeweihte an diesen Ritualen teilnahmen, kannte Tacitus diese Vorgänge nur vom Hörensagen – der Phantasie waren Tür und Tor geöffnet. Zudem ist der Herthasee auf Rügen nur einer von vielen Seen, an dem dieser Kult lokalisiert wird. Der Ufereinschnitt am Bohlensteg im Osten des Sees soll die Stelle sein, an dem der Wagen der Göttin in den See gefahren wurde. Die ringumwallte Herthaburg am Steilufer nördlich des Sees soll die Kulisse für Fruchtbarkeitskulte gebildet haben. Wenn ein Wanderer in Vollmondnächten an den See gelangt und sieht, wie die weiße Frau zwischen Seerosen badet, hat sein letztes Stündlein geschlagen, berichtet die Sage: Mit Gewalt zieht es den Armen zum See, und sobald er das Wasser berührt, verschlingen ihn die Fluten. Dasselbe soll übrigens auch passieren, wenn jemand eine Wasserrose pflückt. Um keine Proben aufs Exempel zuzulassen, ist das Ausreißen von Pflanzen heute im Naturschutzgebiet verboten.

Geheimnisvolle Tiefen
Westlich von Stubbenkammer, im Schatten mächtiger Buchen, liegt der tiefste See Rügens: der Herthasee.

Botanische Raritäten im Nationalpark Jasmund

Die Besonderheit des Nationalparks Jasmund besteht nicht nur in seiner Kreideküste, sondern auch darin, dass dort das größte zusammenhängende Buchenwaldgebiet an der Ostseeküste unter Schutz gestellt wurde.

Doch im Nationalpark gibt es nicht nur Buchen. Vielmehr verfügt er auch über so feuchte Stellen, dass Erlen und Eschen anzutreffen sind. In so manch einer Uferschlucht kann man außerdem Ahorn, Eiben und Wildobstarten sehen. Und sogar die nordamerikanische Sitkafichte – von der gewöhnlichen Fichte in unseren Breiten unterscheidet sie sich durch ihre schuppige

Lebensraum für viele Pflanzen
Kleine Moore mit Erlenbruchwald durchsetzen das Nationalparkgebiet.

Borke. Sie wurde vor der Zeit des Nationalparkstatus auf Jasmund angepflanzt und befindet sich in der so genannten Entwicklungszone des Nationalparks. Langfristig sollen diese Exoten durch einheimische Bäume ersetzt werden.

Besonders faszinierend ist der Anblick von Orchideen. Nirgends in Deutschland gedeihen so viele verschiedene Orchideenarten (27 an der Zahl, darunter der Frauenschuh) auf so engem Raum wie auf den Kalkböden der Stubnitz. Als Kontrast dazu gibt es in den Moorlandschaften des Nationalparks den Sonnentau, den Riesenschachtelhalm, Wollgräser und Fieberklee. Auch seltene Moosarten sind hier anzu-

treffen. An der Nordküste des Nationalparks herrscht zudem eine Salzvegetation mit Strand-Tausendgüldenkraut, Salzbinse und Salzmiere vor.

Ein mächtiger Baum

Die Herthabuche am Weg von der Herthaburg Richtung Königsstuhl war früher einer der mächtigsten Bäume der Stubnitz: In gewissen Nächten des Jahres sollen Elfen nach dem Bad im Herthasee im Mondschein um die Buche herumgetanzt sein. Um 1850 wurde das Alter der Herthabuche auf 450 – 500 Jahre geschätzt, heute liegen die Reste ihres umgestürzten Stamms jedoch modernd am Boden. Durch das Rauschen der Zweige soll die Göttin früher ihren Willen kundgetan haben, ein Priester soll das göttliche Rauschen interpretiert und in die Sprache der Menschen übersetzt haben.

Orchideenvielfalt
Auf den Kalkböden der Stubnitz gedeihen 27 Orchideenarten, darunter der Frauenschuh.

Arkona – Rügens Nordkap

Rau, schroff und kahl – der nördlichste Zipfel der Insel ist vom Wind gezeichnet.

Das von zwei Leuchttürmen überragte Kap Arkona im Norden der Halbinsel Wittow ist Rügens Nordkap und eines der größten archäologischen Flächendenkmale an der Ostseeküste. Bis zu 46 Meter ragen die zerklüfteten weißen Felsen weithin sichtbar aus der See. Vom Gellort, dem nördlichsten Punkt, sind es nur 72 Kilometer bis Südschweden und nur 53 Kilometer bis zu den Kreidefelsen der dänischen Insel Moen.

Im Juni 1168 eroberten Truppen des christlichen dänischen Königs Valdemar I. die Jaromarsburg auf dem Kap Arkona. Die nach dem Fürsten Jaromar benannte Tempelburg war das Hauptheiligtum der seit dem 7. Jahrhundert auf Rügen siedelnden slawischen Ranen. Zentrales Kultobjekt war ein mindestens zehn Meter hohes Holzstandbild des viergesichtigen Kriegsgotts Svantevit, der heute in Form einer überlebensgroßen Holzstatue als Anschauungsobjekt auf dem archäologischen Gelände wieder erstanden ist. Zur Seeseite hin bildeten die Kreideklippen die natürliche Begrenzung der slawischen Tempelburg, die zum Land hin durch einen 14 Meter hohen Wall befestigt war. Nach der Eroberung von Arkona zerstörten die Dänen Burg und Tempel und gliederten den Ort dem dänischen Bistum Roskilde ein. Danach entstanden auf Rügen etliche Kirchen.

Altenkirchen auf Wittow

Der Ort ist der älteste Marktflecken auf Rügen. Die dreischiffige Backsteinbasilika mit dem romanischen Chor ist neben der Kirche von Bergen das älteste Gotteshaus der Insel. Die noch von dänischer Kirchenarchitektur beeinflusste Kirche wurde um 1200, in der Frühzeit der Christianisierung, gegründet. Sie enthält wie die Kirche in Bergen einen Granitfindling mit einem slawischen Relief, das aus der Zeit um 1168 stammt, das heißt aus der Zeit der Eroberung Rügens durch die christlichen Dänen: Der Findling zeigt die Reliefdarstellung eines bärtigen Mannes mit spitzer Mütze, kaftanartigem Rock und einem großen Trinkhorn in den Händen. Der Mann wird als Svantevit-Priester gedeutet, da die Stele vom 1168 zerstörten Svantevit-Tempel stammen könnte.

Auf dem Kirchhof liegt Gotthard Ludwig Kosegarten begraben, der hier Pfarrer war.

Der Alte Leuchtturm für gute Sicht

Schon auf dem Gelände der slawischen Tempelburg bietet sich eine hervorragende Aussicht, noch besser ist jedoch der Rundblick vom Alten Leuchtturm. Er wurde 1825–27 nach Plänen des Architekten Friedrich Schinkel errichtet. Der dreigeschossige quadratische Backsteinturm zählt zu den frühesten Beispielen der klassizistischen und konstruktiven Bauprinzipien. Eine gusseiserne Treppe führt zur Aussichtsplattform, die einen hervorragenden Blick über die Halbinsel Wittow bis zu den Wäldern auf Jasmund und bis hin zu der dänischen Insel Møn gewährt. Auf der mit Granitplatten abgedeckten Plattform erhebt sich die verglaste kreisrunde Laterne, deren Leuchtfeuer in klaren Nächten eine Reichweite von über 50 Kilometern hatte.

Vorposten in der Ostsee
Steil bricht die Küste am Kap Arkona zum schmalen Ostseestrand ab. Hier stand einst die nach dem Fürsten Jaromar benannte slawische Tempelburg.

Ungleiches Paar
Der kleinere Leuchtturm wurde nach Entwürfen von Schinkel gebaut und leuchtete bis 1902 übers Meer. Seitdem übernimmt der höhere Turm diese Aufgabe.

Küstenwanderung für Genießer
Der Höhenweg von Arkona nach Vitt entlang der Steilküste eröffnet immer wieder spektakuläre Ausblicke.

Der 21 Meter hohe Schinkel-Leuchtturm ist der älteste erhaltene Leuchtturm an der Ostseeküste, allerdings ist er längst nicht mehr in Betrieb: 1902 löste ihn in dieser Funktion der unmittelbar daneben erbaute moderne, 35 Meter hohe Leuchtturm ab.

Das Fischerdorf Vitt

Auf dem Kap Arkona beginnen die Deutschlandetappen des Europäischen Fernwanderwegs 10, der an der Abbruchkante des Hochufers südwärts führt. Die Königstreppe und eine weitere Stufenanlage führen von Kap Arkona hinab zum steinigen Strand, an dem man einerseits südwärts in das Fischerdorf

Vitt, aber auch nach Norden zum Siebenschneiderstein wandern kann. Die flache Oberfläche dieses 165 Tonnen schweren Findlings bietet angeblich Platz für sieben Schneider im Arbeitssitz.

Das denkmalgeschützte Fischerdorf Vitt mit seinen reetgedeckten Häusern und der achteckigen Strandkapelle liegt an der Kliffküste von Wittow südlich von Kap Arkona. Der Altenkirchener Pastor und Dichter Gotthard Kosegarten hielt hier Uferpredigten, wenn die Heringsfischer in der Hauptfangzeit nicht den weiten Weg bis Altenkirchen und zurück gehen konnten. Ein im Kulturhistorischen Museum in Stralsund ausgestelltes Aquarell von Theodor Schwarz zeigt den

Küstenwanderung von Arkona nach Vitt

Kap Arkona und das denkmalgeschützte Fischerdorf Vitt sind neben der Steilküste die Höhepunkte dieser Küstenwanderung im Norden der Halbinsel Wittow. Ausgangspunkt ist der Großparkplatz am Rand des Erholungsorts Putgarten, der ebenso wie Kap Arkona und Vitt für den öffentlichen Durchgangsverkehr gesperrt ist. Vom Parkplatz fahren der Linienbus sowie Pferdekutschen und die Arkonabahn, eine Miniaturbahn, zum Kap Arkona, wo die eigentliche Wanderung beginnt. Vom Kap führt als Hauptwanderweg der Europäische Fernwanderweg 10 aussichtsreich und bequem auf dem Hochufer nach Vitt. Interessanter, dafür steinig ist die Route am Klifffuß: Der Uferabstieg befindet sich direkt an der Jaromarsburg, auf einer Stufenanlage gelangt man hinab zum steinigen, teilweise grobblockigen Strand und folgt ihm nach Vitt – links weitet sich endlos das Meer, rechts fällt der Blick auf die auch geologisch interessante, stellenweise über 30 Meter hohe Uferwand; Schilder warnen vor Kletterversuchen. Im Fischerdorf Vitt mit seinen reetgedeckten Häusern und dem winzigen Hafen verlassen wir die Strandzone, gehen hinauf zum Hochufer und haben nun die Wahl: Durch die Feldflur führt die autofreie Straße zurück nach Putgarten, alternativ wandert man auf dem Hochuferweg zurück zum Kap Arkona und unternimmt dort den kurzen Abstecher zum Gellort, dem nördlichsten Punkt Rügens.

Romanisches Kleinod im Norden
Die Dorfkirche von Altenkirchen ist eine dreischiffige Basilika, die während der Gotik nach Westen erweitert wurde.

Pfarrer beim Gottesdienst vor den reetgedeckten Fachwerkhütten inmitten der Frauen, Männer und Kinder von Vitt. Kosegarten predigte nicht über das Evangelium, er pries aus seinem romantischen Natur- und Gottverständnis heraus die Abgeschiedenheit und Stille als den Hauptvorzug dieses rauen Fleckens Erde in Rügens Norden. Die himmlische Urschönheit sei das »Göttliche in der Natur«. In den legendären Uferpredigten sah er die Natur als Andachtsraum.

Für Predigten bei schlechtem Wetter initiierte Kosegarten 1806 den Bau der reetgedeckten, achteckigen Strandkapelle, die heute die Hauptsehenswürdigkeit von Vitt ist. Die Pläne lieferte angeblich der Architekt Friedrich Schinkel, auch für das Altarbild gewann Kosegarten einen bedeutenden Künstler: Der Romantiker Philipp Otto Runge inspirierte 1806 den Platz und begann danach mit dem Gemälde »Christus rettet den versinkenden Petrus«.

Malerische Ansichten
Reetgedeckte Katen bestimmen bis heute das Bild im pittoresken Fischerdorf Vitt.

Künstlerinsel Hiddensee

Dieses Eiland erkundet man am besten mit dem Fahrrad oder einem Pferdefuhrwerk.

Hiddensee wurde vor 100 Jahren von Künstlern als Eiland der Inspiration entdeckt – ein Refugium der natürlichen Stille im Rauschen der See. Spaziergänge, Wanderungen und Radtouren auf der 18 Kilometer langen und bis zu zwei Kilometer breiten Insel sind heute wie damals neben dem Strandleben die Hauptaktivitäten der Urlauber und Tagesgäste auf der Sonneninsel im Nationalpark Vorpommersche Boddenlandschaft vor der Westküste Rügens. Der Zugang erfolgt von Schaprode auf Rügen mit Personenfähren und Wassertaxis nach Neuendorf, Vitte und Kloster.

Hauptort und Kirchdorf von Hiddensee ist der am Fuß des Dornbuschs gelegene Fährhafen Kloster, wo der Literaturnobelpreisträger Gerhart Hauptmann auf dem kleinen Insel-

Kreative Schaffensstätte
Gerhart Hauptmanns Villa Seedorn in Kloster ist heute ein Museum (links).

friedhof seine letzte Ruhestätte fand. Benannt ist der Ort nach einem Zisterzienserkloster, das hier von 1297 bis zur Reformation 1538 bestand. Die Klostergebäude wurden während des Dreißigjährigen Kriegs zerstört, erhalten ist am Friedhof das ehemalige Klostertor in der Nähe des Hauptmann-Grabs. Die im 14. Jahrhundert errichtete Kirche vor dem Klostertor, die heutige Dorfkirche, war die Kirche der Fischer und Bauern.

Auf den Spuren Gerhart Hauptmanns

Als Literaturnobelpreisträger (1912) ist Gerhart Hauptmann der Prominenteste unter den zahlreichen Künstlern, die Hiddensee immer wieder aufsuchten und sich dann auch niederließen. Während seines ersten Kurzbesuchs auf der Insel verfasste er 1895 das Gedicht **Mondscheinlerche**, 1930 erwarb er in Kloster die Villa Seedorn, die heute Museum und kulturelles Zentrum ist.

Hauptmann war keineswegs der einzige Künstler auf Hiddensee. Auf dem Gelände des ehemaligen Klosters steht seit 1910 eines der schönsten Fachwerkhäuser der Insel, das 1909/10 erbaute Hotel *Hitthim*. Einen Teil der Wände im Restaurant schmücken Autogramm-karten von Dutzenden von Prominenten, die während der Goldenen Zwanziger Jahre hier tafelten und gesellig zusammensaßen: Joachim Ringelnatz, Albert Einstein, Sigmund Freud, Lion Feuchtwanger, Hans Fallada, Erich Mühsam, Asta Nielsen und viele andere.

Der erste Künstler, der sich auf Hiddensee niederließ, war der Maler Oskar Kruse. Er investierte 1904/05 fast sein gesamtes väterliches Erbe in den Bau der Jugendstilvilla Lietzenburg in Kloster, des bis heute größten Privatgebäudes auf der Insel. Mit dem Bau der Lietzenburg gab er in Kloster den Anstoß zur Entwicklung einer Künstler-Salonkultur auf Hiddensee. Nach Kruses Tod 1919 erbte sein Bruder, der Bildhauer Max Kruse, die Lietzenburg und führte die Tradition des Hauses als Begegnungszentrum von Künstlern fort. Maßgeblich mitfinanziert wurde der Künstlerbetrieb der Lietzenburg von seiner Frau, der Puppenkünstlerin Käthe Kruse.

Dornbusch – einzigartige Dünenlandschaft Hiddensees

Der Dornbusch, ein lebhaft reliefiertes Dünengebirge, markiert im leuchtturmüberhöhten Bakenberg mit 72,5 Metern die höchste Erhebung der Insel und bietet ein wundervolles Panorama weit über Hiddensee hinaus auf Rügen, die vorpommersche Küste und an klaren Tagen bis zur dänischen Insel Møn. Mit seinen Steilabbrüchen an der Küste, seinen Kiefern- und Birkenwäldern, Sanddorndickichten, Heckenrosen, den weiten von Ginsterbeständen durchsetzten Wiesen ist der Dornbusch das herausragende Wandergebiet der Insel.

Der Leuchtturm Dornbusch auf dem Bakenberg im Hochland von Kloster ist das Wahrzeichen von Hiddensee und einer der markantesten Leuchttürme der Ostseeküste. Er wurde am 19. November 1888 mit einer großen Petroleumlampe in Betrieb genommen und hat eine Höhe von 27,5 Metern. Bodensenkungen verursachten Risse in den folgenden Jahrzehnten, Risse im Fundamentbereich und in den oberen Teilen des Turms. Als Hiddensee 1927 an das Stromnetz angeschlossen wurde, erhielt er seine zwölfeckige Ummantelung aus Stahlbeton. Seit 1996 kann der Leuchtturm auf dem Dornbusch bestiegen werden, von der Aussichtsgalerie bietet sich ein herrlicher Rundblick.

Wanderung durch den Dornbusch-Wald

Vom Fährhafen in Kloster geht es am Hotel und Künstlerrestaurant *Hitthim* vorbei landeinwärts und an der ersten Kreuzung links auf dem Kirchweg durch das schmucke Feriendorf. Kurz nach Passieren des Gerhart-Hauptmann-Museums erreicht man hinter dem Inselmuseum den Badestrand, dem man kurz nach rechts folgt, bis eine von Heckenrosen flankierte Treppe zum Hochuferweg hinaufführt. Dieser fahrradfreie Pfad leitet durch den artenreichen Dornbusch-Wald: Immer wieder eröffnen sich prachtvolle Ausblicke auf die See und durch die Steilküste hinab auf das steinige Ufer. Eine viel besuchte Einkehrmöglichkeit ist die Waldgaststätte *Zum Klausner*. Dahinter erhebt sich auf dem Bakenberg der Leuchtturm, von dem man direkt nach Kloster zurückwandern kann. Lohnenswerter ist es jedoch, auf dem Pfad an der Abbruchkante der Kliffküste zum Swantiberg zu wandern, der ebenfalls ein vorzügliches Panorama gewährt. Bald nach dem Abstieg zum Enddorn, wo es regelrechte Sanddornwälder gibt, mündet der Pfad auf einen Klinkerweg, der auf der Boddenseite der Insel durch weite Wiesen zum pittoresken Reethausweiler Grieben und zurück nach Kloster führt.

Vitte – das größte Dorf der Insel

Der südlich von Kloster gelegene Hafenort Vitte ist mit 600 Einwohnern das größte Dorf der Insel. Hier befinden sich die Gemeindeverwaltung und die Inselschule. Der Name leitet sich von den Fischanlandeplätzen, den Vitten, ab, die im 13. und 14. Jahrhundert auf Rügen und Hiddensee entstanden. Vitte wird erstmals 1515 als Ortschaft mit 24 Katen erwähnt. In Richtung Neuendorf erstreckt sich das Südende mit reetgedeckten Häusern und grünen Vorgärten, in Richtung Kloster das Nordende mit seinen typischen Fischerhäusern. Sehenswert sind die Häuser, in denen Stars wie Henny Porten und Asta Nielsen wohnten. Das Haus für den Stummfilmstar Asta Nielsen, Zum Seglerhafen 7, entstand 1922 nach Plänen von Max Taut.

Die Dünenheide bei Vitte

Die Dünenheide zwischen Vitte und Neuendorf ist die einzige große Zwergstrauchheide an der mecklenburg-vorpommerschen Küste und die einzige Dünenheide an der Ostseeküste. Vor allem während der Heideblüte ist sie ein idyllisches Wanderziel. Als natürliche Landschaftspfleger halten Schafe die Heide durch Verbiss der angeflogenen Bäume (die Samen wehen vor allem vom Küstenschutzwald herüber) frei von Verwaldung, nur die stacheligen Wacholder verschmähen sie. Deshalb zählen die Wacholder zu den Charakterpflanzen neben Heidekraut, Glockenheide und Krähenbeere.

Autofreie Insel

Den besonderen Reiz von Hiddensee kann am ehesten derjenige nachvollziehen, der die Insel zu Fuß erkundet. Viele Wege sind zum Fahrradfahren zu sandig.

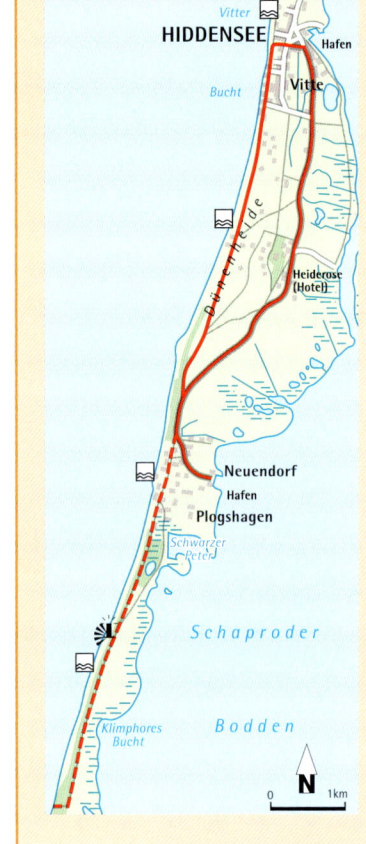

Wanderung durch die Dünenlandschaft

Als Ausgangspunkt für eine traumhafte Wanderung durch die Dünenlandschaft bietet sich Neuendorf an. Neuendorf und Vitte sind – ebenso wie Kloster – mit der Fähre von Schaprode aus erreichbar. Vom Fähranleger Neuendorf am Schaproder Boden folgen wir der Inselstraße zwischen weißen, reetgedeckten Häusern durch das denkmalgeschützte winzige Fischerdorf Richtung Vitte und zweigen kurz hinter dem Ortsausgang in die Dünenheide ab. Wäre nicht das Meer, dessen Strand hinter dem Küstenschutzwald am Rand der Heide zum Bade lockt, man könnte sich in der Lüneburger Heide fühlen – doch dort gibt es nicht diese einmalige Mischung aus Heide, Meeresrauschen und Salzwasserluft. Mehrere Wanderwege, alle sandig und für Fahrräder ungeeignet, führen durch das 120 Hektar große Gebiet. Einkehrmöglichkeit besteht im Hotel *Heiderose* an der Inselstraße. Am Ende der Heide folgt man entweder der Küste oder der Inselstraße weiter nach Vitte. Dort gelangt man mit der Fähre zurück nach Neuendorf bzw. nach Schaprode auf Rügen.

Kranichinsel Ummanz

Die flache Boddeninsel Ummanz liegt im Nationalpark Vorpommersche Boddenlandschaft zwischen den Inseln Rügen und Hiddensee. Während des Vogelzugs im Herbst werden die Küsten der 19,7 Quadratmeter großen Insel von Tausenden von Gänsen und Kranichen besucht. Von vielen Stellen der eingedeichten Küste aus können die Zugvögel gut beobachtet werden.

Seit 1901 ist die bis zu 6,7 Meter hohe Kranichinsel mit Rügen durch eine 250 Meter lange Straßenbrücke verbunden. Die Gewässer zwischen Ummanz und Hiddensee sind ein beliebtes Surfrevier mit Ausgangspunkt Suhrendorf. Mitten auf der Insel befindet sich das Internationale Jugenddorf JUMM (Jugenddorf Ummanz), und bei der Kirche von Waase sind das Museum zur Geschichte von Ummanz und das Informationszentrum zum Nationalpark Vorpommersche Boddenlandschaft. Das zentrale Thema der Nationalparkausstellung ist der Kranich, der heimliche Wappenvogel der Insel: Die Exponate ma-

chen mit allem Wissenswerten über diesen majestätischen Vogel und seine um die Insel gelegenen Lebensräume vertraut.

Kulturinteressierte können den Flügelaltar in der Kirche von Waase besichtigen. Dieser bedeutende Antwerpener Schnitzaltar aus der Zeit um 1520 (kurz vor der Reformation) befand sich ursprünglich in der Stralsunder Heiliggeistkirche. Er entging der fundamentalistischen Bilderzerstörung der Reformation und wurde 1708 nach Waase umgesetzt.

Der aus vier denkmalgeschützten reetgedeckten Häusern bestehende Weiler Freesenort liegt im Naturschutzgebiet Freesenort-Vogelwiese, ein Rückzugsgebiet und eine Brutstätte für selten gewordene Vogelarten. Das berühmteste Haus ist die im Stralsunder Kirchenregister 1634 erstmals erwähnte Haasenburg: Dieses niederdeutsche Ständerhaus mit reetgedecktem, tief heruntergezogenem Walmdach im Stil der rügenschen Zuckerhütte zählt zu den meistfotografierten Motiven auf Ummanz und gilt als der älteste noch bewohnte Profanbau (heute Ferienhaus) auf Rügen und Ummanz.

Verschnaufpause
Auf ihrer Route in den Süden unterbrechen Tausende von Kranichen und Wildgänsen ihre Reise von Skandinavien in den Süden auf Ummanz. Hier legen sie sich Fettreserven für den Weiterflug zu.

Die flachen Bodden um die Insel sind ein Vogelparadies.

Majestätischer Flug
Von speziellen Plattformen aus können Besucher im Herbst Kraniche und andere Zugvögel beobachten.

Vorpommern

Vom Fischland zum Stettiner Haff – die Küste Vorpommerns hat noch viel von ihrer Ursprünglichkeit bewahrt. Den kulturellen Höhepunkt bildet die traditionsreiche Hansestadt Stralsund. Das Künstlerdorf Ahrenshoop auf dem Darß prägt eine ganz eigene, romantische Atmosphäre und liegt in der Nähe der urwüchsigen Natur Fischlands. Die Caspar-David-Friedrich-Stadt Greifswald besuchen heute nicht nur Freunde der Kunst.

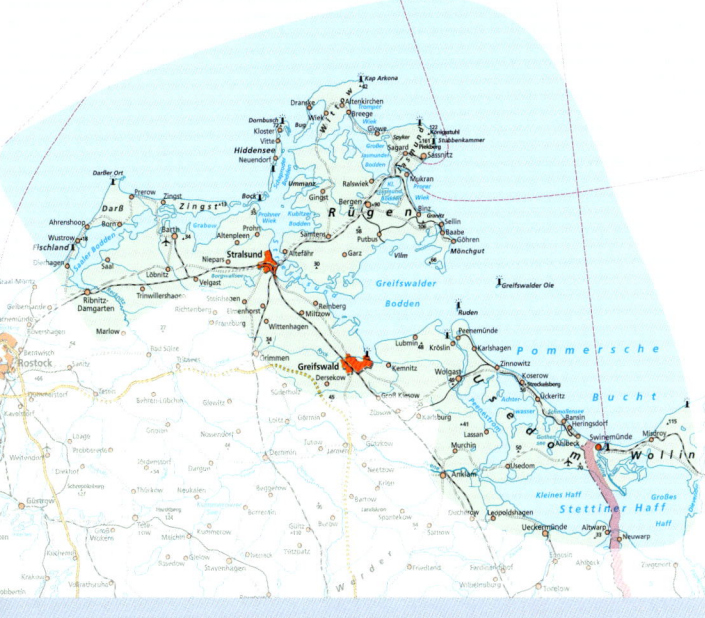

Traumhaus am Hohen Ufer
Im Künstlerdorf Ahrenshoop.schützen sich die Häuser mit dicken Reetdächern gegen Wind und Wetter.

Nationalpark Vorpommersche Boddenlandschaft

**Flache Bodden
und offene See
nehmen den Großteil
des Gebiets ein.**

Botanisches Kleinod
Die zarten weißen Blüten des Sumpfporsts erscheinen meist nur kurze Zeit im Mai.

Immergrüne Wälder
Im Darßwald bilden Stechpalmen ein dichtes Unterholz.

Bodden heißen die flachen seenähnlichen Gewässer, die durch Inseln, Nehrungen und Sandhaken weitgehend von der offenen See abgeriegelt sind und einzigartige Lebensräume für Pflanzen, Tiere und Menschen bilden. An anderen Meeren werden solche Küstengewässer Lagunen genannt, in Vorpommern heißen sie Bodden, wobei das Wort vom niederdeutschen (Meeres-)Boden kommt.

Boddenküste bedeutet, dass es dort zwei Küsten gibt: die oft geradlinige Ausgleichsküste zur offenen Ostsee hin und die buchtenreiche Boddenküste des Festlands sowie der Insel-Innenseiten. Schon in ihrer Länge unterscheiden sich diese beiden Küsten erheblich: Die Boddenküste Mecklenburg-Vorpommerns hat eine Länge von 1348 Kilometern, während die Ostsee-Außenküste nur 354 Kilometer lang ist. Die bedeutendsten Abschnitte der Boddenküste sind die Fischland-Darß-Zingster-Küste (194 Kilometer), die Rügensche Küste (457 Kilometer) und die Usedomer Küste (301 Kilo-

meter). Am Greifswalder Bodden liegt die Caspar-David-Friedrich-Stadt Greifswald.

Wegen ihrer geringen Tiefe vereisen die salzarmen Bodden im Winter rasch und bilden dann herrliche Eissegelreviere. Doch es ist Vorsicht geboten. Der bekannteste tödliche Unfall ereignete sich am 8. Dezember 1787. Damals glitt der kleine Caspar David Friedrich mit seinem Bruder auf Schlittschuhen über den Greifswalder Bodden und brach ein. Der Bruder rettete den künftigen Maler zwar, kam dabei jedoch selbst ums Leben.

An den Lagunen der Ostsee

Der Nationalpark Vorpommersche Boddenlandschaft erstreckt sich von den bewaldeten Strandwällen des Darß bis zu den Inseln Hiddensee und Ummanz sowie zu Teilen der Boddenküste Rügens und umfasst eines der landschaftlich schönsten und zugleich meist besuchten Gebiete Mecklenburg-Vorpommerns. Er ist 805 Quadratkilometern groß, 687 davon entfallen auf Wasserflächen, etwa die Hälfte der verbleibenden Landflächen sind waldbedeckt. Das größte zusammenhängende Waldgebiet ist der Darßwald mit seinen zum Teil urwaldartigen Buchenwäldern (48 Quadratkilometer), gefolgt vom acht Quadratkilometer großen Osterwald auf dem Zingst. Auf den höchsten Bäumen sind oft Seeadlerhorste zu erkennen. Die Küstenbereiche sind den formenden Gestaltungskräften der See ständig unterworfen, so dass sich der gesamte Raum

als Landschaft in stetem Wandel darstellt: Wachsende und schwindende Meeresküsten sowie Boddenufer prägen ihn ebenso wie Windwatten, Sandhaken, Nehrungen und aktive Kliffs. Strände, Dünen, Steilküsten und Waldökosysteme wechseln mit Brackwasser-Röhrichten, küstennahen Überflutungsmooren und Salzwiesen. Hinzu kommt eine spezifische Tier- und Pflanzenwelt.

Der besondere Tipp

Natur-Informationszentren

Zahlreiche Informationsstellen erläutern die Entstehung der Landschaft und die natürlichen Lebensräume. Zu den wichtigsten zählen das Natureum am Leuchtturm Darßer Ort, die Ausstellung Sundische Wiese auf dem Zingst und die Ausstellung Darß-Wanderung auf dem Gelände der alten Oberförsterei Darß in dem Ferien- und Fischerdorf Born. Im Forsthaus am Rand des Darßwalds bei Born hat auch das Nationalparkamt Vorpommersche Boddenlandschaft seinen Sitz.

Doch das war nicht immer so. Gegründet wurde der Nationalpark 1990. Bis dahin waren Teile der Boddenküste mit Ausnahme weniger Naturschutzgebiete in eine Agrarwüste umgewandelt worden: Vom Fischland bis einschließlich Ummanz wurde das Land in den 1960er- und 1970er-Jahren zum Zweck der großindustriellen Rinderproduktion umgestaltet, Gülle und landwirtschaftliche Abwässer verwandelten die Boddengewässer in Kloaken. Diese Entwicklung war der größte ökologische Kahlschlag seit den mittelalterlichen Rodungen.

Die Wälder des Darß konnte man damals nicht betreten, sie dienten Partei- und Gewerkschaftsfunktionären als Jagdrevier. Seit der Gründung des Nationalparks darf sich die Natur wieder entfalten, und die Besucher finden weithin wieder naturbelassene Erholungsgebiete vor. Einige wenige Areale sind allerdings gesperrt, zum Beispiel als Rückzugsgebiete für Vögel, in anderen besteht striktes Wegegebot: Das Betreten oder Befahren ist aus Naturschutzgründen ausschließlich auf den Wander- und Radwanderwegen erlaubt, und von diesen gibt es mehr als genug.

Zurück zur Natur
In den letzten Jahren konnten sich die Boddengewässer wieder regenerieren.

Badefreuden am Saaler Bodden
Die 230 Meter lange Seebrücke von
Wustrow zieht nicht nur Badefreunde an.

Die Kirche von Wustrow
Der Turm der neugotischen Kirche
lohnt den Aufstieg: Von oben bietet
sich ein beeindruckender Rundblick.

Fischland – die »heilige Insel«

Wer die zwischen Saaler Bodden und Ostsee gelegene Halbinsel erkunden will, beginnt in ihrem südwestlichen Teil: Fischland.

Fischland ist der südwestliche Teil einer Halbinsel, die aus den ehemals selbstständigen Inseln Fischland, Darß und Zingst zusammengewachsen ist. Ein exzellentes Panorama bietet sich vom Kirchturm im Ostseebad Wustrow, dem Hauptort von Fischland. Im Westen weitet sich vor den Stränden und der neuen Seebrücke die Ostsee, landeinwärts erstreckt sich der Saaler Bodden, der von der Recknitz gespeist und durch Fischland, Darß und Zingst fast völlig von der offenen See abgeriegelt wird. Auf der Boddenseite liegen in der Perminbucht der sagenumwobene Platz »Ribnitzer Störtebekerhafen« und der Wustrower

Fischländer Hafen, von dem Ausflugsschiffe über die Bodden nach Dierhagen, Ribnitz-Damgarten, Ahrenshoop, Prerow und Zingst tuckern.

Der slawische Name Wustrow (Insel) erinnert daran, dass das Fischland früher eine Insel war. Der Name ist im 14. Jahrhundert als Swantewustrow überliefert und bedeutet »heilige Insel«. Möglicherweise befand sich dort ein Heiligtum der slawischen Gottheit Svantevit. 1328 kam diese handelsstrategisch wichtige Insel in den Besitz des Klosters Ribnitz: Die heutige Bucht Permin bildete damals einen offenen, wenn auch von Versandung bedrohten Zugang zur Ostsee und trennte das

Nach den Sturmfluten von 1872 und 1875
wurden die ehemalige Permindurchfahrt und
das Loop bei Ahrenshoop künstlich geschlossen. 1881 wurde Wustrow schließlich Seebad
und entwickelte sich zu einem viel besuchten
Familienurlaubsort.

Wer dem Europäischen Fernwanderweg 9
auf der Seeseite Wustrows Richtung Ahrenshoop folgt, wandert über das Hohe Ufer des
alten Fischlandkerns, einer eiszeitlichen
Grundmoräne. Der höchste Punkt, den man
dabei erreicht, ist der aussichtsreiche Bakel-
berg mit einer Höhe von knapp 19 Metern.

Fischland vom Festland. Noch wichtiger war
der Darßer Kanal (Ahrenshooper Tief, Loop)
bei Ahrenshoop im Norden der damaligen Insel. Auch die Piraten unter Claas Störtebeker
sollen diese Durchfahrten genutzt und im
Ribnitzer Störtebekerhafen geankert haben.

Der schwunghafte und lukrative Handel,
den die Fischländer betrieben, war den Hanseaten ein Dorn im Auge: Nach dem Motto
Schifffahrt den Hansen, den anderen die Fischerei versuchten sie mit allen Mitteln das
Aufblühen eines Hafens auf der Insel zu verhindern und holten um das Jahr 1395 zum
entscheidenden Schlag aus. Die Stralsunder
zerstörten den Ribnitzer Störtebekerhafen und
versenkten in der Permindurchfahrt drei
Schiffe, um die Versandung zu beschleunigen;
etwa zeitgleich wurde der Klipphafen von Ahrenshoop von den Rostockern zerstört.

Künstlerdorf Ahrenshoop

Im pittoresken Ostseebad Ahrenshoop leben seit über 100 Jahren Maler, Kunsthandwerker und Schriftsteller. Der 1909 als Ausstellungsgebäude errichtete blaue Kunstkaten mit seinem Reetdach dient auch heute wieder Kunstausstellungen und kulturellen Veranstaltungen und ist das Wahrzeichen des Orts.

1892 gilt als das Geburtsjahr der Ahrenshooper Künstlerkolonie. Damals ließ der Landschaftsmaler Paul Müller-Kaempff in der Dorfstraße 18 das erste Malerhaus in Ahrenshoop errichten. Daraufhin entstanden weitere, heute unter Denkmalschutz stehende Häuser von Künstlern. Der von Müller-Kaempff und den Malern Theobald Schorn und Fritz Wachenhusen im Stil eines Fischlandhauses errichtete Kunstkaten wurde nicht nur von Ahrenshooper Künstlern, sondern bald von Künstlern aus dem ganzen Land genutzt. In ihren Gemälden hielten sie die Weite und Schönheit der Landschaft von Darß und Fischland fest. Inspirieren ließen sie sich von der See und

den Steilufern ebenso wie vom Ahrenshooper Holz, das heute als Naturschutzgebiet ausgewiesen ist. Während Fischland ansonsten völlig unbewaldet ist, erwarten den Wanderer im Ahrenshooper Holz dichte Stechpalmengehölze unter bis zu 400 Jahre alten Buchen.

Ahrenshoop liegt im äußersten Süden des Darß, die Ortsteile Althagen und Niehagen hingegen liegen auf dem Fischland: Mitten

durch die Gemeinde verlief die Staatsgrenze zwischen Mecklenburg und Vorpommern (Preußen), entlang des heutigen Grenzwegs sind Nachbildungen der alten Grenzpfähle aufgestellt. Der Althagener Hafen ist Ausgangspunkt für Fahrten mit einem Zeesenboot auf dem Saaler Bodden: Auf dem 1912 erbauten Zweimaster Sannert lässt sich unter fünf Segeln Fischerromantik aus der Zeit der Ahrenshooper Künstlerkolonie erleben.

Mekka der Maler
Vor fast 100 Jahren wurde der blaue Kunstkaten
für Ausstellungen der Künstler errichtet.

Postkartenmotive in Traumlage
Auf ausgedehnten Spaziergängen
passiert man die idyllischen Reetdach-
häuser in traumhafter Strandlage.

Wanderung auf dem Darß

Zu den reizvollsten Wanderungen auf dem Darß zählt die
Küsten- und Waldtour vom Künstlerdorf Ahrenshoop durch
den Nationalpark Vorpommersche Boddenlandschaft zum
Ostseebad Prerow. Im Darßwald, in dem schon die schwedischen Könige jagten, und um das Gebiet vor dem Leuchtturm am Darßer Ort begegnet man mit einer urwüchsigen
Naturlandschaft mit vielfältiger Flora und Fauna. Unter den
zahlreichen Wanderwegen, die das Gebiet erschließen, ist
der Europäische Fernwanderweg 9 der bedeutendste. Ihm
folgt man ab Ahrenshoop auf dem Landschutzdeich und
erreicht schon nach wenigen Minuten den Darßwald und
damit die Schutzzone des Nationalparks. Während der
Wanderung zum ehemaligen Steilufer des Altdarß wechseln trockene Reffen und feuchte, moorige Riegen ab, bis
man den Leuchtturm am Darßer Ort mit dem Natureum
erreicht hat. Dort führt ein Exkursionspfad aussichtsreich
über den Darßer Ort. Krönender Abschluss der Wanderung
sind die schneeweißen Strände von Prerow.

Mit Zeesen auf den Bodden
Vom Althagener Hafen aus starten Ausflugsfahrten
auf den Saaler Bodden mit Segelbooten, den Zeesen.

Der Darß – Küstenlandschaft in stetem Wandel

Wer den urzeitlichen Wald durchquert, hört schon bald ein Meeresrauschen: Der Weststrand des Darß ist fast erreicht.

Am Weststrand des Darß befinden sich über 100 Reffe – küstenparallele Strandwälle, die bis zu 12 Meter hoch werden können. Alljährlich nagt die See einen halben Meter von den Steilküsten des Weststrands ab und landet den Sand an der Nordküste wieder an. Der Darßer Ort ist eines der markantesten Anlandungsgebiete der Ostseeküste. 1848 wurde hier direkt am Strand ein Leuchtturm gebaut, heute breiten sich seeseitig des Turms mit Kiefern bewachsene Dünen aus: Auf diese Weise wächst der Darßer Ort alljährlich um etwa 10 Meter nordwärts in die See hinein – eine Landzunge entsteht.

Der Leuchtturm Darßer Ort

Der 35 Meter hohe Leuchtturm Darßer Ort ist der älteste heute noch betriebene Leuchtturm an der Ostseeküste. Seit 1. Januar 1849 sichert er die Kadettrinne, eines der schwierigsten Fahrwasser der Ostsee mit zahlreichen Untiefen und wandernden Sandbänken. Seit der

Renovierung 1997 zählt er zu den beliebtesten Ausflugszielen auf dem Darß: Jährlich steigen mehr als 120 000 Menschen die 134 Stufen hinauf, um in 33 Meter Höhe den Ausblick auf die Darßlandschaft und die Ostsee zu genießen. An klaren Tagen reicht der Blick bis nach Rostock und zu den dänischen Inseln. Der Leuchtturm steht im Nationalpark Vorpommersche Boddenlandschaft und ist auf einem der zahlreichen Wander- und Radwanderwege vom Ostseebad Prerow aus bzw. durch den Darßwald zu erreichen. Wer schlecht zu Fuß ist, kann sich auch in der Pferdekutsche zum Leuchtturm fahren lassen.

Im Leuchtturm und seinen Nebengebäuden ist das Natureum untergebracht, eine Außenstelle des Meereskundemuseums Stralsund. Es dokumentiert die Entstehung, Entwicklung, Flora und Fauna der Landschaft am Darßer Ort, im Ostseeaquarium tummeln sich Fische und Wirbellose, die auch das Wasser vor dem Darßer Ort bevölkern.

Vom Leuchtturm führt ein etwa 5 Kilometer langer Rundwanderweg mit zahlreichen Aussichtsstellen durch das Anlandungsgebiet des Darßer Orts. Er folgt in etwa dem Küstenverlauf von 1884, führt über Dünen und – teilweise auf Bohlenstegen – durch naturbelassene Feuchtgebiete. Informationstafeln erläutern die Wandlungsprozesse in diesem Gebiet, Aussichtsturmgerüste machen die Landschaft überschaubar. Von einem dieser Aussichtspunkte schweift der Blick über den Fukareksee zur ehemaligen Bernsteininsel, die inzwischen fest mit dem Darßer Ort verwachsen ist. Sie trägt ihren Namen, weil hier nach Frühjahrs- und Herbststürmen besonders viel Bernstein gefunden worden sein soll. Unweit der Bernsteininsel hatte die DDR-Marine im Westen des Darßer Orts einen

Gewusst wohin
Liebevoll gestaltete Wegweiser helfen dem Besucher in Prerow bei der Orientierung.

Sichtbarer Wandel
Die Strandwälle am Weststrand des Darß werden jedes Jahr schmaler – der abgetragene Sand wird an der Nordküste wieder angelandet.

kleinen Hafen. Dieser Nothafen wird heute von Segelyachten genutzt, wobei seine Nutzung umstritten ist: Umweltschützer machen geltend, dass durch die Fahrrinne der natürliche Anlandungsprozess gestört wird.

Die Seemannskirche in Prerow

In Prerow sollte man sich etwas Zeit für eine Besichtigung der Kirche nehmen. Sie wurde erbaut, als Darß noch an der Mündung des Prerowstroms lag: Der hölzerne Westturm mit seinem schindelgedeckten Dach diente Seeleuten als Orientierungsmarke, wenn sie die Mündung des Stroms ansteuerten. Im Inneren des breit gelagerten Backsteinbaus finden sich sechs Votivschiffe aus der Zeit ab 1780. Der Ausdruck Votivschiffe wurde an den Küsten des lutherischen Nordens analog zu den Votivgaben in katholischen Wallfahrtskirchen gebildet, bezeichnet jedoch etwas ganz anderes: Votivschiffe sind keine Dank-, Bitt- oder Weihegaben, sondern Statussymbole und Repräsentationszeichen. Um die anderen Kirchgänger zu beeindrucken und möglichst viel Neid zu erregen, ließen wohlhabende Privatpersonen – aber auch Gilden – verkleinerte Darstellungen ihrer Schiffe aufstellen. Den Seemännern kam es darauf an, ihre Statussymbole auch im Inneren der Kirche zu zeigen. So wurden im 18. Jahrhundert die Kanonen auf den Votivschiffen übergroß dargestellt, und im 19. Jahrhundert sollten Schiffsschrauben und andere Errungenschaften demonstrieren, dass der Eigner auf der Höhe des technischen Fortschritts war. In dänischen Kirchen gibt es noch über 1000 Votivschiffe, in Schleswig-Holstein sind es nur noch 35, sechs davon in der Prerower Kirche – Zeichen des Wohlstands, ehe die Mündung des Prerowstroms bei der Sturmflut von 1872 verschüttet wurde und die Zeit der Seefahrt zu Ende ging. Auch die Schiffsdarstellungen auf den Grabstellen des Prerower Friedhofs erinnern an die Zeit der glücklichen Segelschifffahrt, der älteste Grabstein zeigt die Jahreszahl 1690. Nach dem Ende der Schifffahrt begann für Prerow jedoch eine neue Epoche: 1880 kamen die ersten Badegäste.

Beliebtes Ausflugsziel
Vor dem tiefblauen, leer gefegten Ostseehimmel kommt der rote Leuchtturm Darßer Ort besonders gut zur Geltung. Auf den Sandböden gedeihen vor allem Kiefern.

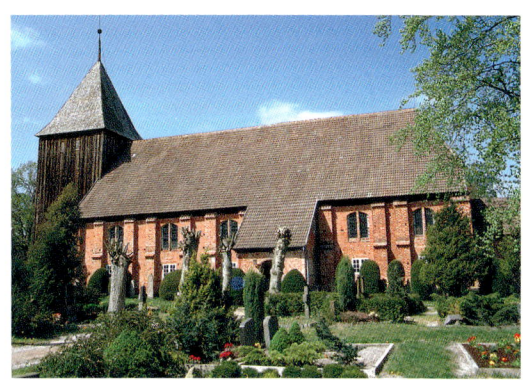

Aus der Zeit der Seefahrer
Die im 18. Jahrhundert erbaute Seemannskirche in Prerow ist berühmt für ihre Votivschiffe im Inneren.

Zwischen Meer und Bodden
Von der Hohen Düne hat man einen hervorragenden Blick auf die feuchte Niederung der Sundischen Wiese (rechts im Bild).

Zingst – ehemalige Insel und Seeheilbad

Im Zingst findet »Deutschlands schönste Halbinsel« ihre östliche Fortsetzung.

Ständige Begleiter
Silbermöwen mit ihrem kräftigen gelben Schnabel, gelben Raubvogelaugen und rosa Füßen sind überall zugegen.

Östlich des Prerowstroms erstreckt sich auf einer Länge von knapp 20 Kilometern die Meeressandebene des Zingst mit dem gleichnamigen Seeheilbad. Bis in die Mitte des 19. Jahrhunderts war der Zingst eine Insel, der Prerower Strom trennte ihn vom Darß. Danach erschwerte die Versandung der seeseitigen Mündung des Stroms zunehmend die Durchfahrt zwischen Bodden und See, und nach der großen Sturmflut von 1872 wurde die Mündung aus Gründen des Küsten-

schutzes vollständig geschlossen. Seit dieser Zeit gibt es die Halbinsel Fischland-Darß-Zingst. Das quirlige Ostseebad Zingst bietet eine Freilichtbühne, ein Heimatmuseum, ein Freizeitzentrum und einen Festplatz. Ein kleines Wander- und Radwanderparadies befindet sich östlich des Seebads.

Die Sundische Wiese

Wer den 800 Hektar großen Osterwald durchwandert hat, erreicht in seinem Osten beim Schlösschen die Nationalpark-Informationsstelle Sundische Wiese. Hier führt der Rad- und

Wanderweg auf dem Deich durch die Ruhezone des Nationalparks. Der Weg endet am Aussichtspunkt Pramort an der Ostspitze des Zingst, der nicht nur Ornithologen gute Beobachtungsmöglichkeiten für Vögel bietet, sondern den Blick ostwärts über den Großen und den Kleinen Werder hinweg zum Leuchtturm auf der waldbedeckten Meeressandinsel Bock schweifen lässt.

Die Sundische Wiese ist ein Paradebeispiel für den Segen, den der Nationalpark der Boddenküste gebracht hat: Während des Nationalsozialismus wurde sie als Bombenabwurfszielgebiet missbraucht, danach diente sie als Schießplatz der Nationalen Volksarmee der DDR, ehe sie 1992 in den Nationalpark integriert werden konnte und die militärischen Altlasten geräumt wurden. Zu den schönsten Aussichtsstellen am Rand der Sundischen Wiese zählt die Hohe Düne im Nordosten. Der Bohlensteg, der vom Primort zu diesem Weißdünengebiet gelegt wurde, musste zwischenzeitlich gesperrt werden, nachdem starker Wind alte Munition freigeweht hatte. Seit Abschluss der Räumungsarbeiten – es wurden 26 399 Stück Munition sowie 20 685 Kilogramm Munitionsschrott

Im Galopp
Am kilometerlangen Sandstrand des Zingst finden regelmäßig Pferderennen statt.

geborgen, abgeliefert und vernichtet – ist die Hohe Düne als einer der schönsten Punkte des Zingst wieder begehbar: Von hier schaut man hinaus auf das Windwatt, die Werderinseln, den Bock und auf Hiddensee. Während des Vogelzugs rasten unzählige Zugvögel im Ostteil des Zingst.

Ein Gang durch die Störtebekerstraße
Nur einige alte Villen im Seebad Zingst, vor allem in der Störtebekerstraße, weisen noch die typischen filigranen Holzbalkone auf. Ein bezeichnendes Stilelement ist das »Ochsenauge«, ein rundes Fenster im Dachgeschoss.

163

Bernstein zum Anfassen – Ribnitz-Damgarten

Es heißt: Wer einmal Bernstein gesammelt hat, wird süchtig danach ...

Immer wieder wird an den Küsten nach Frühjahrs- und Herbststürmen das Gold der Ostsee angeschwemmt. Wer wissen will, was es mit dem sagenumwobenen fossilen Harz auf sich hat, findet die Antwort in der Bernsteinstadt Ribnitz-Damgarten. Sie liegt an der Mündung des alten Grenzflusses Recknitz in den Saaler Bodden und wartet im deutschen Bersteinmuseum mit der wohl bedeutendsten Bernsteinsammlung Deutschlands auf: Das Museum im ehemaligen Klarissenkloster von Ribnitz beherbergt fast 1000 historische und zeitgenössische Exponate. Der Besucher bekommt einen Einblick in die Naturgeschichte und Geologie des fossilen Harzes sowie in die Kunst- und Kulturgeschichte des baltischen Bernsteins. Ausgestellt sind einmalige Bernsteineinschlüsse (Inklusen) wie die Eidechse, außerdem Bernsteinkunstwerke des 16./17. Jahrhunderts sowie zeitgenössische Exponate des 20./21. Jahrhunderts: Ein Danziger Bernsteinaltar von 1680 kann hier genauso bewundert werden wie eine jungsteinzeitliche Bernstein-Kultfigur aus Schwarzort. Bernstein-Trachtenketten des 19. Jahrhunderts stehen neben Rauchutensilien und Bernsteinschmuck aus der Jugendstilzeit. Sehenswert ist auch typisch Ribnitzer Fischlandschmuck. Zu den Höhepunkten des Museums zählt die 1999 von den Sankt Petersburger Restauratoren angefertigte Nachbildung eines Paneelteils aus dem Sockelbereich des legendären Bernsteinzimmers. In der Museumswerkstatt wird die Bearbeitung des Bernsteins demonstriert. Dabei besteht die Möglichkeit, beim Bernsteinschleifen selbst Hand an zu legen.

Wer den Museumsbesuch mit einer Tasse amberfarbenen Tees im Museumscafé ausklingen lässt, sollte anschließend nicht versäumen, einen Blick in die Kirche des ehemaligen Klosters zu werfen. Sie beherbergt im Nonnenchor gotische Schnitzfiguren aus dem 14./15. Jahrhundert: die Ribnitzer Madonnen. Das Ribnitzer Klarissenkloster wurde 1323 durch Heinrich den Löwen von Mecklenburg gestiftet. Die um 1393 geweihte Kirche ist betont schlicht gehalten, da die Klarissen oder Klarissinnen einem Orden angehörten, der zu einem kontemplativen Leben in Armut verpflichtete. Nach der Reformation wurde das Kloster der mecklenburgischen Ritterschaft zugesprochen, und im Damenstift wohnten »die unversorgten Töchter des Landes«. Heute sind die Kirche und die ehemaligen Klostergebäude wieder zu neuem Leben erwacht.

Im Sommer finden im Chorsaal der Klosterkirche unter den Augen der Ribnitzer Madonnen zahlreiche Konzerte statt.

Bernsteinschmuck für jeden Geschmack

Im Stadtteil Damgarten befindet sich die größte Bernstein-Verkaufsausstellung Deutschlands mit der gläsernen Manufaktur der Ostsee-Schmuck GmbH. Sie ist zugleich auch der bedeutendste Schmuckproduzent in den neuen Bundesländern.

Die Besucher können hautnah erleben, wie Gold und Silber fachmännisch bearbeitet wird, um aus diesen Edelmetallen wunderschöne Schmuckstücke entstehen zu

Das »Gold der Ostsee«
Die größte Bernstein-Verkaufsausstellung Deutschlands wartet mit prächtigen Stücken für jeden Geschmack auf.

Freilichtmuseum Klockenhagen

Westlich von Ribnitz-Damgarten scheint die Zeit stehen geblieben zu sein: Auf einem 7 Hektar großen Gelände befinden sich 200 bis 300 Jahre alte Bauernhäuser, kleine Katen und Scheunen als Beispiele ländlichen Bauens in den Regionen Mecklenburg-Vorpommerns. Das größte Objekt ist der reetgedeckte Denkmalhof des Bauern Heinrich Peters, erbaut um 1700 als niederdeutsches Hallenhaus. Backofen und Backhaus, Gebäude des dörflichen Handwerks, sowie Spritzenhäuser und eine Bockwindmühle, eine Fachwerk-Dorfkirche und ein Dorfladen, Einrichtungsgegenstände, Werkzeuge, historische Landwirtschaftsmaschinen, ein Bauerngarten, ein Kräutergarten und vieles mehr. Hinzu kommen landestypische Haustiere wie Puten, Hühner, Pommernenten und -gänse. Anlässlich der Museumsfeste führen Handwerker mit historischen Werkzeugen ihr Können vor. Alle 14 Tage ist der holzbeheizte Backofen Hauptschauplatz der Backtage, die vom Frühsommer bis zum Herbstanfang an Wochenenden durchgeführt werden. Das alljährliche Erntedankfest beschließt mit der Wahl der schönsten Erntekrone schließlich die Saison.

Backen wie in alten Zeiten
Im Freilichtmuseum wird alle 14 Tage im Ofen des Backhauses Brot gebacken.

Ländliche Nostalgie
Diese Bockwindmühle zählt zu den Hauptattraktionen des Freilichtmuseums Klockenhagen.

lassen, wie funkelnde Edelsteine gefasst werden und wie das Bernstein gesägt, geschliffen und poliert wird. In einem Werk- und speziellen Experimentierraum können die Zuschauer selbst aktiv werden und den Bernstein unter fachkundiger Anleitung bearbeiten. Nach dem Rundgang durch die »gläserne« Produktion haben die Gäste die Möglichkeit, Schmuck aus der besichtigten Manufaktur zu kaufen. Die Verkaufsausstellung erstreckt sich über drei Stockwerke und wartet mit beeindruckenden Exponaten unterschiedlichster Herkunft auf.

Vineta-Stadt Barth – das Atlantis der Ostsee

Wer über die Barther Hafenpromenade schlendert und über die weite Wasserfläche des Barther Boddens hinweg zu den Wäldern auf dem nahen Zingst blickt, gelangt zu einer Installation aus Holz, Sand und Findlingen. Vineta-Blick nennt sich dieser Aussichtspunkt. Ein Messingschild auf einem der Rammpfähle erläutert: »Im Barther Bodden soll die sagenhafte Stadt Vineta liegen, das Atlantis des Nordens.«

Die Stadt an der Küste des Barther Boddens versteht sich als Nachfolgerin der mittelalterlichen Handelsstadt Vineta, die – wie die Legende berichtet – wegen der Sündhaftigkeit ihrer im Luxus schwelgenden Einwohner im Meer versinken musste. Dort draußen, im Schlamm des Barther Boddens, soll das Atlantis des Nordens liegen, das schon die Dichter der Romantik und den Komponisten Johannes Brahms, aber auch Heinrich Heine, Gerhart Hauptmann, Erich Fried und zahlreiche weitere Schriftsteller beschäftigt hat.

Vineta gab es tatsächlich

Arabische und christlich-abendländische Berichte sowie nordische Sagas bezeichnen die Handelssiedlung Vineta als eine der reichsten und schönsten an der südlichen Ostsee. Wann genau sie zerstört wurde, weiß niemand. Unklar ist auch, wo Vineta gelegen haben soll. Adam von Bremen lokalisiert in seiner Bischofsgeschichte der Hamburger Kirche von 1070 diese einst größte Stadt Europas auf einer Insel: »Wo die Oder an ihrer Mündung ins Skythenmeer fließt, da bildet die überaus berühmte Stadt ... einen viel besuchten Treffpunkt. ... Die Stadt ist angefüllt mit Waren aller Völker des Nordens, nichts Begehrenswertes oder Seltenes fehlt ... Hier zeigt sich Neptun in dreifacher Gestalt, denn die Insel wird von drei Meeren umspült, eines davon soll von tiefgrünem Aussehen sein, das zweite weißlich, das dritte wogt ununterbrochen, wild bewegt von Stürmen.«

Aufgrund solcher eher unbestimmten Berichte und wegen der zahlreichen vieldeutigen Volkssagen ging man davon aus, dass die Reste der versunkenen Stadt auf Usedom liegen würden. Schon im 16. Jahrhundert gab es hier eine regelrechte Vineta-Euphorie: Alles, was Beine hatte, pilgerte zum Vineta-Riff vor Koserow auf Usedom.

Sagenumwoben
Bei der kleinen Stadt Barth soll einst das reiche Vineta gelegen haben.

1871 stellte der berühmte Arzt und Naturforscher Rudolf Virchow die Ergebnisse seiner Ausgrabungen der Öffentlichkeit vor und war überzeugt: »Vineta ist auf der Insel Wollin!« Der Archäologie Wladislaw Filipowiak führte die Forschungen weiter, legte auf Wollin mehrere Handwerkerviertel und Friedhöfe sowie vier Häfen frei und sammelte rund 50.000 Fundstücke.

Auf diese archäologischen Funde reagierten die Zuständigen auf der polnischen Insel Wollin gelassen, als 1997 die von vielen Wissenschaftlern für verwegen gehaltene These geäußert wurde: Vineta liegt weder auf Wollin noch auf Usedom, sondern auf dem Grund des Barther Boddens. Der Berliner Frühgeschichtler Klaus Goldmann und der Publizist Günter Wermusch lancierten diese These nach dem Oderhochwasser: Die

Odermündung, so behaupteten sie, habe um das Jahr 1000 keineswegs an der heutigen Mündung des Stroms gelegen, sondern der natürliche Abfluss sei über Ziesebruch, Greifswalder Bodden und Strelasund erfolgt, es habe noch eine vierte Odermündung im Bereich des Barther Boddens gegeben, und dort habe Vineta gelegen.

Vineta ist in Barth allgegenwärtig

Die Stadtväter von Barth rieben sich die Hände, es begann eine Vermarktungskampagne, die kaum zu überbieten ist: Die Stadt

Barth ließ sich die Bezeichnung Vineta als Marke schützen, und seit 1999 heißt Barth offiziell Vineta-Stadt Barth. So wurden die Rammpfosten, so genannte Duckdalben, bei der Installation am Barther Hafen V-förmig in den Boden gerammt. Das V steht für Vineta und bildet zugleich eine Kimme zur Ortung des Platzes, wo angeblich das Atlantis des Nordens lag.

Davon dass Vineta wieder in aller Munde ist, profitieren alle, die Zinnowitzer auf Usedom, die seit 1997 ihre Vineta-Festspiele veranstalten, und die Stadt Barth, die seit dem Jahr 2000 auf der Barther Bodden Bühne in der ehemaligen Zuckerfabrik ebenfalls Vineta-Festtage veranstaltet. Andernorts leidet die Theaterkultur, an der Ostseeküste blüht sie dank Vineta für den Tourismus wieder auf.

1997 wurde in den Räumen eines ehemaligen Kaufmannshauses des 18. Jahrhunderts das Vineta-Museum neu eröffnet. Auf drei Etagen werden neben der Barther Stadtgeschichte ständig wechselnde Sonderausstellungen gezeigt. Im Obergeschoss befindet sich eine Abteilung, die dem Mythos Vineta nachspürt. Der Besucher steigt ein in die U 98 und geht auf eigene Entdeckungsreise. Sämtliches Quellenmaterial zur Vineta-Theorie wird erlebnisreich präsentiert.

Ein Mythos lebt
Alljährlich finden in Barth die Vineta-Festtage statt. Die zentrale Veranstaltung dabei ist die beeindruckend inszenierte Aufführung der Vineta-Trilogie.

Welterbe am Strelasund
Die Altstadt von Stralsund wird vom breit gelagerten Bau der Jakobikirche flankiert.

Hansestadt Stralsund

Durch diese Stadt zu gehen kommt der Besichtigung eines historischen Freilichtmuseums gleich.

Symbol der Macht
Das historische Wappen der Stadt prangt am Rathaus.

Die Hansestadt Stralsund am Strelasund ist die größte Stadt Vorpommerns und eines der bedeutendsten städtebaulichen Ensembles an der Ostseeküste. Seit 2002 steht die Altstadt mit ihren Wohnspeicherhäusern, den drei Kirchen und dem spätgotischen Rathaus als Weltkulturerbe unter dem Schutz der UNESCO, weil sie »idealtypisch« eine »entwickelte Hansestadt während der Blütezeit des Städtebundes im 14. Jahrhundert« darstellt.

Die hoch aufragenden Türme der Pfarrkirchen Sankt Nikolai, Sankt Jakobi und Sankt Marien bestimmen der Silhouette der auf einem Hügel zwischen Strelasund, Knieperteich und Frankenteich errichteten Stadt. Der beste Blick auf die Altstadt bietet sich von der See aus, vom Rügendamm und vom kleinen Fährhafen Altefähr an der Südwestküste Rügens. Auf einer Fahrt mit einem Linienschiff der Weißen Flotte von der Hansestadt über den Strelasund nach Altefähr kann man diesen Blick genießen.

Auf den Spuren der Hanse

Fürst Witzlaw I. von der Insel Rügen verlieh Stralsund im Jahr 1234 lübisches Stadtrecht. Aus Neid auf die aufstrebende Handelsstadt brannten die Lübecker die Stadt auf dem »rügischen Festland« 1249 nieder und verschleppten Kaufleute an die Trave. Doch dennoch avancierte Stralsund danach zu einer der mächtigsten Städte im wendischen Quartier der Hanse. Der Frieden von Stralsund sicherte am 24. Mai 1370 die politische und wirtschaftliche Vormachtstellung der Hanse im Ostseeraum und verhalf ihr so zu einer einmaligen Blütezeit.

Ausgangspunkt der Besiedlung Stralsunds im 13. Jahrhundert war der Alte Markt, an dem die Nikolaikirche und das Rathaus eine der bedeutendsten mittelalterlichen Baugruppen Norddeutschlands bilden. Der monumentale Backsteinbau der Nikolaikirche, die älteste der drei Pfarrkirchen, ist wie viele Kirchen an Ost- und Nordsee dem heiligen Nikolaus, dem Schutzpatron der Seefahrer, geweiht. Nach dem Aufstieg Stralsunds zur Seehandelsstadt wurde die Nikolaikirche im 14. Jahrhundert im Auftrag des Stadtrats zur dreischiffigen Basilika mit Umgangschor, Kapellenkranz und doppeltürmiger Westfront um- und ausgebaut: Als weithin sichtbares Zeichen sollte sie vom Reichtum der Hansestadt künden.

Das Stralsunder Rathaus mit seiner prachtvollen spätgotischen Schaufront (um 1370) am Alten Markt zählt zu den herausragenden Profanbauten der Backsteingotik. Die Vierflügelanlage war Sitz des Rats und Stätte der Rechtssprechung und zugleich ein von regem Geschäftsbetrieb erfülltes Gebäude: Die um 1310 angelegte sechsschiffige, gewölbte Kelleranlage – eine der größten im Hanseraum – diente als Tuchhalle, im Erdgeschoss waren Verkaufsbuden untergebracht. Im Verlauf der Jahrhunderte erfuhr das Rathaus mehrfach Veränderungen: 1579 entstand die Renaissancetreppe zu den Verwaltungsräumen, nach einem Brand 1680 wurde das Kupfer- durch ein Ziegeldach ersetzt und der lang gestreckte Hof erhielt um 1720 den reizvollen Galeriegang.

Im 14./15. Jahrhundert während der wirtschaftlichen Blütezeit der Hansestadt wurde die Marienkirche am Neuen Markt als Pfarrkirche der Neustadt und zugleich größte Stralsunder Kirche errichtet und ist eines der schönsten Werke norddeutscher Backsteingotik. Die Westturmanlage mit ihren mittelalterlichen Tortürmen bietet anders als die anderen Stralsunder Kirchen nicht von der Seeseite, sondern auch vom Binnenland aus ein überwältigendes Bild. Ein durch Blitzschlag verursachter Brand vernichtete den Spitzhelm des Westturms, der 1708 die charakteristische Barockhaube erhielt.

In der frühgotischen Klosterkirche des ehemaligen Katharinenklosters ist das Deutsche Meeresmuseum, das größte Naturkunde-Museum Norddeutschlands, untergebracht. Hauptattraktion sind die 45 Aquarien mit einer faszinierenden Vielfalt heimischer und tropischer Meerestiere.

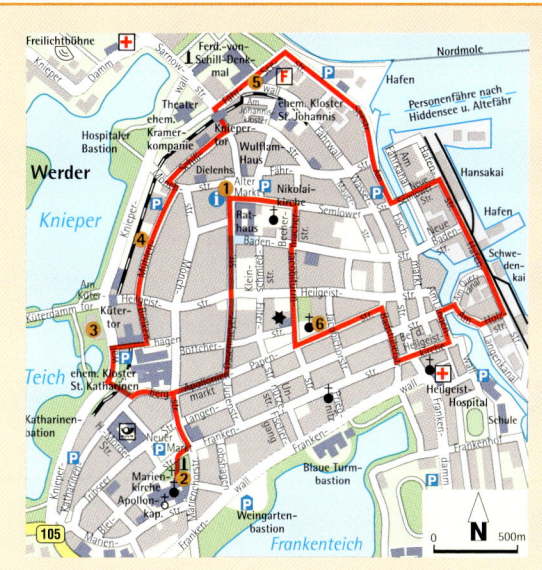

Rundgang durch die Altstadt

Ausgangspunkt des Stadtrundgangs ist der Alte Markt (1) im Herzen der Altstadt. Mit dem Rathaus und der Nikolaikirche befindet sich hier eine der bedeutendsten mittelalterlichen Baugruppen. Das vor 1358 errichtete Wulflamhaus, eines der schönsten und ältesten Bürgerhäuser der Stadt, ist heute eine Gaststätte. Südwärts verlässt man den Markt und kommt zum Neuen Markt. Dort erhebt sich die Marienkirche (2), die größte sundische Kirche und eine der schönsten gotischen Backsteinkirchen an der Ostsee. Vom Neuen Markt aus westwärts gelangt man zum ehemaligen Katharinenkloster (3), in dem das Deutsche Meeresmuseum und das Kulturhistorische Museum untergebracht sind. Die Mühlenstraße weiter in Richtung Norden ist gesäumt von mittelalterlichen Dielenhäusern und folgt dem Verlauf der Stadtmauer. Am Kampischen Hof (4) vorbei führt der Weg zum ehemaligen Franziskanerkloster (5), einem der stimmungsvollsten Orte der Stadt: In der prachtvollen Ruine des Kirchenschiffs steht eine Nachbildung der Barlach-Pietà, der Kapitelsaal mit seinem Kreuzgewölbe und den gotischen Wandmalereien bildet den Rahmen für Konzerte und Vorträge. Auch eine Bibliothek mit 2500 Werken aus der Zeit des Barock befindet sich dort. Die chorlose Jakobikirche (6) am Rand des ältesten Stadtkerns besticht durch den ornamentalen Reichtum ihrer Blenden und Friese.

Prachtvolle Fassade
Das Rathaus mit seiner Schauwand am nördlichen Kopfbau zählt zu den schönsten Profanbauten der norddeutschen Backsteingotik.

Unversehrte Natur am Greifswalder Bodden

Zahlreiche Vogelarten finden an der unversehrten Boddenküste hervorragende Lebensbedingungen vor.

Gewitterstimmung
Am Greifswalder Bodden zeigt sich die Küstenlandschaft noch in weiten Teilen von ihrer ursprünglichen Seite.

An der Küste des Greifswalder Boddens zwischen Stralsund und Usedom blieb die Landschaft in weiten Teilen vor größeren Veränderungen verschont. Die wichtigsten Naturschutzgebiete dort sind die Insel Koos bei Neuenkirchen, die Halbinsel Fahrenbrink in der Gristower Wiek bei Mesekenhagen, die Strandwälle und Wälder der Lanken an der Dänischen Wiek gegenüber von Greifswald und die Wacholderhalbinsel Struck beim Freesendorfer See vor den Reaktorblöcken des 1990 abgeschalteten Kernkraftwerks Bruno Leuschner (benannt nach einem führenden SED-Funktionär). Seit der Ausweisung der Schutzgebiete dürfen Jäger dort allerdings keine Wasservögel mehr schießen, auch wurde der Bau eines Sägewerks nicht genehmigt, weil durch den Lärm Gänse und Enten vertrieben würden. Natur-

freunde finden in diesen Schutzgebieten wahre Paradiese. Das ganze Jahr über bevölkern Wasser- und Watvögel die steinigen Flachwassergründe im Naturschutzgebiet Insel Koos, Kooser See und Wampener Riff.

Der stark gegliederte Küstenbereich mit seinen Salzwiesen und dem Strandsee ist eine der wenigen noch intakten Salzwiesenzonen an der vorpommerschen Küste. Für verschiedene Watvogelarten und die seltene Zwergseeschwalbe sind diese Wiesen und vegetationsarmen Sand- und Kiesflächen geeignete Brutplätze. Bei entsprechender Windsituation finden die Vögel auch Nahrung auf den breiten Spülsäumen: Hier werden Tang, Seegras und Muschelschalen angetrieben, leider auch zunehmend Kunststoffabfälle und anderer schwimmender Müll. Oft halten sich Tausende von Vögeln gleichzeitig in dem 778 Hektar

großen Gebiet auf: Brut, Aufzucht, Nahrungssuche, Mauser, Rast und Wanderung prägen den Jahreslauf des Vogellebens in dem durch die enge Verbindung von Wasser und Land geprägten Schutzgebiet.

Mit dem Fernglas unterwegs

Mit Ausnahme des Außenstrands am Spülfeld Wampen darf das Schutzgebiet nicht betreten werden. Der Badestrand am Spülfeld ist dank seines flachen Wassers besonders attraktiv für Familien mit kleinen Kindern, und mit dem Fernglas lässt sich von hier aus auch die Vogelwelt im Naturschutzgebiet beobachten. Der alte Bauernhof auf der Insel Koos ist weiterhin bewohnt. Das Naturschutzgebiet Lanken an der Dänischen Wiek gegenüber von Greifswald besteht aus Dünen und bis zu 4 Meter hohen Strandwällen, die von alten Kiefern bewachsen sind. Über 150 Jahre alte Eichen prägen zusammen mit Eschen und Erlen den angrenzenden Moorwald auf einem verlandeten Strandsee. Seeadler und Wespenbussard, Baumfalk und Rohrweihe, Sandregenpfeifer und Alpenstrandläufer haben hier ein Rückzugsgebiet gefunden, die Seeadler sind auf ihren Nahrungsflügen an den Boddenufern gut zu beobachten. Der Strand ist zum Baden freigegeben, ein Naturlehrpfad erläutert die Besonderheiten des Gebiets. Da die nährstoffarmen Böden den Pflanzen nur ein langsames Wachstum ermöglichen, ist die Vegetation sehr empfindlich gegen Trittbelastungen, von den markierten Wanderwegen darf deshalb nicht abgewichen werden.

Ein still gelegter Riese

In der hochsensiblen Landschaft der Boddenküste ließ die DDR-Führung beim Seebad Lubmin das größte Kernkraftwerk des Arbeiter- und Bauernstaats errichten. Die über 1 Kilometer langen, fensterlosen Reaktorbetonhallen des 1973 angefahrenen Kernkraftwerks Bruno Leuschner prägen leider noch immer das Bild an der südlichen Küste des Greifswalder Boddens. 1990 wurde die Anlage we

gen erheblicher Sicherheitsmängel abgeschaltet. Hinter den meterdicken Mauern arbeiten seit 2003 Spezialisten der Energiewerke Nord an dem weltweit größten Rückbau einer atomaren Hinterlassenschaft.

Die gigantische Anlage des Kernkraftwerks verwehrte mehr als drei Jahrzehnte lang den Zugang in die nordöstlich vorgelagerten Freesendorfer Wiesen und den Freesendorfer See sowie die 1925 als ältestes Naturschutzgebiet in Mecklenburg-Vorpommern ausgewiesene Halbinsel Struck. Den Struck kennzeichnen Strandwälle, auf denen neben ausgedehnten Wacholderheiden auch Trocken- und Halbtrockenrasen und auf den höher gelegenen Bereichen naturnaher Birken-Stieleichen-Wald zu finden sind. In den angrenzenden Flachwasserbereichen rasten während der Zugzeiten zahllose nordische Enten, Gänse und Watvögel.

Nicht im Naturschutzgebiet, sondern in einer nur vorläufig gesicherten Zone liegen die Freesendorfer Wiesen, in denen eine der kleinsten und seltensten Vogelarten Europas ein Rückzugsgebiet fand: der kleine Seggenrohrsänger. In ganz Nordostdeutschland sind seine Brutplätze durch Entwässerung und Zerstörung weitestgehend verschwunden, in den Freesendorfer Wiesen fand er jedoch ideale Lebensbedingungen. Dies änderte sich nach dem Abschalten des Kernkraftwerks Lubmin: Seitdem wird dort intensive Landwirtschaft betrieben. Die Folge: Der Bestand der Seggenrohrsänger hat sich inzwischen halbiert.

Fischfang im Bodden
Im Greifswalder Bodden wird bis heute ein einträglicher Fischfang mit kleinen Kuttern betrieben.

Ein seltener Anblick
In vegetationsarmen, stillen Küstenabschnitten brütet der hübsch gezeichnete Sandregenpfeifer.

Denkmalgeschützt
Die nostalgische Holländer-Klappbrücke
in Wieck verbindet die Greifswalder
Stadtteile Eldena und Wieck.

Caspar-David-Friedrich-Stadt Greifswald

Nach aufwändiger Sanierung ist die historische Universitätsstadt in alter Pracht wieder erstanden.

D ie Hanse- und Universitätsstadt Greifswald vor der Mündung des Ryck in den Greifswalder Bodden ist die Hauptstadt von Vorpommern. Die Stadt, die fast 300 Jahre schwedischer Herrschaft unterstand, blieb im Zweiten Weltkrieg von Zerstörung verschont. Das malerische Bild der Altstadt ist noch heute so allgegenwärtig, wie es der berühmteste Sohn der Stadt, Caspar David Friedrich, in seinen Gemälden festgehalten hat. In der Stadtansicht Wiesen bei Greifswald (1822) sieht man die Türmesilhouette der Stadt: die Pfarrkirche St. Jakobi (15. Jh.), den evangelischen Dom St. Nikolai (15. Jh.) mit dem Westturm, den barocken Dachreiter des ursprünglich gotischen Rathauses und die Kirche St. Marien (15. Jh.).

In den Ryckwiesen springen Pferde und lagern Gänse, in einem Teich spiegelt sich der Himmel und links drehen sich die Flügelkreuze von Windmühlen. Caspar David Friedrich stellte die Stadt als Paradies und ihre Umgebung als Idyll dar, unterstrich jedoch durch den verschatteten Vordergrund, dass der Wanderer, der die Stadt so sieht, in einem realistischen Diesseits steht, während die Stadt einen Ort in der »Sehnsuchtsgeographie« bildet.

Rundgang durch ein Backsteinidyll

Den Mittelpunkt der historischen Altstadt bildet der von Giebelhäusern und Cafés gesäumte Marktplatz (1), der seit der Sanierung

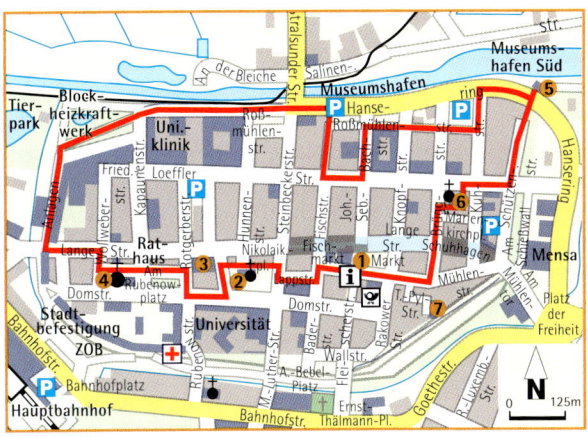

1998/99 wieder die gute Stube von Greifswald ist. Auf seinem westlichen Teil, dem Fischmarkt, erhebt sich neben der Ratsapotheke das in mehreren Bauphasen ab der Gotik errichtete prachtvolle rote Rathaus mit seinem Volutengiebel. Dahinter ragt ein Wahrzeichen von Greifswald in den Himmel: Der fast 100 Meter hohe Westturm des Nikolaidoms (2) kann bestiegen werden und bietet einen einmaligen Blick auf die Stadt. Westlich des Doms gelangt man am soziokulturellen Zentrum St. Spiritus (3), dem ehemaligen Hospital der mittelalterlichen Stadt, vorbei zum Rubenowplatz. Hier steht vor dem Hauptgebäude der Universität das nach dem Universitätsgründer Heinrich Rubenow benannte neugotische Rubenowdenkmal (1856). Unter den vier Eckfiguren symbolisiert Ernst Moritz Arndt, nach dem die Uni-

versität seit der Machtergreifung der Nazis (1933) benannt ist, die philosophische Fakultät. Im Westen des Platzes erhebt sich als Zeugnis der Backsteingotik die Jakobikirche (4). Westlich davon erreicht man den ehemaligen Festungswall, der heute als Kastanien- und Lindenwall die historische Altstadt umschließt.

Dem Wall rechts folgend gelangt man im Nordwesten der Altstadt zum Tierpark, folgt man ihm südwärts, erreicht man im Osten der Stadt das Mühlentor. Der Fangenturm (5) (1329) am Museumshafen im Nordosten ist das letzte erhaltene Zeugnis der städtischen Befestigungsanlagen am Ryck. Nach dem Rundgang geht man an der mächtigen Marienkirche (6) vorbei zurück zum Marktplatz, betrachtet in der Langen Straße 57 die Tafel mit dem Hinweis auf das Geburtshaus des berühmtesten Sohns der Stadt und kann sich den Schätzen des Pommerschen Landesmuseums (7) widmen. Das 2004 eröffnete Caspar-David-Friedrich-Zentrum befindet sich in der Friedrich'schen Seifensiederei.

Rundgang durch die Altstadt
Vom Marktplatz aus führt ein reizvoller Spaziergang zu vielen historisch bedeutsamen Bauwerken.

Der besondere Tipp

Der berühmteste Sohn Greifswalds

Caspar David Friedrich war der bedeutendste Landschaftsmaler der deutschen Romantik. Herbst- und Winterstimmungen, Dämmerung, Nebel und Mondschein interpretierte er als Zustände der menschlichen Seele und des Gefühls: »Schließe dein leibliches Auge, damit du mit dem geistigen Auge zuerst sehest dein Bild. Dann fördere zutage, was du im Dunkeln gesehen, dass es zurückwirke auf andere, von außen nach innen ... Heilig sollst du halten jede Regung deines Gemütes, heilig achten jede fromme Ahndung, denn sie ist Kunst in uns! In begeisternder Stunde wird sie zur anschaulichen Form; und diese Form ist dein Bild!«

Geboren wurde Friedrich am 5. September 1774 im damals schwedischen Greifswald als Sohn eines Seifensieders. Sein Geburtshaus in der Fischstraße 11 wurde 1999 nach grundlegender Renovierung als Caspar-David-Friedrich-Haus wieder eröffnet. Es ist Sitz des Regionalen Fremdenverkehrsverbands Vorpommern und des Kulturbunds und bildet den Rahmen für Ausstellungen und andere Kulturveranstaltungen. Im Erdgeschoss lädt das Café *Caspar* zur Einkehr.

Alter Ruhm in neuem Glanz
Für die 750-Jahr-Feier wurde Greifswald gründlich renoviert. Der mächtige Turm der Marienkirche überragt den Marktplatz mit seiner Renaissance-Kulisse.

Eldena – Symbol der deutschen Romantik

Die Ruinen des Klosters Eldena am Greifswalder Bodden zählen seit ihrer Entdeckung durch Caspar David Friedrich zu den bedeutendsten Bau- und Geschichtsdenkmälern Deutschlands.

Die Gründung des Klosters geht auf Fürst Jaromar I. von Rügen zurück. Mönche ließen ab 1199 unter dem Schutz des Rügenfürsten die der Ordenspatronin Maria geweihte Klosterkirche als dreischiffige Pfeilerbasilika zunächst in romanischen Formen, dann im charakteristischen Stil der Backsteingotik errichten.

Das Kloster als Wirtschafts- und Bildungszentrum leistete Pionierarbeit bei der Urbarmachung der einst moor- und waldreichen Umgebung. Schon nach wenigen Jahrzehnten hatten sich im Schatten des Klosters so viele Bauern und Handwerker angesiedelt, dass ein Markt benötigt wurde. In diesem Zusammenhang wurde die Stadt Greifswald gegründet. Auch an der Gründung der Greifswalder Universität 1456 war das Kloster wesentlich beteiligt.

Nach der Reformation (1533) ging das Kloster in den Besitz der Herzöge von Pommern-Wolgast über, die das Kloster 1634 der Universität Greifswald schenkten. Unter schwedischer Herrschaft (1630/48–1815) verfielen die Gebäude und wurden als Steinbruch genutzt.

Mit der Abtei im Eichwald (1809) schuf Caspar David Friedrich nicht nur eines der

Eldena im Riesengebirge
Das berühmte Gemälde von Caspar David Friedrich hängt im Pommerschen Landesmuseum.

berühmtesten Gemälde, sondern zugleich ein Schlüsselwerk der deutschen Romantik. Immer wieder zeichnete und malte Friedrich die Eldena-Ruinen. Die Ölgemälde, Aquarelle und Zeichnungen finden sich heute in Museen von Oslo bis Angers, von Kopenhagen bis Berlin. Das Pommersche Museum in Greifswald zeigt das Gemälde *Eldena im Riesengebirge* (1815): Friedrich versetzte auf diesem Gemälde die Ruine vom Greifswalder Bodden in eine Gebirgslandschaft.

Im September 1810 besuchte Goethe den Maler in Dresden und hob unter seinen Gemälden einen »Nebelkirchhof« lobend hervor, womit wahrscheinlich die Abtei im Eichwald gemeint ist. Im Oktober desselben Jahres stellte Friedrich unter anderen die Abtei im Eichwald auf der Berliner Akademie-Ausstellung aus. Der 15-jährige Kronprinz Friedrich Wilhelm (IV.) ließ das Bild durch König Friedrich Wilhelm III. erwerben, Friedrich wurde zum auswärtigen Mitglied der Königlichen Kunstakademie Berlin ernannt. 1827 besuchte der Kronprinz die verwahrlosten Ruinen des Klosters, die weiterhin als Steinbruch genutzt wurden, und gebot der Kulturbarbarei Einhalt. Bis zum Jahr 1831 wurde nach Plänen von Peter Joseph Lenné ein Landschaftsgarten im Sinne der romantisch-

Der besondere Tipp

Neues Leben zwischen alten Mauern

Anlässlich des 800. Jubiläums der Klostergründung wurde das Gelände 1999 als historische Schauanlage und kultureller Veranstaltungsort der Öffentlichkeit übergeben. Das Nebeneinander von gotischen Ruinen und den hohen alten Bäumen in weiten Rasenflächen macht den Reiz des Ensembles aus. Zur Straße hin schirmen Klostermauer und Hainbuchenhecke das 2000 Quadratmeter große Areal ab. Duftende Stauden mit Lavendel und Thymian erinnern an alte Klostergärten. Wildpflanzungen mit Schmetterlingsbaum, Hartriegel, Vogelkirsche, Flieder, Taxus, Clematis, Ackerbrombeere verweben sich zu einer blühenden Kulisse. Im Juli bilden Park und Ruinen den Rahmen für die seit 1973 veranstalteten Eldenaer Jazz Evenings.

klassizistischen Naturauffassung rund um die Ruinen gestaltet. Nach dem Zweiten Weltkrieg dienten Ruinen und Landschaftspark wieder als Holzeinschlagsplatz und Steinbruch.

Ueckermünde – grüne Seestadt zwischen Haff und Heide

Wer Ruhe und Erholung sucht, ist in dem beschaulichen Haffstädtchen bestens aufgehoben.

Die Fischerei hat Tradition
Auch Kunstwerke, wie die Fischerskulptur am Marktplatzbrunnen von Ueckermünde, beschäftigen sich mit diesem Thema.

Typisch die Städte am Haff
Der Stadthafen ist Liegeplatz für Freizeitboote aller Art, das Stettiner Haff ist ein beliebtes Segelrevier.

Zwischen der weiten Wasserfläche des Stettiner Haffs und den Wäldern der Ueckermünder Heide liegt die Stadt Ueckermünde mit traumhaftem Sandstrand und dem östlichsten Hafen der vorpommerschen Küste. Die von der Uecker durchflossene kleine Seestadt im Grünen hat ein hübsches Stadtzentrum mit geschlossener Bebauung rund um den viereckigen Markt. Viele Backsteinhäuser zeugen noch heute davon, dass in Ueckermünde die Ziegelindustrie einst wichtiger Erwerbszweig war. Vor allem an Gebäuden des 19. und 20. Jahrhunderts findet man rote und gelbe Steine. Die Ueckerstraße zwischen Sparkasse und Brücke ist bestens für einen Stadtbummel geeignet. Nicht nur die kleinen Geschäfte, Restaurants und Kneipen faszinieren, sondern auch die zahlreichen Details an Häusern, die man erst auf den zweiten Blick wahrnimmt. Da ist zum Beispiel die Sonnenuhr dicht bei der Kirche, der alte Speicher in der

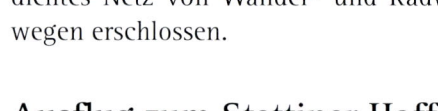

Bergstraße, der Brunnen auf dem Markt, Putten und Schriftzüge an vielen Gebäuden. Bei einer Turmbesteigung der Marienkirche kann man die Sonnenuhr besonders gut betrachten.

Für Naturfreunde, Radfahrer und Spaziergänger bietet sich Ueckermünde als Ausgangspunkt für Ausflüge in die Ueckermünder Heide an. Sie ist die am weitesten nordöstlich gelegene, größere Heidelandschaft von Mecklenburg-Vorpommern und ist deshalb unter anderem für zahlreiche wärmeliebende Pflanzenarten ein günstiger Standort. Das Heidegebiet ist durch ein dichtes Netz von Wander- und Radwanderwegen erschlossen.

Ausflug zum Stettiner Haff

Während früher das Leben im Stadthafen von Lastkähnen und Fischkuttern geprägt war, dominieren heute touristische Nutzungen: Ausflugsfahrten auf das Stettiner Haff, zur Insel Usedom oder in das benachbarte Polen werden von hier aus angeboten. Östlich des Badestrands befindet sich der Fischereihafen, von wo die Fischer täglich mit ihren Kuttern starten, um die Reusen zu leeren. Es lohnt sich, ihnen bei der Rückkehr bei der Arbeit zuzusehen und fangfrischen Fisch wie Aal, Zander, Hecht und Barsch zu kaufen.

Die Ausflugsfahrten auf dem Stettiner Haff zählen zu den reizvollsten Erlebnissen, die die Ostseeküste zu bieten hat. Allerdings nahmen die meisten Passagiere bis zum Mai 2004 die wunderbare Landschaft nicht zur Kenntnis. Durch das Stettiner Haff verlief nämlich die Außengrenze der Europäischen Union. Hunderttausende ließen sich auf so genannten Butterfahrten aufs Haff hinausschippern,

wo die Schiffe so lange kreuzten, bis sich die Schnäppchenjäger in den schwimmenden Supermärkten mit Wodka, Whisky und Zigaretten eingedeckt hatten. Der EU-Beitritt Polens im Mai 2004 beendete den Duty-free-Kaufrausch. Nach den Schätzungen der Reedereien wird höchstens ein Viertel der Schiffe weiterhin auf dem Stettiner Haff verkehren können – für die Passagiere, die dann den Blick auf die Landschaft genießen wollen.

Abstecher nach Mönkebude

Am nördlichen Rand des Landschaftschutzgebiets Haffküste und an der Peripherie der Ueckermünder Heide, etwa 5 Kilometer westlich von Ueckermünde entfernt, liegt Mönkebude. Der Name leitet sich ab von den im 12. Jahrhundert eingewanderten Mönchen aus dem Kloster Grobe. Mönkebude lässt vermutlich auf »Haus, Bude der Mönche« schließen. Die Mönche lebten damals vornehmlich vom

Fischfang, der Holzfällerei sowie von der Jagd. Zum Ende des Dreißigjährigen Krieges war der Ort verwüstet und wurde erst 1698 wieder neu besiedelt. Im Jahre 1777 entstand die Poststraße von Anklam über Mönkebude, Ueckermünde nach Stettin. Damit entwickelte sich in Mönkebude neben der Landwirtschaft und Fischerei auch das Handwerk und der Handel. Später nahm auch die Kahnschifferei immer mehr an Bedeutung zu. 1930 wurde der Hafen ausgebaggert und der Strand aufgespült. 1934 wird in einem schlichten Zweckbau die Kirche mit Turm und Belvedere fertig gestellt. Mönkebude entwickelte sich immer mehr von einem Fischerdorf zu einem Urlaubsort. Das neu gestaltete kinderfreundliche Hafen- und Strandgelände ist wohl das reizvollste am Stettiner Haff. Vom Mönkebuder Hafen bietet ein Schiffsanleger Ausflugsmöglichkeiten in die grenznahen Gebiete der polnischen Haffküste und durch die Kaiserfahrt zum Ostseebad Swinemünde.

Strandleben in Ueckermünde
Bunte Strandkörbe am weißen Sandstrand garantieren auch an windigen Tagen unbeschwerte Badefreuden.

Usedom

Deutschlands östlichstes Insel-
paradies – geprägt von
Laubwäldern, Seen, Sand-
stränden und Boddenküsten laden die
abwechslungsreiche Landschaft,
Kulturdenkmäler aus der Jungsteinzeit und denkmalgeschützte Seebäder
zum Verweilen ein. Die 30 000 deutschen Insulaner empfangen Jahr
für Jahr mehr als eine Million Gäste.
Um das Miteinander von Natur- und
Kulturlandschaft zu erhalten, wurde
im deutschen Teil der Insel 1999
der Naturpark Usedom gegründet.

Prunkvolle Bäderarchitektur
Zu Kaisers Zeiten zog es die feine Berliner
Gesellschaft zur Sommerfrische nach Bansin
und in die beiden anderen Kaiserbäder.

Wolgast – das Tor nach Usedom

Vor der Überfahrt nach Usedom lädt die kleine Stadt am Peenestrom zum Verweilen ein.

Die Hansestadt Wolgast mit ihrem historischen Rundlings-Ortskern und der vorgelagerten Schlossinsel liegt am linken Ufer des Peenestroms, des westlichen Mündungsarms der Oder, und ist die Drehscheibe für den Bäderbahn-, Radwander- und Autoverkehr nach Usedom. Auch der Europäische Fernwanderweg 9 nutzt diese einzige Eisenbahn- und Autobrücke nach Usedom.

Die von 1995 bis 2000 neu errichtete Peenebrücke verbindet auf einer Länge von 256 Metern Wolgast und Usedom. Die Waagbalken-Klappbrücke bietet einen hervor-

Blick auf Stadt und Peenestrom
Vom Kirchturm der Petrikirche bietet sich eine exzellente Aussicht auf die schmucke Altstadt, den Hafen der Hansestadt und hinüber auf Usedom.

slawische Heiligtum erinnert heute der Gerowit-Stein im Mauerwerk an der Südwand des Chors: Er zeigt eine stehende männliche Figur mit Lanze. Nach der ersten pommerschen Landesteilung (1295) wurde Wolgast die namengebende Residenz der Herzöge von Pommern-Wolgast, denen die Peterskirche als Hof- und Begräbniskirche diente.

Brücken verbinden

Dass Wolgast heute das Tor nach Usedom und Ausgangspunkt für den Bäderbahn-Verkehr nach Usedom ist, ist darauf zurückzuführen, dass die ehemalige Drehscheibe Swinemünde seit 1945 zu Polen gehört.

Schon seit 1950 fuhren Urlauber mit dem Zug nach Wolgast und nutzten dort die neue Brücke, die den damaligen politischen Gegebenheiten entsprechend den Namen »Brücke der Freundschaft« trug, zur Überfahrt nach Usedom. In den 1980er-Jahren gelangten auf diese Weise alljährlich während der Hauptsaison bis zu 400 000 Urlauber auf die Insel.

Fachwerk in neuem Glanz
Etliche historische Gebäude wie der Alte Speicher wurden liebevoll restauriert und mit neuem Leben erfüllt.

ragenden Blick auf den Peenestrom, die Insel Usedom und das vorpommersche Festland mit der Altstadt von Wolgast. Das Herzstück der Brückenanlage ist die blaue Stahlkonstruktion im Mittelbereich: die beiden Pylone mit dem Waagebalken und seinen massiven Gegengewichten, die mittels Zugstangen die Brückenklappe öffnen, um Schiffe passieren zu lassen.

An der strategisch günstigen Lage an einer der engsten Stellen zwischen dem vorpommerschen Festland und der Insel Usedom befand sich bereits in slawischer Zeit ein bedeutender Burg- und Marktort mit Zollstätte. Der fränkische Missionar Otto von Bamberg ließ 1128 den auf einer Anhöhe gelegenen Tempel des slawischen Kriegsgotts Gerowit zerstören und an jener Stelle die Petrikirche errichten, deren gewaltiger Westbau das Altstadtbild beherrscht. Wer die 184 Stufen des Kirchturms erklimmt, genießt in 40 Meter Höhe einen Rundblick über Wolgast mit seinem Hafen und der Werft sowie weit hinaus auf die Insel Usedom und zur Ostsee. An das alte

Der besondere Tipp

Das Runge-Haus

Der berühmteste Sohn Wolgasts ist der Maler Philipp Otto Runge, der hier am 23. Juli 1777 geboren wurde. Anlässlich seines 220. Geburtstags wurde 1997 sein Geburtshaus in der Kronwiekstraße 45 als Museum und kulturelle Begegnungsstätte der Öffentlichkeit zugänglich gemacht. Mithilfe von Reproduktionen in Originalgröße dokumentiert das Runge-Haus den Werdegang des Künstlers von seinen klassizistisch geprägten Anfängen bis hin zu den naturreligiös-mystischen Hauptwerken, deren bekanntestes der von der Frühromantik geprägte Zyklus *Vier Zeiten* (1802/03) ist. Zu den Schwerpunkten zählen ferner die rungeschen Farbforschungen, über die sich der Künstler ab 1803 mit Goethe brieflich austauschte.

Als nach der Wende der Kraftfahrzeugverkehr explosionsartig anstieg, begann für Wolgast eine Leidenszeit im Dauerstau. Mit der Gründung der Usedomer Bäderbahn (UBB) 1995, der Sanierung des Usedomer Schienennetzes und dem Bau der neuen Peenebrücke wurde ein neues Kapitel aufgeschlagen. Seit Sommer 2000 pendeln die hochmodernen Züge der UBB über die neue große Peenebrücke zwischen Wolgast und Usedom.

Mit der Bahn zur »Badewanne Berlins«

1876 wurde die Bahnlinie Berlin – Ducherow – Swinemünde eröffnet und damit der Grundstein für den rasanten Aufschwung der Usedomer Bäder gelegt. Die neue Eisenbahnverbindung brachte die Sommerfrischler aus

Das »Blaue Wunder«
Die mächtige, blau gestrichene Waagebalken-Klappbrücke über die Peene ist die zentrale Verbindung nach Usedom.

Berlin in gut drei Stunden an den Usedomer Ostseestrand. Usedom entwickelte sich zur »Badewanne Berlins«. Möglich wurde der Aufbau des Bäderbahn-Netzes auf Usedom durch die Errichtung einer Brücke über den Peenestrom bei Karnin im Südwesten der Insel. Sie wurde am 11. März 1876 als eingleisige Drehbrücke in Betrieb genommen, 1932/33 ließ die Reichsbahn an dieser Stelle die größte Eisenbahn-Hubbrücke Europas erbauen.

Am 28. April 1945 sprengten deutsche Truppen die Fachwerk-Brückenbogen der Karniner Eisenbahn-Hubbrücke, die Straßenbrücke in Wolgast und die 1930 erbaute Bäderbrücke bei Zecherin. Bis heute ragt vor Karnin als Mahnmal das 35 Meter hohe und

Malerischer Überweg

Die hölzerne Amazonenbrücke verbindet die Altstadt mit dem Museumshafen. Die jetzige Brücke wurde erst 1997 wieder errichtet, nachdem sie im Jahr 1913 durch Hochwasser zerstört worden war.

knapp 52 Meter lange Hebewerk mit hochgezogenem Hubteil als eines der Wahrzeichen Usedoms aus dem Wasser. Mit dem 1998 rekonstruierten historischen Bahnhof Karnin bildet das Hebewerk das Denkmalensemble Karnin. Bahnhof und Hebewerk stehen unter Denkmalschutz, der historische Bahnhof beherbergt das Hubbrückencafé und das Infocenter Karnin. Letzteres dokumentiert die Geschichte und Technik der Hubbrücke und der ehemaligen Schnellzuglinie Berlin – Ducherow – Swinemünde.

Im Triebwagen an den Inselstrand

Die hochmodernen Züge der Usedomer Bäderbahn pendeln regelmäßig zwischen Wolgast und Usedom.

Usedom – Insel und Naturpark

Sonnige Strände, prachtvolle Villen und Seebrücken locken jährlich zahllose Urlauber.

Koserow und Streckelsberg
Mit 56 Meter Höhe ist der bewaldete Streckelsberg bei Koserow eine der höchsten Erhebungen der Insel.

Die Insel Usedom liegt im westlichen Oderdelta zwischen dem Stettiner Haff, der Ostsee und den Oder-Mündungsarmen Peenestrom und Swine. Die Swine trennt sie von der Schwesterinsel Wollin. Mit einer Fläche von 445 Quadratkilometern ist Usedom mehr als zehnmal so groß wie die Nordseeinsel Borkum. Nach dem Ende der Schwedenherrschaft war Usedom von 1720 bis 1945 die zweitgrößte deutsche Insel. Seither – völkerrechtlich verbindlich seit 1990 – gehört der 90,8 Quadratkilometer kleine Ostzipfel mit dem Seebad Swinoujscie (Swinemünde) zu Polen. Während in dem vergleichsweise winzigen polnischen Teil 45 000 Menschen leben, sind es im deutschen Teil nur 30 000.

Der Naturpark Usedom ist mit 632 Quadratkilometern fast eineinhalbmal so groß wie die Insel selbst. Er umfasst nicht nur den deutschen Teil der Insel, sondern auch den Peenestrom einschließlich des tief in die Insel eingreifenden Boddens Achterwasser und reicht über den Peenestrom hinaus bis ans Festland, wo er einen schmalen Uferstreifen umfasst. Sein nördlichster Punkt ist am Ein-

Verstecktes Waldmoor
Zahlreiche Wald- und Moorflächen stehen unter Naturschutz, um den Lebensraum für zahlreiche seltene bedrohte Tiere und Pflanzen zu sichern.

gang des Greifswalder Boddens die als Naturschutzgebiet ausgewiesene Sandinsel Ruden, eines der bedeutendsten Vogelrastgebiete Vorpommerns.

Wandern und Radwandern groß geschrieben

Die hochmoderne Usedomer Bäderbahn verkehrt staufrei zwischen Wolgast und Ahlbeck Grenze. Sie verbindet 19 Bahnhöfe und transportiert auch Fahrräder: Von den Bahnhöfen der Seebäder Koserow, Zinnowitz und Karlshagen sowie den Kaiserbädern Ahlbeck, Herings-

dorf und Bansin sind die Sandstrände in wenigen Minuten erreichbar, geplant ist die Fortsetzung der Strecke bis Swinemünde. An jedem der Bahnhöfe ist zudem der Einstieg in das rund 600 Kilometer lange Wander- und Radwandernetz der Insel möglich, Hauptwanderwege sind der Europäische Fernwanderweg 9 und der Naturlehrpfad Ostseeküste. Zahlreiche Ausstellungen, Galerien und Museen wie das Naturschutzhaus Karlshagen, das Historisch-technische Informationscentrum Peenemünde oder der landwirtschaftliche Erlebnisbereich Mölschow informieren über Natur, Kultur und Geschichte der Insel. Hinzu kommen kulturhistorische und technische Denkmäler wie das Wasserschloss Mellenthin, die Karniner Eisenbahn-Hubbrücke, das Windschöpfwerk Kachlin oder die Bockwindmühle Pudagla.

Paradies für Radfahrer
Auf einem rund 600 Kilometer langen Radwegenetz lässt sich die gesamte Insel erkunden.

Perfekt getarnt
Wird die Rohrdommel gestört, verharrt sie unbeweglich in der so genannten Pfahlstellung im Schilfröhricht.

Sowjetischer Abfangjäger
Auf dem Gelände des Historisch-Technischen Informationszentrums steht diese ausgediente MIG 17-AS, die in Peenemünde zwischen 1961 und 1967 geflogen wurde.

Wiege der Raumfahrt
Einzigartige Exponate faszinieren Flug- und Raumfahrtbegeisterte aus aller Welt.

Raketenmuseum Peenemünde

Über einen der spektakulärsten, aber auch gefährlichsten technischen Durchbrüche des 20. Jahrhunderts informiert das Museum.

Das NS-Regime ließ 1936 unter strengster Geheimhaltung das Angriffswaffen-Forschungszentrum Peenemünde errichten. Schon bald arbeiteten dort zwei Gruppen: Die Luftwaffe entwickelte Düsenflugzeuge und ab 1942 die unbemannte Flugbombe Fieseler Fi 103 (V1), das Heer widmete sich unter der technischen Leitung Wernher von Brauns der Entwicklung einer strategischen Flüssigkeitsgroßrakete, der A 4 (V2).

Auf Prüfstand VII der Raketenversuchsanstalt startete am 3. Oktober 1942 um 15.40 Uhr die von Walter Dornberger und Wernher von Braun entwickelte erste Flüssigkeitsgroßrakete der Welt. Das Flugobjekt konnte 1000 Kilogramm Sprengstoff bis zu 300 Kilometer weit transportieren und war der Prototyp aller modernen Fernraketen. Ziel des nationalsozialistischen Regimes war die Entwicklung einer Terrorwaffe, die eine gewaltige Sprengladung über große Ent-

Hoffnungsträger der Wehrmacht
Die von den Nazis als »V2« bezeichnete Rakete A 4 wurde in Peenemünde entwickelt.

1920er-Jahren bis heute anhand von Origi-
naldokumenten, Fotos, Modellbauten usw.
Auf dem Freigelände sind Flugzeuge, Hub-
schrauber, ein Feldsalonwagen sowie ein
Raketenschiff zu besichtigen. Im benachbarten U-Boot-Museum ist ein konventionell
angetriebenes U-Boot der Juliett-Klasse der
sowjetischen Ostseeflotte ausgestellt. Das
Historisch-Technische Informationszentrum
und das U-Boot-Museum zählen mit 300 000
Besuchern jährlich zu den meistbesuchten
Museen an der gesamten Ostseeküste.

fernungen ins Ziel tragen und nicht militäri-
sche Objekte treffen, sondern so viele Zivi-
listen wie möglich töten sollte.

Unter dem Namen V2 (V = Vergeltungs-
waffe) wurden 1944/45 3000 dieser Raketen
auf Ziele in Großbritannien, Frankreich und
Belgien abgeschossen. Diese Waffe, deren
Bekämpfung in der Luft mit damaligen Mitteln nicht möglich war, wurde unter anderem
von Arbeitskräften aus Konzentrationslagern
hergestellt.

Faszination Technik
gestern und heute

Das Historisch-Technische Informationszen-
trum im ehemaligen Kraftwerksgebäude der
Heeresversuchsanstalt informiert über die
Raketenentwicklung und -forschung von den

Marschflugkörper von 1944
Die Flugbombe Fieseler Fi 103 trug den
Decknamen »Kirschkern«.

Die Krumminer Lindenallee

Zur schönsten Lindenallee Usedoms und einer der schönsten Alleen Norddeutschlands überhaupt gelangt man auf der Bundesstraße 111 zwei Kilometer nach Verlassen der Wolgaster Peenebrücke: Auf einer Länge von eineinhalb Kilometern säumen über 300 Linden die nach Krummin abzweigende Chaussee. Angelegt wurde die Allee gegen Ende des 18. Jahrhunderts von der Familie Corswandt, einer alteingesessenen Gutsbesitzerfamilie. Seit 1990 steht die Krumminer Lindenallee unter Naturschutz. Sehenswert ist in Krummin auch die ehemalige Klosterkirche Sankt Michael in reizvoller Lage hoch über der Krumminer Wiek. Der im 13. Jahrhundert errichtete Backsteinbau wurde in das 1303 gegründete Krumminer Zisterzienserinnenkloster einbezogen und fungierte bis zur Aufhebung des Klosters 1563 als Klosterkirche.

Wenige Schritte von der Kirche entfernt befindet sich zwischen Schilfgürteln ein kleiner Naturhafen mit wunderschöner Aussicht auf die Krumminer Wiek, die von den Halbinseln Wolgaster Ort und Gnitz gerahmt wird und sich zum Peenestrom hin öffnet. Beide Halbinseln beherbergen ausgedehnte Waldgebiete sowie Felder und Wiesen, die kaum noch landwirtschaftlich genutzt werden. Die selten gewordenen Weißstörche sind in fast jedem Dorf anzutreffen und ziehen bis zu vier Jungtiere im Jahr auf, auch Kormorane, Reiher und sogar Fischadler sind in den naturnahen Bereichen noch heimisch.

Usedoms berühmtester Baum

Die über 700 Jahre alte Suckower Eiche bei Morgenitz ist der berühmteste Baum Usedoms und das Wahrzeichen des Lieper Winkels. Herzog Bogislaw IV. wählte sie im Jahr 1298 als Bezugspunkt zur Festlegung des nördlichen Grenzverlaufs der Gemarkung von Usedom. Schon damals muss der im Freistand aufgewachsene Baum so stattlich gewesen sein, dass er dafür prädestiniert war. Heute hat die Sockeleiche einen Stammumfang von 6,50 Meter und eine Kronenweite von über 30 Metern.

Als das Dorf Suckow 1270 erstmals urkundlich erwähnt wurde, befanden sich in der Umgebung ausgedehnte Eichenwälder, in denen die Prämonstratenser des Klosters Grobe bei Usedom Schweine hüten ließen. Auf die traditionelle Schweinehut verweist auch der Name des Dorfs Suckow: Szuinaruitz bedeutet Schweinehüterei.

Mit der Entwicklung des Ackerbaus wurden die Eichenwälder abgeholzt oder fielen der Brandrodung zum Opfer. Dass die Suckower Eiche nie gefällt wurde, ist wahrscheinlich der Tatsache zu verdanken, dass sie auf einem vorgeschichtlichen Grabhügel wächst. Im Sommer 1997 brach ein starker Ast ab. Daraufhin wurde unter Erhaltung des charakteristischen Erscheinungsbilds der Eiche durch vorsichtige Auslichtung das Eigengewicht der Krone etwas verringert und die Windangriffsfläche verkleinert. Damit wird versucht, die altersbedingten Schäden an dem Baumveteran zu mindern. Die Eiche ist ein beliebter Rastplatz am Schnittpunkt mehrerer Wander- und Radwege zwischen dem Wasserschloss Mellenthin und Rankwitz.

Koserow – vom Fischerdorf zum Seebad

Der ehemalige Fischerort empfängt seine Besucher mit wohltuender Beschaulichkeit.

Das kleine Seebad Koserow liegt an den Ausläufern der Streckelsberg-wälder in der Mitte von Usedom an der schmalsten Stelle zwischen Ost-see und Achterwasser. Der stattliche Feld-steinbau der ab dem 13. Jahrhundert errich-teten Dorfkirche ist der älteste Kirchenbau auf der Seeseite der Insel. Er unterstreicht, dass das sagenumwobene Koserow vielleicht schon Jahrhunderte bestand, ehe es 1347 erstmals urkundlich erwähnt wird: Am Riff vor der Küste soll die Handelsstadt Vineta gelegen haben, die der Sage nach wegen der Gier und Sündhaftigkeit ihrer Bewohner vom Meer verschlungen wurde. Jeweils am Oster-morgen können Sonntagskinder am Strand von Koserow und des benachbarten Seebads Zinnowitz die Glocken der versunkenen Stadt hören. Dieses legendäre Glockenhören mar-kiert alljährlich in Koserow und Zinnowitz den Auftakt für fröhliche Vineta-Tage im Stil eines Volksfests.

Der Hausberg von Koserow ist der 56 Me-ter hohe Streckelsberg, der Blocksberg von Usedom: Von der Abbruchkante des mit Bu-chen bewachsenen Bergs, in dessen Hängen im Frühjahr Tausende von Leberblümchen blühen, schweift der Blick an klaren Tagen

Lebendige Vergangenheit
Früher wurde in den Salzhütten am westlichen Ortsrand von Koserow das Salz zum Konservieren der Fische gelagert. Heute werden die reetge-deckten Häuschen anderweitig genutzt.

DEUTSCHLANDS ÖSTLICHSTES INSELPARADIES

Spezialität vom Bodden
Frisch aus der Räucherei in Koserow
schmeckt der Aal am besten.

Aus Feldsteinen erbaut
Die Kirche von Koserow ist der älteste
Kirchenbau auf der Seeseite Usedoms.

über das Vineta-Riff hinweg bis nach Rügen. Im Herbst und im Winter brandet die Ostsee über den steinigen Strand am Fuß des Streckelsbergs, unterhölt den Klifffuß und lässt immer wieder Überhänge einstürzen. Eine der Höhlen auf der Kliffseite soll Claas Störtebeker und seinen Kumpanen als Versteck gedient haben; ob das nur Seemannsgarn ist? Wer weiß das schon!

Früher hieß der Streckelsberg witte Barg: weißer Berg. Er war unbewaldet und bedeckt von hellem Sand, den der Wind in alle Richtungen zerstob. Um das Abtragen des Bergs zu verhindern, wurde er 1818 mit Buchen bepflanzt. Auf diese Weise wuchs nach und nach der heutige Streckelsbergwald. Um die weitere Abtra-

gung des Klifffußes zu verhindern, wurde in den 1890er-Jahren zwar eine Uferschutzmauer errichtet, aber sie schützt im Winter oft nur unzulänglich vor den mächtigen Brechern.

Dass Koserow vor dem Aufkommen des Seebädertourismus ein Fischerdorf war, verdeutlichen die unter Denkmalschutz stehenden Salzhütten am westlichen Ortsrand: Um 1820 wurden hier die ersten reetgedeckten Hütten errichtet, in denen steuerfreies Salz zur Haltbarmachung des Fischs aufbewahrt wurde. Bei den Sturmfluten von 1872 und 1874 wurden die Salzhütten weggerissen, danach jedoch wieder aufgebaut, obwohl inzwischen die Konservendose erfunden worden war. Heute fungieren die pittoresken Häuschen als Museum, Trauzimmer, Souvenirverkaufsstelle und Restaurant.

Strandleben mit Seebrücke
Selbst in den Sommermonaten
findet jeder noch ein Plätzchen
am weißen Sandstrand.

Auf den Spuren
der Bernsteinhexe

Das kleine Fischerdorf Koserow am Streckelsberg wurde im ganzen deutschsprachigen Raum bekannt, als der preußische König Friedrich Wilhelm IV. im Jahr 1843 den Aufsehen erregenden Roman *Maria Schweidler, die Bernsteinhexe* von Wilhelm Meinhold anonym – »herausgebeben von X« – veröffentlichen ließ: Erlebnistouristen kamen in Scharen nach Koserow und erkletterten den Streckelsberg, um die Originalschauplätze des Hexenromans zu erkunden.

Der Koserower Pfarrer Wilhelm Meinhold gab den Inhalt des Buchs als wahrheitsgetreue Wiedergabe von Ereignissen in Koserow während des Dreißigjährigen Kriegs aus. Erzählt wird die Geschichte der Pfarrerstochter Maria aus Koserow, die am Streckelsberg einen Bernsteinfund macht, dessen Herkunft sie nicht verrät. Mit dem Erlös lindert sie die Not der Koserower Bevölkerung. Als der Amtshauptmann von der jungen Frau jedoch abgewiesen wird, verbreitet er das Gerücht, Maria sei eine Hexe. Marias Wohltaten sind mit einem Schlag vergessen. Ihr wird ein unfairer Prozess gemacht, bei dem sie zur Verbrennung auf dem Scheiterhaufen verurteilt wird. Doch auf dem Weg zur Hinrichtung wird Maria von Rüdiger von Nienkerken befreit und später geheiratet.

Der Roman wurde bei seinem Erscheinen für ein authentisches Werk aus der Zeit des Dreißigjährigen Kriegs gehalten. Obwohl Meinhold schließlich zugab, dass seine Geschichte erfunden sei, riss der Strom von Sensationstouristen, die nach Koserow reisten, nicht ab.

Die Halbinsel Gnitz

Die Halbinsel Gnitz zwischen dem nördlichen Achterwasser und der Krumminer Wiek ist ein typisches Höftland, dessen Südspitze wegen seiner einmaligen ökologischen Vielfalt als Naturschutzgebiet ausgewiesen wurde. Die von Magerrasen und alten Hutebäumen bedeckten Moränenrücken, die offenen Dünen und Strandflächen, das inaktive Kliff am Steilufer mit seinem wertvollen Gehölzbestand, die Salzwiese am Möwenort, die Feuchtbiotope am Rintnitz und Geisesee sowie der Wacholder-Kiefernwald auf dem 32 Meter an der Westküste aufragenden Weißen Berg sind Lebensräume einer großen Anzahl gefährdeter und vom Aussterben bedrohter Tier- und Pflanzenarten. In diesem landschaftlichen Kleinod befindet sich in einem Eichengehölz bei Lütow das einzige erhaltene Großsteingrab Usedoms. Bei archäologischen Untersuchungen wurden Waffen, Gefäße und Bersteinschmuck entdeckt und in das Stettiner Museum verbracht.

Erstarrte Wogen
In eisig kalten Wintern gefrieren sogar die Ostseewellen vor dem Steilabfall des Streckelsbergs.

Bahnbrechendes Werk
Der Roman des Koserower Pfarrers Meinhold verhalf dem kleinen Ort Koserow zum Aufstieg als Seebad.

Heringsdorf, Bansin und Ahlbeck – Bäder aus der Kaiserzeit

Über eine lange Strand-
promenade sind die drei
Kaiserbäder miteinander
verbunden.

Erinnerung an glanzvolle Zeiten
Kennzeichnend für die traditionsreichen
Seebäder ist die Bäderarchitektur. Im
Bild das mondäne Hotel Ahlbecker Hof.

Heringsdorf gehört mit Bansin und Ahlbeck mit den bis zu 70 Meter breiten Sandstränden zu den drei östlichsten Seebädern Deutschlands. Eine rund 10 Kilometer lange Strandpromenade verbindet die Orte miteinander. Das milde Reizklima sowie die aus 408 Meter Tiefe geförderte Heringsdorfer Jodsole sind ideale Voraussetzungen für Kuren und aktive Erholung.

Glücksritter können in der Heringsdorfer Spielbank am Roulettetisch und im Kampf mit einarmigen Banditen versuchen, ihr Budget aufzubessern – trotz Weltwirtschaftskrise verzeichnete die Spielbank im Jahr 2003 ein kleines Umsatzplus von vier Prozent. Heringsdorf ist nach Swinemünde das älteste Seebad auf Usedom und war bis 1933 unter den drei Kaiserbädern der beliebteste Erholungsort der Aristokratie, des Geldadels und von Prominenten aus Kultur und Gesellschaft. So waren Kaiser Wilhelm II., Theodor Fontane, Leo Tolstoi, der Walzerkönig Johann Strauß, Thomas Mann, Maxim Gorki, Lyonel Feiniger Gäste in Heringsdorf.

Geplanter Aufstieg: Heringsdorf

Begonnen hat alles mit Oberforstmeister Georg Bernhard von Bülow, ein Vorfahre des Schriftstellers und Cartoonisten Vicco von Bülow alias Loriot, der 1818 am Strand einige Häuser errichten ließ. Bereits zwei Jahre später besuchten der preußische König Friedrich Wilhelm III. und Kronprinz Friedrich Wilhelm (IV.) die Siedlung. Der Kronprinz verlieh ihr den Namen Heringsdorf. Der innovative Forstmeister ließ ab 1825 nach dem Vorbild von Swinemünde ein Seebad mit Gästehaus, Warmbad und Gesellschaftshaus errichten, wobei er weiter Kontakt zum Hof hielt: Im Auftrag Friedrich Wilhelms IV. und nach dessen romantischen Vorgaben wurde nach Plänen des Potsdamer Architekten und Schinkelschülers Ludwig Persius in den Jahren 1846–48 die neugotische evangelische Kirche auf der Anhöhe oberhalb des Orts errichtet.

Der eigentliche Boom des Orts begann jedoch während der Gründerzeit nach der Proklamation des Deutschen Kaiserreichs: Der Berliner Bankier Hugo Delbrück erwarb von den Erben Bülows das Strandgelände und gründete 1872 die Aktiengesellschaft Seebad

Konkurrenzlose Attraktion

Die Ahlbecker Seebrücke ist zum Markenzeichen der Usedomer Kaiserbäder geworden.

Heringsdorf, die durch ihre Bautätigkeit von da an wesentlich das Ortsbild bestimmte. 1874 wurde die Chaussee ins benachbarte Swinemünde fertig gestellt, mit Einweihung der 500 Meter langen Kaiser-Wilhelm-Seebrücke im Jahr 1893 war Heringsdorf per Schiff erreichbar, und am 1. Juli 1894 dampfte der erste Zug von Swinemünde nach Heringsdorf. Die Zahl der Badegäste stieg von 1000 Mitte der 1850er-Jahre auf 4300 im Jahr 1880 und auf 10000 im Jahr 1895.

Nach dem Ende der DDR hat sich Heringsdorf erfolgreich auf dem Bädermarkt positioniert, wobei es an den Glamour der Kaiserzeit und der Goldenen Zwanzigerjahre anknüpfte. 1995 wurde die neu errichtete 500 Meter lange Seebrücke eingeweiht – die längste Kontinentaleuropas. Sie dient heute wie zu Kaisers Zeiten nicht nur als Landungssteg, sondern vor allem als Flaniermeile zum Schauen und Gesehenwerden.

Musikgenuss im Sonnenschein

An der Strandpromenade in Bansin lauschen Gäste einem Kurkonzert. Gut zu erkennen: die beiden historischen Badewagen.

Eine Flaniermeile für Genießer

Am Ende der etwa 500 Meter langen Seebrücke von Heringsdorf befinden sich zwei Restaurants, von denen man einen Blick auf alle drei Kaiserbäder hat.

Badeparadies Usedom
Fast 40 Kilometer lang und bis zu
70 Meter breit ist der feinsandige Strand,
an dem sich die Kaiserbäder aufreihen.

Perlen der Bäderarchitektur
Die repräsentativen Villen in der Bergstraße zählen zu den schönsten in
Bansin, dem jüngsten und kleinsten
der drei Kaiserbäder.

Ahlbeck – das östlichste Seebad Deutschlands

Mit Namen wie Kurt Tucholsky und Marlene Dietrich schmückt sich Ahlbeck. Wie in den anderen Kaiserbädern sind viele Hotels, Pensionen und Villen im Stil der um 1900 typischen Bäderarchitektur errichtet. Die verputzten, weiß gestrichenen Backsteingebäude besitzen Türmchen, Zinnen, Veranden, Erker, Pilaster, Holzanbauten und Balustraden. Schon 1880 warben die ersten Hotels und Pensionen um Gäste. Wahrzeichen des Orts ist die historische Seebrücke, die sich über den breiten Strand zieht und rund 300 Meter in die Ostsee hinausragt. Um auch Arbeiterkindern aus der Großstadt einen Aufenthalt ermöglichen zu können, ließ Kaiser Wilhelm II. 1913 das Kaiser-Wilhelm-Heim errichten. Der pompösen Bäderarchitektur verdankt Ahlbeck bis heute den Beinamen »Kaiserbad«.

In den Wäldern bei Ahlbeck enden vor der deutsch-polnischen Grenze die Usedomer Bäderbahn und die Bundesstraße. Mit dem Rad oder zu Fuß kann man hier auf dem Europäischen Fernwanderweg 9 in das polnische Swinemünde weiterwandern oder sich

Ausflug nach Swinemünde

Nach Swinemünde reist man am besten per Ausflugsschiff an: Die Schiffe starten an den Seebrücken von Ahlbeck, Heringsdorf, Bansin, Koserow und Zinnowitz. Nach dem Anlegen schlendert man durch den Kurpark zum Strand und lässt die Innenstadt links liegen. Das bis zum Zweiten Weltkrieg beliebte und von zahlreichen wohlhabenden Bürgern besuchte Seebad hat sich von seiner fast vollständigen Kriegszerstörung noch nicht erholt – immer wieder trifft man auf zerstörte Gebäude oder auf Nachkriegs-Bausünden. Seit einiger Zeit allerdings bemüht sich das heutige Swinoujscie wieder, an die mondänen Zeiten des Seebads anzuknüpfen, indem beispielsweise Gründerzeitvillen restauriert werden.

Am Strand trifft man auf den Europäischen Fernwanderweg 9, dessen Blaustrich-Markierung zunächst der Küste folgt und kurz vor der Grenze durch den Wald zum »Polenmarkt« führt. Nach Passieren der Grenze liegt links der Bäderbahnhof Ahlbeck Grenze. Beim Bahnhof zweigt der Europäische Fernwanderweg 9 rechts durch den Wald zur Küste ab, aber es gibt auch eine lohnenswerte, kaum längere Variante: Anstatt rechts abzuzweigen, folgt man dem Wanderweg links in den Ahlbecker Forst hinein, quert die Schienen der Bäderbahn und gelangt bald darauf an eine Verzweigung, an der der Zirowberg ausgeschildert ist: Der im Jahr 2003 eröffnete Aussichtsturm auf diesem 60 Meter hohen Berg bietet ein exzellentes Panorama von Ahlbeck.

in einer Pferdekutsche chauffieren lassen. Direkt hinter der Grenze befindet sich ein kilometerlanger »Polenmarkt«, auf dem alles nur Erdenkliche angeboten wird. Wer es nicht erlebt hat, wird kaum glauben, dass hier auch gut betuchte Deutsche zwischen Gartenzwergen, Zigaretten, Spirituosen und Markenkleidung auf Schnäppchenjagd sind.

Wanderung rund um den Schmollensee

Die Umrundung des Schmollensees vom Kaiserbad Bansin aus führt durch die Usedomer Schweiz, eines der landschaftlich reizvollsten Gebiete der Insel. Startpunkt der 19 Kilometer langen Rundwanderung, die mit einem gelben Strich markiert ist, ist der Bahnhof Bansin an der Usedomer Bäderbahn. Über die Seestraße und den Fischerweg geht es zunächst auf dem Küstenwanderweg mit herrlichem Ausblick am Langen Berg vorbei. Am FKK-Strand vor dem Zeltplatz Ückeritz zeigen die Markierungen nach links und führen durch den Wald zum Bahnhof Schmollensee, wo der Wanderweg nach Überqueren der Bundesstraße in das kleine Schlossdorf Pudagla am Schmollensee führt. Das 1575 als Witwensitz für Herzogin Marie von Pommern erbaute Schloss ist kaum von einem gewöhnlichen zweigeschossigen Wohnhaus zu unterscheiden, wäre nicht das Wappen über dem Hauptportal: Es steht in schöner Renaissancerahmung zwischen zwei »wilden Männern«. Wer kurz vor dem Schloss dem gelben Dreieck rechts durch den Reitbahnweg folgt, gelangt zum Achterwasser, wo der sagenumwobene Felsblock Teufelsstein liegt, und der Weg Pudagla zum Rundwanderweg zurückführt. Für diesen Abstecher müssen noch gut drei Kilometer eingeplant werden.

Windmühle wie aus dem Bilderbuch
Eine der letzten noch erhaltenen holzschindelbelegten Holländerwindmühlen ist in Benz zu besichtigen.

Südlich der restaurierten Bockwindmühle von Pudagla wechselt der Rundwanderweg links auf einen schmalen Fahrweg, der über Stoben in das Kirch- und Windmühlendorf Benz führt. Dort befindet sich eine der letzten holzbeschindelten Holländerwindmühlen. Für deren Erhaltung sorgte der Maler Otto Niemeyer-Holstein, der sie als Atelier für Nachwuchskünstler nutzte. Am Fuß des Mühlenbergs liegt neben der Feld-

Landschaftliches Kleinod
Herrlich in die sanft wellige Landschaft eingebettet liegt der Schmollensee.

steinkirche St. Peter der Benzer Friedhof mit seinem denkmalgeschützten Teil. Hier befinden sich die letzten Ruhestätten des Malers Otto Niemeyer-Holstein (1896–1984) und des Schauspielers Rolf Ludwig (1925–99). Von Benz geht es durch Wälder weiter nach Sellin am Schmollensee und am Schilfgürtel des Sees entlang, ehe der Weg wieder in den Wald eintaucht und zurück zum Bahnhof Bansin führt.

Aussichtsberg Golm – größte deutsche Kriegsopferstätte

Auf einem bewaldeten Berg mahnt eine Gedenkstätte zur Besinnung.

Nahezu mystisch
Schlichte Kreuze erinnern auf dem Golm an den sinnlosen Tod von 23 000 Kriegsopfern im Zweiten Weltkrieg.

Der als Naturschutzgebiet ausgewiesene Golm bei Kamminke in unmittelbarer Nähe der polnischen Grenze ist mit 71 Metern die höchste Erhebung Usedoms und einer der besten Aussichtspunkte der Insel. Zugleich ist er die größte deutsche Kriegsgräberstätte. Weit schweift der Blick über das Stettiner Haff bis nach Ueckermünde sowie über das Mündungsgebiet der Swine auf die Wolliner Steilküste und auf die Stadt Swinemünde, wo am 12. März 1945 über 20 000 Menschen bei einem Luftangriff britischer und US-amerikanischer Geschwader den Tod fanden. Alljährlich am 12. März und am Volkstrauertag steht der Golm im Zeichen des öffentlichen Gedenkens an Tod und Vernichtung während des von Hitler entfesselten Kriegs.

Nach dem Aufblühen von Swinemünde als Seebad gewann der sagenumwobene Berg – in dem die Golmprinzessin Schätze versteckt haben soll – eine derartige Bedeutung als Ausflugsziel, dass 1852 als erste befestigte Straße auf Usedom die Golmchaussee angelegt wurde. 1880 richtete die Bahn an der Linie Berlin – Swinemünde am Fuß des Golms einen Haltepunkt ein: Zu Tausenden pilgerten die Ausflügler zum Aussichtsturm auf dem Golm und in das Gartenlokal *Onkel Toms Hütte*.

Im Sommer 1944 funktionierten die Nationalsozialisten den Golm zum Ehrenfriedhof Swinemünde-Golm für gefallene Soldaten um. Die gesellige Fröhlichkeit auf dem Golm gehörte der Vergangenheit an. In der Folgezeit wurde dieser Kriegsopferfriedhof,

Allein auf Ruden
Der Naturschutzbeauftragte Eberhard Kästel war lange Zeit der einzige Bewohner der Sandinsel.

Ausflug zur Sandinsel Ruden

Nördlich des Peenemünder Hakens liegt die 2000 Meter lange und etwa 300 Meter breite Sandinsel Ruden am Übergang zwischen Ostsee und Greifswalder Bodden. In schwedischer Zeit fungierte sie ab dem 17. Jahrhundert wegen ihrer strategisch günstigen Lage zeitweise als Zollstation, traditionell war sie eine Lotseninsel, da die sandige Flachwasserzone mit ihren Untiefen gerade im östlichen Revier schwer zu befahren ist. Als eines der bedeutendsten Vogelrückzugsgebiete vor der Küste Vorpommerns wurde die zum Teil bewaldete Insel bereits 1925 Teil des Naturschutzgebiets Peenemünder Haken, Struck und Ruden, einer Salzwiesen- und Strandwall-Landschaft im Mündungsbereich des Peenestroms mit ausgedehnten Flachwasserbereichen vor der Nordspitze Usedoms.

Besucht werden kann die Insel mit einem der in Karlshagen startenden Ausflugsschiffe. Der einzige Bewohner ist der Naturschutzbeauftragte Eberhard Kästel. Er gewährt gegen Entrichtung eines Obolus' Einlass in den ehemaligen Funk- und Messturm, der eine kleine Ausstellung zur Geschichte und zu Flora und Fauna der Insel beherbergt und als Aussichtsturm dient: Von dort oben hat man einen exzellenten Blick über den gesamten Greifswalder Bodden. Bei klarer Sicht sind sogar die Kirchtürme der Universitätsstadt Greifswald, der Leuchtturm der Insel Oie und das Jagdschloss Granitz auf Rügen zu sehen.

Der Überlieferung zufolge war Ruden einst mit Rügen verbunden. Tatsächlich haben Wind- und Wellenabtragungen die Insel in den letzten drei Jahrhunderten um zwei Drittel verkleinert. In der preußischen Landeskunde von 1901 heißt es: »Die Sandscholle Ruden wurde von der Sturmflut im Jahr 1872 fast ganz vernichtet.«

in dem 23 000 Menschen – die meisten nicht identifiziert – ihre letzte Ruhe fanden, eine Mahn- und Gedenkstätte. Am 12. März 2000 übernahm der Volksbund Deutsche Kriegsgräberfürsorge vom Land Mecklenburg-Vorpommern die Trägerschaft für die Kriegsgräberstätte Golm. Die ständig steigende Besucherzahl, zurzeit 30 000 bis 40 000 Besucher jährlich, und die im Besucherbuch

niedergeschriebenen Eindrücke und Gedanken lassen eine tiefe Ergriffenheit erkennen. Erinnerungen an die dunklen Jahre des Zweiten Weltkriegs und seine Folgen mahnen die Besucher, allen Kriegsbestrebungen entschlossen entgegenzutreten.

Rückzugsgebiet für Vögel
Nur wenige Besucher stören die Ruhe und Abgeschiedenheit der unter Naturschutz gestellten Sandinsel Ruden.

Ostsee kompakt

Alles auf einen Blick:
- Ostsee von A bis Z
  mit praktischen Tipps
- Veranstaltungshöhepunkte
- Die Geschichte der Ostsee
  im Zeitraffer

Hat Sie das Reisefieber gepackt?
Hier finden Sie in Kürze alles, was
Sie für eine Reise an die Ostseeküste
wissen müssen: Zu welcher Jahres-
zeit was geboten wird und an wen
Sie sich für weitere Informationen
wenden können.

Wegweiser für die Schifffahrt
Ob per Tretboot, wie hier bei Lieschow,
zu Fuß oder per Rad: Die Ostseeküste ist wie
geschaffen für »Entdecker« (großes Bild).

Die Ostseeküste von A bis Z

Angeln

Die Ostseeküste ist ein Eldorado für Angler, gut erreichbare Plätze gibt es fast überall. Dies betrifft die Binnen- und Boddengewässer ebenso wie das Brandungsangeln direkt am Strand, von Molen und Seebrücken aus, mit dem eigenen Boot oder als Gast auf einem Kutter der vielen Tagesfahrtanbieter. Während die Binnenländer im Sommer angeln, sind die eingeweihten Angler in der Zeit von September bis in den Mai dick eingemummt unterwegs: Fisch, so heißt es auch an der Ostseeküste, schmeckt nur in den Monaten mit »r«, also von September bis April, eine Ausnahme bildet der Mai, wenn der Hornhecht aus Nordsee und Atlantik seine Kinderstube in der Ostsee aufsucht, um für Nachwuchs zu sorgen. Ab Mitte März kommt der Hering in großen Schwärmen an die Küste – ein Fest für Heringsangler. Schon-

Eldorado für Angler
Kenner fischen sich ihre Beute in der Zeit von September bis Mai aus Seen und Bodden.

zeiten gibt es weder für Hering noch für Dorsch, jedoch für die Meerforelle: seit 2003 vom 1. September bis 30. November.

Anreise

Mit dem Auto:

Die Ostseeautobahn A 20 Lübeck – Rostock – Greifswald sowie die A 1 Hamburg – Lübeck – Oldenburg/Holstein und die A 7 Hamburg – Flensburg mit den Abzweigungen nach Kiel sind die überregionalen Verkehrsleitlinien für die Anreise zur Ostseeküste. Aus dem Berliner Raum gelangt man über die A 24 und die A 19 in Küstennähe und erreicht am Kreuz Rostock die Ostseeautobahn. Ungeachtet ihres Namens ist die »Ostseeautobahn« weder eine küstennahe Autobahn noch eine Autobahn, die an der gesamten deutschen Ostseeküste entlangführt: Mit deutlicher Distanz zur Küste führt sie von Lübeck ostwärts und endet derzeit bei Tessin südöstlich von Rostock; Darß, Zingst, Rügen und Usedom sind weiterhin nur auf Zeit raubenden, meist zweispurigen Bundesstraßen erreichbar.

Mit der Bahn:

Flensburg-Express: Seit 2002 ersetzt der moderne Flensburg-Express (Flex) den für seine Verspätungen bekannten InterRegio der Deutschen Bahn und pendelt achtmal täglich auf der Strecke Hamburg – Schleswig – Flensburg – Padborg; in Padborg besteht Anschluss an das Intercity-Netz der dänischen Staatsbahn. Im Vergleich zu den InterRegios der Deutschen Bahn AG bietet der Flex Intercity Komfort mit größeren Sitzabständen und Laptopanschlüssen; auch Bistro und Fahrradabteil sind vorhanden. Seit 2003 wird der Flensburg-Express von dem privaten Eisenbahnanbieter Nord-Ostsee-Bahn (NOB) betrieben.

Rostock ist durch InterCity-Züge der Deutschen Bahn ostwärts mit Stralsund und Binz sowie südwestwärts mit Schwerin, Hamburg, Bremen, Münster, Dortmund, Frankfurt am Main, Karlsruhe und Basel verbunden. Saisonal fahren Nachtzüge ab Dortmund, Fulda und München sowie Autozüge ab Dortmund, Neu-Isenburg (Frankfurt am Main) und Stuttgart-Kornwestheim.

Alle Großstädte der Ostseeküste sowie die Inseln Fehmarn, Rügen und Hiddensee sind von den großen Städten des Binnenlands aus (Berlin, Frankfurt am Main usw.) mit der Deutschen Bahn erreichbar, von Hamburg aus wird Rostock alle zwei Stunden angefahren. Es gibt mit Ausnahme der Usedomer Bäderbahn keine Bahnlinie, die die Orte der Ostseeküste untereinander verbindet. Seit Sommer 2000 pendeln die hochmodernen Züge der Usedomer Bäderbahn (UBB) über die neue große Peenebrücke zwischen Usedom und Züssow und seit Ende 2002 sogar bis nach Stralsund sowie mit einmal Umsteigen bis nach Barth. Damit ist die UBB auf 151,08 Kilometern von Ahlbeck Grenze über Zinnowitz, Züssow und Stralsund bis Barth sowie auf der Strecke Zinnowitz – Peenemünde präsent.
Info: www.ubb-online.com

Mit dem Flugzeug:

Der Flughafen Rostock-Laage wird derzeit zweimal täglich von München aus angeflogen.

Auskunft

Da an der deutschen Ostseeküste zwei Bundesländer und viele Fremdenverkehrsregionen teilhaben, gibt es keine zentrale Auskunftsstelle. Um im Internet gezielt Informationen zu finden, gibt man den Namen des Ortes oder der jeweiligen Region in eine Suchmaschine ein.

Für die Ostseeküste Mecklenburg-Vorpommerns bietet folgende Website Informationen zu nahezu jedem Küstenurlaubsthema: **www.mv-maritim.de/**

Für Schleswig-Holstein lautet die Adresse der Urlaubs- und Freizeitwebsite:
www.sh-tourismus.de/

Das Landesinformationssystem Mecklenburg-Vorpommern unterhält folgende Tourismus-Website: **www.m-v.de/tourismus/**

Die Hohwachter Bucht Touristik hat sich folgenden Domainnamen gesichert:
www.ostseekueste.de

Die angegebenen Websites enthalten meist Untermenüs zu Kultur, Unterkünften, Freizeit, Gastronomie usw. sowie Links zu Städten und Gemeinden. Erfahrungsgemäß ändern sich Webadressen in unserer schnelllebigen Zeit rasch, sodass es meist am Erfolg versprechendsten ist, den gesuchten Begriff bzw. Ort

Radwegen sowie geänderte Markierungs-systeme machen die Mitnahme aktuellen Freizeit-Kartenmaterials an der Ostseeküste empfehlenswert. Wer entdeckerfreudig und unternehmenslustig ist, wird ohnehin nie auf die Mitnahme einer Karte verzichten. Der Markt für Geodaten ist im vergangenen Jahrzehnt rasant in Bewegung geraten. Viele Landesvermessungsämter – die behördlichen, mit gesetzlicher Handlungsgrundlage ausgestatteten Geodatenerzeuger mit öffentlich-rechtlichem Versorgungsauftrag – wurden in ansatzweise marktwirtschaftliche »Landesbetriebe« umgewandelt und konkurrieren mit Privatanbietern auf dem Freizeit- und Wanderkartenmarkt bzw. agieren als Vertragspartner von Privaten, Gemeinden und Fremdenverkehrsämtern. Das Landesvermessungsamt Schleswig-Holstein deckt die gesamte Ostseeküste von der Flensburger Förde bis in den Lübecker Raum flächendeckend in einer 2003 neu erschienenen Freizeitkartenserie im Maßstab 1:50 000 ab. Näheres unter: **www.lverma.schleswig-holstein.de**

Ein entsprechendes Kartenwerk des Landesvermessungsamts Mecklenburg-Vorpommern steht noch aus. Stattdessen gibt es für diesen Bereich der Ostseeküste die Karten-

in eine gute Suchmaschine einzugeben. Größere Städte sind meist unter ihrem Namen zu finden, zum Beispiel:
www.flensburg.de
www.rostock.de
www.luebeck.de
www.stralsund.de
www.wismar.de

Baden

Die Ostseeküste ist mit ihren Seebädern und Stränden unterschiedlichster Art – von feinsandig bis geröllbedeckt, von familien- und jugendfreundlich bis ruhig, von textilfrei bis verhüllt – das größte Badeparadies der Bundesrepublik. Das Bundesamt für Seeschifffahrt und Hydrographie mit Sitz in Hamburg und Rostock bietet auf seiner Website unter dem Menü Baden & Meer für alle Seebäder strandaktuelle Informationen von der Wasserqualität bis hin zu den Gezeiten: www.bsh.de Die Website des Bundesamts zählt zu den wichtigsten – und beliebtesten – Informationsquellen für die deutschen Küsten.

FKK ist an Stränden in der ehemaligen DDR traditionell weiter verbreitet als in der alten Bundesrepublik.

Bauernhofurlaub

Da das Hinterland der Ostseeküste durchweg ländlich geprägt ist, finden sich in allen Regionen reichhaltig Angebote zum Thema Urlaub auf dem Bauernhof, oftmals kombiniert mit speziellen Freizeitangeboten (Reiterferien, Angelferien usw.). Was sich längs der Ostseeküste im engeren und weiteren Sinne als (Bauern-)Hof bezeichnet, hat durchaus unterschiedliche Qualität und Ausstattung. Die Angebote reichen vom einfachen Bauernhof bis zum luxuriösen Gutshof.

Freizeitkarten

Der Wandel der Kulturlandschaft, die Ausweisung neuer Schutzgebiete, die permanent fortschreitende Zersiedelung und verkehrstechnische Erschließung, aber auch die Verlegung und Neueinrichtung von Wander- und

Hart am Wind
Wasser und Wind bieten optimale Voraussetzungen für Wassersportarten wie Segeln und Windsurfen.

klassiker Kompass-Karten (www.kompass.at) bzw. »Nordland-Karten«.

Klima/Wetter

An der gesamten Ostseeküste herrscht ein gesundes Reizklima mit intensiver Sonneneinstrahlung und hohem Jod- und Salzgehalt der Luft. Ein Spaziergang an der Ostsee wirkt wie ein natürliches Inhalatorium. Das Wetter ist an der deutschen Ostseeküste überwiegend atlantisch geprägt, die im Sommerhalbjahr vorwiegend bestimmende Windrichtung ist West. Die See gleicht Klimaextreme aus: Freundliche Winter mit durchschnittlichen Tages-

Gäste willkommen
Für Urlauber stehen zahlreiche Privatunterkünfte in allen Kategorien zur Verfügung.

temperaturen von 2° Celsius im Januar und Februar sowie gemäßigte Sommer mit durchschnittlichen Tagestemperaturen von 19° Celsius im Juli und August bestimmen das Klima auf Rügen. Im Frühjahr steigen die Temperaturen im Vergleich zum Binnenland etwas langsamer, dafür ist es im Herbst etwas wärmer.

Die Wassertemperaturen liegen im Hochsommer bei 15–24° Celsius an den Außenküsten und bei 18–25° Celsius in Boddengewässern. Bei anhaltenden ablandigen Winden (= seewärts gerichteter »Landwind«) kann sich die Ostsee auch bei warmem Sommerwetter bis auf 11° Celsius abkühlen, da kaltes Tiefenwasser an die Oberfläche steigt.

Die Ostseeküste einschließlich der vorgelagerten Inseln ist ein ausgesprochenes Starkwindrevier, weshalb sie zu den bedeutendsten Surfrevieren der Bundesrepublik zählt. Zum Entsetzen vieler Urlauber wird die Landschaft mehr und mehr mit Windkraftparks überzogen. Diese Anlagen sollen künftig auch offshore (in der See) errichtet werden: Geplant sind zahlreiche Anlagen mit zum Teil Hunderten von Windrädern. Als Erstes realisiert werden soll der Windkraftpark Pommersche Bucht östlich von Rügen: Er soll eine Anlagenkapazität von 200 5-Megawatt-Generatoren haben.

Kulinarische Spezialitäten

Kieler Sprotten und Lübecker Marzipan sind gewiss die bekanntesten Leckerbissen, die aus der Ostseeregion stammen. Doch lebt Mensch nicht nur von Mandelzuckermischungen und Geräuchertem aus der Holzkiste: Die vielen verschiedenen Fische wie Heringe, Butt und Schellfisch sowie Wildarten, Früchte und Beeren (Sanddorn) bilden an der Ostsee die Grundlage für typische Spezialitäten.

So kann man in den Gasthäusern verschiedene regionale Gerichte probieren. Wie wäre es mit Rotbarschrouladen, Schönberger Fischhackbraten, Krabbenomelett, Rügener Fischsuppe, Darßer Fischsuppe, Gekochter Schleie mit Meerrettichbutter, Geräucherten Flundern mit Kohl, Rostocker Fischtopf oder Kabeljau-Nudel-Auflauf? Weitere Fischspezialitäten sind Stralsunder Fischklopse und Stralsunder Heringe, überhaupt Hering in allen nur denkbaren Variationen – die Fülle der Fischgerichte auf den Speisekarten in Restaurants an der Ostsee ist unerschöpflich. Aber nicht nur Fisch steht ganz oben auf den Karten, auch Geflügel wird raffiniert zubereitet: Holsteinische Putenspieße und Gänsekeulen süß-sauer ragen unter den Geflügelgerichten hervor. Usedomer Bohnensuppe – mit Birnen und Äpfeln – wird wahlweise mit gebratenem Fischfilet, Fleischklößchen oder Bratwürstchen gereicht. Unter den Beilagen dominieren Kartoffeln, auch sie werden in allen nur denklichen Varianten angeboten: als Klöße (am bekanntesten sind die Kappelner), als Salat, wobei zum knackigen Kartoffelsalat auch Kohlrabi und Radieschen gehören. Als Dessert gibt es weit mehr als rote Grütze – lassen Sie sich überraschen.

Parkplätze

Nicht nur in Vorpommern in der Grenzregion zu Polen, sondern auch in Mecklenburg und Schleswig-Holstein sind die Parkplätze an der See und oft auch innerorts gebührenpflichtig. Leider beinhaltet das Parkgebührenticket meist nicht die Gegenleistung der Bewachung, sodass man mit teureren Fahrzeugen notfalls nach »bewachten Parkplätzen« Ausschau halten muss. Wer auf die autofreie Insel Hiddensee reist, findet im Rügen-Hafen Schaprode bewachte Abstellmöglichkeiten (kostenpflichtig).

Radwandern

Die Ostseeküste gehört als Teil des mitteleuropäischen Tieflands zu den klassischen Radwanderparadiesen in Europa, in nahezu allen Ferienorten finden sich Fahrradverleihstationen. Als Flachland weist die Ostseeküste einschließlich der vorgelagerten Inseln nur geringe Höhenunterschiede von weniger als 200 Höhenmetern und nur sanfte Hangneigungen auf. Wo die Radwege nicht geklinkert oder geteert sind, fährt man vielerorts auf dem für das Tiefland charakteristischen sandigen Untergrund; hier ist zuweilen Schieben angesagt.

Obwohl das Tiefland keine hohen Berge aufweist, gibt es doch immer wieder Steigungen, die bei konditionsschwachen Fahrern in der Tourenkalkulation berücksichtigt werden müssen: Wer von Sassnitz auf Rügen nach Hagen radelt, muss beispielsweise von quasi Meereshöhe mindestens 160 Höhenmeter im Anstieg schaffen, und auch die Kühlung erreicht immerhin 130 Meter über Normalnull. Die vielleicht einzige wirkliche Widrigkeit beim Radeln an der Ostseeküste ist der Wind: Ungebremst durch Berge fegt dieser herein, sodass man Radtouren generell nach der jeweiligen Windrichtung ausrichten sollte. Hat man den Wind im Rücken, segelt man regelrecht vor dem Wind, und auch Konditionsschwache können dann Etappen

schaffen in einer Zeit, von der sie ansonsten nur zu träumen wagen. Dreht der Wind auf Ost, bleibt diese Wetterlage meist mehrere Tage stabil. Man sollte deshalb nicht zögern, die Routenplanung den Windverhältnissen anzupassen.

Strände

Die gesamte deutsche Ostseeküste, von Flensburg bis zum Timmendorfer Strand, von Boltenhagen bis zu den östlich gelegenen Seebädern, den Kaiserbädern, ist ein Paradies für Badefreunde. In allen Küstenabschnitten locken sowohl weite bewachte feinsandige Strände als auch verschwiegene kleine Buchten, zumeist am Fuß der Steilküsten, unzählige Urlauber an. Weil das Wasser nur langsam tiefer wird und keine reißenden Wellen

entstehen, sind die Ostseestrände gerade bei Familien mit Kindern beliebt. Zudem ist das Ostseewasser das sauberste natürliche Badewasser Deutschlands. Dort wo die traditionellen Seebäder gegründet wurden, befinden sich auch heute noch die gepflegtesten Sandstrände. Kilometerlange, noch nicht überlaufene Sandstrände erstrecken sich auf den Halbinseln Fischland, Darß und Zingst. FKK-Strände sind vielerorts in Mecklenburg-Vorpommern gesondert ausgewiesen.

Unterkunft

Längs der deutschen Ostseeküste finden sich Unterkunftsmöglichkeiten aller Kategorien, von der 08/15-Bettenburg mit Massenabfertigung über liebevoll eingerichteten Pension oder Ferienwohnung im Reetdachhaus bis hin zu Luxusappartements. Seit in Mecklenburg und Vorpommern immer mehr Seebäderarchitektur-Villen renoviert und modernen touristischen Bedürfnissen angepasst werden, boomt dort der Markt für das obere Preissegment, wobei man wegen der Konkurrenz manches Schnäppchen machen kann, zumindest in der Nebensaison. Für die Hauptsaison ist allgemein eine langfristige Vorausbuchung zu empfehlen. Das gilt zumindest für Mecklenburg-Vorpommern auch für den Jahreswechsel: Die Ostsee bei Schnee und Eis zu erleben – ohne sommerlichen Rummel – ist mehr und mehr gefragt.

Sonne – Meer – Strand
An warmen Sommertagen kann es selbst an den ausgedehnten Sandstränden eng werden.

Veranstaltungs-höhepunkte

Ende Februar

Kieler Umschlag

Der historische Kieler Umschlag war Vorbild für dieses Volksfest. Der Umschlag war vom Mittelalter bis ins 19. Jahrhundert ein zentraler Geldtermin, bei dem Käufe, Verkäufe, Erbschaften, Schenkungen, Leihgeschäfte usw. getätigt wurden und die Bargehälter der Beamten anfielen. Der moderne Zahlungsverkehr machte Karren mit Geldsäcken im 19. Jahrhundert überflüssig, doch 1975 wurde das historische Fest in moderner Form wieder belebt.

Mai

Nordischer Klang

In der ersten Maiwoche ist die Hanse- und Universitätsstadt Greifswald Schauplatz für Veranstaltungen aus den Bereichen Musik, Theater, Literatur, Kunst, Wissenschaft und Film aus den nordischen Ländern und dem Ostseeraum. 2003 unterstand die Schirmherrschaft dieses hochkarätigen Kulturfestivals dem Staatspräsidenten von Island, Ólafur Ragnar Grímsson, und dem Bundespräsidenten Johannes Rau.

Rapsblütenfest

Alljährlich zum Beginn der Rapsblüte im Mai findet in Petersdorf auf Fehmarn das Rapsblütenfest statt. Höhepunkte dieses dreitägigen Volksfests sind die Inthronisation der Rapsblütenkönigin am Samstag und ein großer Festumzug am Sonntag.

Kappelner Heringstage

Die Kappelner Heringstage sind das bedeutendste Volksfest an der Schlei. Dieses Stadt- und Hafenfest beginnt alljährlich an Christi Himmelfahrt und endet am darauf folgenden Sonntag mit einem Feuerwerk über der Schlei. Zu den zentralen Ereignissen zählt das Heringsfischen im Kappelner Heringszaun: Zwei Heringsfischer fischen um die Wette, Prominente aus nah und fern – auch Ministerpräsidentin Heide Simonis nimmt regelmäßig teil – bewerben sich um die Würde des Heringskönigs. König wird, wer möglichst genau schätzt, wie viel Pfund Hering an diesem Tag im Heringszaun gefangen werden. Der Wetteinsatz dient einem guten Zweck: Der Verschönerungsverein hält mit dem Erlös den 500 Jahre alten Heringszaun in Stand. Anlässlich der Heringstage verkehrt auch die

Legenden werden lebendig
Jeden Sommer erstürmt Claas Störtebeker mit seinem Kumpan Gödeke die Naturbühne am Jasmunder Bodden in Ralswiek.

Wiederbelebte Tradition
Jedes Jahr am letzten Februar-Wochenende findet der Kieler Umschlag in historischer Kostümierung statt.

Angelner Museumsbahn mit einer Dampflok zwischen Kappeln und Scheggerott, und ein Sonderzug der Schönberger Museumsbahn fährt am Eröffnungstag von Schönbergerstrand über Kiel nach Kappeln und zurück.

Rum Regatta

Die Flensburger Rum Regatta ist das größte Gaffelseglertreffen Nordeuropas. Sie findet seit 1980 alljährlich am Samstag nach Christi Himmelfahrt statt und ist mit einem ausgelassenen Straßenfest verbunden. Konzipiert ist sie nicht als klassisches Racing, sondern als »unernste Geschwaderfahrt«: Nach dem Motto »Lieber heil und Zweiter als kaputt und breiter« soll der Spaß im Vordergrund stehen. Dementsprechend erhält bei der Preisverleihung in den einzelnen Klassen nicht der Erste, sondern der Zweite den Hauptgewinn – eine 3-Liter-Flasche »Regatta Rum«. Die Rum Regatta als überregionales Treffen wurde 1980 vom Verein Museumshafen Flensburg ins Leben gerufen mit dem Ziel, die Traditionssegler, die in den verschiedenen Förde-Marinas und dänischen Häfen ein isoliertes Dasein führten, einmal im Jahr zusammenzubringen und einer brei-

ten Öffentlichkeit vorzustellen. An der ersten Rum Regatta 1980 nahmen 23 Traditionssegler teil – 1992 waren es 140. Die Rum Regatta beginnt in Wassersleben und führt durch deutsche und dänische Gewässer der Innenförde bis zur Wendemarke auf Höhe des Leuchtturms auf Holnis und zurück. Die Plätze zum Schauen verteilen sich beidseits der Förde, auf dänischer Seite vor allem längs der Straße von Kollund nach Rinkenæs.

Ende Juni bis Anfang September

Störtebeker Festspiele Ralswiek
Tausende von Menschen beobachten auf der Freilichtbühne von Ralswiek die von Kanonendonner begleiteten Seeschlachten des Piratenspektakels, das mit nachgebauten Schiffen auf dem Großen Jasmunder Bodden die mittelalterliche Vergangenheit Rügens wieder auferstehen lässt.

Letzte volle Juniwoche

Kieler Woche
Diese Regatta- und Kulturveranstaltung, verbunden mit einer Windjammerparade, ist das größte und bedeutendste Fest an der Ostsee.

Quartett im Grünen
Die Klassik-Musik-Festivals des Nordens bieten jungen Musikern die Chance, ihr Können zu zeigen.

Sommer

Schleswig-Holstein Musik Festival
Das Schleswig-Holstein Musik Festival ist das bedeutendste Festival klassischer Musik im deutschen Norden. Alljährlich im Sommer (Juli/August) finden in Scheunen, Schlössern (z.B. Schloss Salzau), Herrenhäusern (z.B. Gut Emkendorf), Kirchen und Stadthallen in vielen großen und kleinen Städten (Schleswig, Flensburg, Timmendorf) zwischen Ost- und Nordsee unter Beteiligung internationaler Stars hochrangige Aufführungen von Wer-

ken klassischer Musik statt. Im Jahr 2003 strömten mehr als 130 000 Besucher zu den Veranstaltungen.

Festspiele Mecklenburg-Vorpommern
Nach dem Vorbild des Schleswig-Holstein Musik Festivals wurden 1990 die Festspiele Mecklenburg-Vorpommern ins Leben gerufen. Alljährlich im Sommer werden Werke klassischer Musik in Kirchen, Burgen, Schlössern und Herrenhäusern aufgeführt. Das traditionelle Eröffnungskonzert findet in der Heilig-Geist-Kirche in Wismar statt, zu den außergewöhnlichsten Veranstaltungen zählen die »Picknick-Pferde-Sinfoniekonzerte« vor der Kulisse des klassizistischen Landgestüts Redefin.

Europäische Volkstum- und Trachtenwoche
Seit 1951 ist Neustadt an der Lübecker Bucht im Sommer Schauplatz der Europäischen Volkstum- und Trachtenwoche. Im Juli 2004 feierte diese internationale Folkloreveranstaltung an der Ostsee 25. Jubiläum mit Gruppen aus Deutschland, Polen, England, Schweden, Spanien, der Schweiz, Rumänien, Portugal und Lettland. 1969 verlieh der Europarat der Stadt Neustadt die Europafahne,

Wie im 17. Jahrhundert
Während der Wallensteintage in Stralsund
werden historische Kostüme vorgeführt.

weil sie durch die Volkstum- und Trachtenwoche beispielhaft zur europäischen Verständigung beigetragen habe.

Juli

Eldenaer Jazz Evenings

Park und Ruinen der Klosterruinen von Eldena bilden den Rahmen für die 1981 gegründeten Eldenaer Jazz Evenings.
2003 wurde hier auch zum achten Mal das
Klosterspektakel veranstaltet: Die gotischen
Ruinen hallen wider von Rockmusik, Ska, Folk
und Punk.

Juli

Warnemünder Woche

Die Regatten der Warnemünder Woche werden seit 1926 ausgetragen. Im Jahr 2003
wetteiferten rund 2300 Athleten aus 28 Ländern in 930 Booten um Bestleistungen. Neben
den hochkarätigen Segelwettbewerben er-

Verständigung auf Europäisch
Bei der Trachtenwoche in Neustadt wird
europäische Tradition und Kultur präsentiert.
Im Bild eine Volkstanzgruppe aus der Ukraine.

wartet die Besucher ein vielfältiges kulturelles
und Volksfestprogramm. Der traditionelle
»Warneminner Ümgang« mit Blasorchester,
Trachtengruppe, Neptun und Gefolge gehört
ebenso dazu wie Waschzuberrennen, Dra-
chenbootfestival, Konzerte, Shantytreffen und
Beach-Partys.

Ende Juli

Wallensteintage

Einmal im Jahr verwandelt sich die Altstadt
von Stralsund in einen Marktplatz aus dem
17. Jahrhundert. Eröffnet wird das turbulente
Volksfest mit dem »Hohnblasen« vom Turm
der Nikolaikirche am 24. Juli. Es erinnert an
den erfolgreichen Widerstand gegen Wallenstein im Dreißigjährigen Krieg.

Travemünder Woche

Die Ende Juli veranstaltete Segelwoche ist
nach der Kieler Woche die zweitgrößte Se-
gelsportveranstaltung der Welt, die Uferpro-
menaden verwandeln sich in Catwalks für
Reiche und Schöne sowie für Prominenz aus
Politik, Kultur und Gesellschaft. Hervorge-
gangen aus einer Wettfahrt der Segelsport-
freunde Hermann Wenzel und Hermann
Dröge im Jahr 1889 wird sie heute als internationaler Event für Jollen und Kielboote
ausgerichtet vom Lübecker Yacht-Club (LYC),
der auf Initiative Kaiser Wilhelms II. 1898 im
Lübecker Rathaus gegründet wurde. Mehr als
3000 Seglerinnen und Segler aus 25 Ländern
gingen 2003 auf den Regattabahnen in der
Lübecker Bucht an den Start, beobachtet von

Hunderttausenden von Besuchern, denen –
wie alljährlich – ein umfangreiches Landpro-
gramm geboten wurde.

Brarupmarkt

Der am letzten Juliwochenende in Süderbrarup im Zentrum der Landschaft Angeln veranstaltete Brarupmarkt ist der größte ländliche Jahrmarkt Schleswig-Holsteins.

Juli/August

Vineta-Festspiele und Vineta-Festtage

Im Ostseebad Zinnowitz auf Usedom werden
die Vineta-Festspiele veranstaltet, wobei jedes Jahr ein Teil der dreiteiligen Vineta-Sage
aufgeführt wird. In der Vineta-Stadt Barth
finden die Vineta-Festtage statt.

Ostseemeeting

Die Galopprennen auf der Doberaner Ost-
seerennbahn stehen in der Tradition der ältesten Galopprennen für Vollblutpferde in
Europa (seit 1822). Sportlicher Höhepunkt ist
das Rennen um den »Ostsee Preis«.

Flensburger Hofkultur

Die Flensburger Hofkultur ist ein Ensemble
unterschiedlichster Musik-, Theater- und
Filmveranstaltungen in den Flensburger »Höfen«. Der Hof des Schifffahrtsmuseums, der
Marienkirchhof oder der Alte Gefängnishof,
der Künstlerhof, der Rote Hof oder der
Braaschhof – all diese und viele weitere Höfe
werden von etwa Mitte Juli bis etwa Mitte
August Schauplatz für avantgardistische und

multikulturelle Darbietungen. Das Problem der Flensburger Hofkultur ist inzwischen, dass die Höfe für den Besucheransturm viel zu klein sind.

Probsteier Korntage

Seit 2001 werden in der Probstei alljährlich im Juli/August die »Korntage« veranstaltet: Von Laboe bis Köhn und von Schönberg bis Probsteierhagen dreht sich alles rund ums Korn. Mühlenführungen, historische Segelfahrten, Dreschvorführungen mit Oldtimern, Pferdekutschfahrten für Kinder, Kunstausstellungen und viele andere Angebote für Groß und Klein gehören zum Programm, zu dessen Höhepunkten die Kür der »Kornkönigin« zählt. Letztere repräsentiert ein Jahr lang gut gelaunt das »Kornland Probstei«.

Anfang August

Wikingertage

Die Wikingertage in Schleswig sind ein europaweit bekanntes Stadt- und Volksfest in unmittelbarer Nachbarschaft der Wikingerstadt Haithabu. Das Fest findet seit 1986 alle zwei Jahre statt, zum Programm zählen alle nur erdenklichen wikingerzeitlichen Aktivitäten. »Waschechte« Wikinger aus Skandinavien, Holland, Polen, Litauen und Deutschland bevölkern ein »Wikingerdorf« auf den Königswiesen an der Schlei, Drachenschiffe, Reiten, Bogenschießen und Handwerk, Musik- und Theaterveranstaltungen und nicht

zuletzt das »Feiern wie die Wikinger« locken fast 200 000 Besucher aus nah und fern an die Schlei.

Zweites Augustwochenende

Hanse Sail Rostock

Die 1990 erstmals veranstaltete Hanse Sail Rostock hat sich zu einem der größten Windjammertreffen und Volksfeste der Ostsee entwickelt. Alljährlich am zweiten Augustwochenende begegnen sich hier mittlerweile fast 200 Groß- und Traditionssegler und Hunderttausende von Besuchern. Im Fokus des Interesses stehen die Windjammer-Regatten vor Warnemünde. Besucher haben die Möglichkeit, auf Traditionsseglern, Museums-

schiffen und Oldtimern mitzufahren – zum Beispiel bei den Regatten der Schoner und Rahsegler von Warnemünde nach Kühlungsborn und zurück. Ein Bestandteil der Hanse Sail ist seit 2001 auch das internationale Seefliegertreffen: Piloten aus aller Herren Länder schweben mit alten und modernen Wasserflugzeugen ein.

Traditionelle Bindungen
Die Schwedenköpfe in Wismar erinnern daran, dass die Stadt jahrhundertelang unter schwedischer Herrschaft stand.

19. August

Schwedenfest in Wismar

Alljährlich im August erinnert Wismar mit dem »Schwedenfest« an das Ende seiner jahrhundertelangen Zugehörigkeit zur einstigen Ostsee-Großmacht Schweden. Das Wismarer Schwedenfest zählt zu den größten Volksfesten der Ostseeküste.

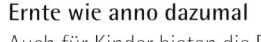

Ernte wie anno dazumal
Auch für Kinder bieten die Probsteier Korntage ländliches Vergnügen.

Zeittafel zur Geschichte der Osteeküste

98 Rugier auf Rügen

Der römische Geschichtsschreiber Publius Cornelius Tacitus erwähnt in seiner Schrift *Über Ursprung und Wohnsitz der Germanen* die Rugier. Sie sind die Namensgeber von Rügen.

150 Thorsberger Opferplatz

Im Thorsberger Moor befindet sich der bedeutendste Opferplatz der germanischen Angeln, die an der Fördenküste siedeln. Sie zerschneiden, zerreißen, zerschlagen und verbeulen ihre Opfergaben und versenken sie im Moor. Viele Funde können in Schloss Gottorf besichtigt werden.

470 Angeln wandern aus

Nach Jüten und Sachsen wandern auch die Angeln auf die Inseln der keltischen Britonen aus. Mit Jüten und Sachsen verbinden sie sich dort zu den Angelsachsen und besiedeln das nach ihnen benannte England (lateinisch Anglia = Land der Angeln).

Germanische Vorfahren
In Schloss Gottorf in Schleswig können archäologische Funde wie diese Moorleiche besichtigt werden.

500 Ankunft der Wenden

Von Osten her dringen während der Völkerwanderung slawische Stämme in die Gebiete zwischen Oder und Fördenküste ein. In Holstein und Mecklenburg lassen sich die Abodriten nieder, auf Rügen die Ranen und im Peenegebiet die Wilzen (Lutizen). Diese und weitere slawische Stämme werden später von den Deutschen als Wenden bezeichnet, tragen jedoch in lateinischen Schriftstücken und Herrschaftsbezeichnungen den Namen Vandali (Vandalen).

737 Danewerk

Die Eichenstämme zur Errichtung des Danewerks, der Südgrenze des dänischen Wikingerreichs, werden gefällt. Der mit Palisaden befestigte Wall sperrt ähnlich eines Limes den Zugang nach Jütland und trennt dänisches von sächsischem Siedlungsgebiet.

804 Haithabu

Im Schutz des Danewerks avanciert die Wikingersiedlung Haithabu an der inneren Schlei zum bedeutendsten Umschlagplatz für den Handel zwischen Ost- und Nordsee.

808 Rerik und Göttrickswall

Der dänische Wikingerkönig Godfred zerstört den Handelsplatz Rerik (angeblich das heutige Ostseebad Rerik), verschleppt die Kaufleute nach Haithabu und lässt das Danewerk durch den Göttrikswall erweitern und neu befestigen, um der Expansion des Frankenreichs unter Kaiser Karl dem Großen Einhalt zu gebieten.

966 Schleswig wird christlich

Der dänische König Harald Blauzahn lässt sich von dem Hamburger Missionsbischof Poppo taufen (angeblich am Poppostein südlich von Flensburg). Dadurch bewirkt er die endgültige Christianisierung des dänischen Wikingerreichs von Skagen

Förderer der Christianisierung
Otto der Große gründete in Oldenburg (Wagrien) das erste Bistum für die Ostseeslawen.

bis zum Danewerk. Der Überlieferung nach wird Poppo der erste Bischof von Schleswig.

968 Erstes Bistum für die Ostseeslawen

Kaiser Otto der Große gründet in Oldenburg auf der Halbinsel Wagrien das erste Bistum für die Ostseeslawen. Es wird 1160 nach Lübeck verlegt.

995 Geburtsurkunde Mecklenburgs

In einer Schenkungsurkunde des Königs und späteren Kaisers Otto III. wird die Mecklenburg bei Wismar erstmals erwähnt. Das Schriftstück gilt als Geburtsurkunde des Landes Mecklenburg.

Zeugnis alter Kultur
Ein bemerkenswertes Ausstellungsstück in Schloss Gottorf ist diese Gesichtsmaske.

1062 Bistum Mecklenburg

Das Bistum Mecklenburg wird gegründet. Der Sitz wird 1160 nach Schwerin verlegt.

1066 Haithabu wird zerstört

Slawische Krieger zerstören Haithabu an der Schlei so stark, dass dieser Ort nie wieder besiedelt wird.

1070 Jumne-Vineta

Der Chronist Adam von Bremen beschreibt die reiche Handelssiedlung Jumne (Vineta) an der Odermündung als größte Stadt Europas. Das vor 1170 untergegangene Jumne gilt als Atlantis des Nordens und wird auf Wollin, auf Usedom und neuerdings auch im Barther Bodden lokalisiert.

1110 Schauenburger erhalten Holstein

Der sächsische Herzog und spätere römische König und Kaiser Lothar von Supplinburg belehnt die Grafen von Schaumburg (an der Weser) mit der Grafschaft Holstein und Stormarn. Mit Adolf I. beginnt die mehrhundertjährige Herrschaft der Schauenburger, wie sich die Grafen von Schaumburg nördlich der Elbe nennen.

1131 Knut Lavard ermordet

Der dänische Jarl Knut Lavard, ein Mann des Friedens und der Wirtschaft, dem Schleswig den Aufstieg zur Handels-, Residenz- und Domstadt verdankt, wird auf Seeland umgebracht. Die Schleswiger Kaufleute rächen seinen Tod, indem sie 1134 den dänischen König Niels erschlagen. Knut wird 1169 vom Papst heilig gesprochen.

1143 Lübeck gegründet

Der sächsische Welfenherzog Heinrich der Löwe belehnt den Schauenburger Grafen Adolf II. von Holstein mit der Grafschaft Wagrien. Adolf von Holstein gründet Lübeck als erste christliche Kaufmannssiedlung an der Ostseeküste. Er holt Kolonisten aus Westfalen und den Niederlanden, um den

Lübecks »steinernes Märchen«
Die stolze Vergangenheit der Hansestadt spiegelt sich in der prächtigen Rathausfassade wider.

slawischen Stamm der Wagrier (zwischen Kieler Förde und Lübecker Bucht) zu christianisieren.

1161 Keimzelle der Hanse

Kaufleute aus Lübeck, Sachsen und Westfalen gründen die Genossenschaft der deutschen Gotlandfahrer und erhalten Handelsprivilegien in Visby, einer damals sehr bedeutenden Handelsstadt der Ostsee. Diese Genossenschaft wird zur Keimzelle der späteren Hanse. Etwa zur gleichen Zeit beginnt Lübeck mit dem Bau von Koggen (Lastensegler).

1167 Abodriten erhalten Mecklenburg

Der sächsische und mittlerweile auch bayerische Welfenherzog Heinrich der Löwe schließt Frieden mit dem slawischen Abodritenfürsten Pribislaw, der aus politischen Gründen zum Christentum übertritt. Heinrich der Löwe belehnt ihn mit dem damals Abodritien genannten Gebiet (außer Schwerin) und verheiratet seine Tochter Mechtild mit Pribislaws Sohn Heinrich Borwin I. Aus diesem Bündnis zwischen Welfen und Wenden geht die Herrscherdynastie hervor, die sich nach der Mecklenburg benennt und das Land bis 1918 regiert.

1168 Rügen wird dänisch

Der christliche dänische König Valdemar der Große erobert Rügen und zerstört die Jaromarsburg, das Hauptheiligtum der slawischen Ranen auf Rügen. Damit beginnt die Christianisierung Rügens, das ein dänisches Fürstentum wird.

1170 Fürstentum Mecklenburg

Der Stauferkaiser Friedrich I. Barbarossa erhebt Mecklenburg unter dem Abodritenfürsten Pribislaw zum Reichsfürstentum.

Herrschte von Italien bis an die Ostsee
Kaiser Friedrich I. Barbarossa mit seinen Söhnen Heinrich und Friedrich von Schwaben.

1181 Herzogtum Pommern

Kaiser Friedrich I. Barbarossa wird nach dem Sturz des Welfenherzogs Heinrich der Löwe Stadtherr von Lübeck. Im Heerlager vor Lübeck erkennt er Bogislaw I. von Pommern an und belehnt ihn mit dem Herzogtum Pommern. Dadurch wird Pommern aus deutscher Sicht ein Teil des Heiligen Römischen Reichs Deutscher Nation, allerdings erheben auch die Königreiche Dänemark (Rügen ist ein dä-

Mit sechs bis acht Knoten übers Meer
Solche Segelschiffe, Holk genannt, transportierten die Waren der Hanse im 15. Jahrhundert.

nisches Fürstentum) und Polen (Hinterpommern) Ansprüche auf Pommern.

1184 Seeschlacht vor Rügen

In der Seeschlacht auf dem Greifswalder Bodden besiegt der dänische König Knut VI. den Pommernherzog Bogislaw I. 1185 muss Bogislaw den dänischen König (anstelle des römischen Kaisers) als Lehnsherrn anerkennen.

1199 Kloster Eldena wird gegründet

Fürst Jaromar I. von der dänischen Insel Rügen gründet auf dem »rügischen Festland« das Zisterzienserkloster Eldena, das rasch als Wirtschafts- und Bildungszentrum aufblüht.

1218 Rostock wird Stadt

Fürst Heinrich Borwin I. von Mecklenburg bestätigt Rostock den Gebrauch des lübischen Stadtrechts.

1226 Lübeck wird freie Reichsstadt

Der Stauferkaiser Friedrich II. macht Lübeck durch den Reichsfreiheitsbrief zur freien Reichsstadt. Als solche untersteht Lübeck direkt dem Reich und darf künftig nicht mehr an andere Herren vergeben werden. Erst die Nazis beenden 1937 die Stellung Lübecks als freie Reichsstadt.

1226 Preetz erhält Probstei

Das Benediktinerinnenkloster Preetz erhält die Probstei an der Nordwestküste Wagriens.

1227 Schlacht bei Bornhöved

In der Schlacht bei Bornhöved unterliegt der dänische König Valdemar der Sieger einer Koalition norddeutscher Fürsten und Städte unter Führung des Schauenburger-Grafen Adolf IV. von Holstein. Der Sieg bedeutet das Aus für die Pläne, das dänische Reich bis zu Elde und Elbe wiederherzustellen. Auf deutscher Seite beteiligen sich an der Schlacht auch Schwerin, Sachsen, Lübeck, Hamburg, Bremen und die Dithmarscher Bauern.

1230 Lübeck erhält Nordseehafen

Hamburg und Lübeck schließen ein für die Ausbildung der Städtehanse wichtiges Bündnis: Lübeck wird Hamburgs Ostseehafen, Hamburg Lübecks Nordseehafen. Das Bündnis wird 1241, 1255 und 1259 erweitert, unter anderem durch Vereinbarungen zur Sicherung der Handelswege zwischen den beiden Häfen.

1234 Stralsund wird Stadt

Fürst Witzlaw I. von der dänischen Insel Rügen verleiht Stralsund das lübische Stadtrecht. Stralsund wird Hauptort des rügischen Festlands.

1259 Hanse-Dreibund gegen Piraterie

Mit dem Dreibund, den Lübeck, Wismar und Rostock zum Schutz ihres Handels vor Piraterie schließen, beginnt die Geschichte des wendischen Quartiers der Hanse.

1283 Rostocker Landfrieden

Die Hansestädte Lübeck, Greifswald, Demmin, Anklam und andere beteiligen sich an der Ausrufung des Rostocker Landfriedens, der das Fehdewesen und die Aktivitäten krimineller Ritter, Herren und (Raub-)Grafen eindämmen soll.

Demonstration der Stärke
Im Jahr 1361 besiegeln die Hansestädte ein Bündnis gegen Dänemark.

1293 Lübeck wird Hauptstadt der Hanse

Die wendischen Handelsstädte beschließen, künftig den Lübecker Rat anstelle des Rats von Visby als höchste Rechtsinstanz für gemeinsame Handelsniederlassungen in Nowgorod anzuerkennen. Damit ist Lübeck die inoffizielle Hauptstadt der Hanse.

1295 Erste Teilung Pommerns

Bei der ersten Teilung Pommerns entstehen die Teilherzogtümer Pommern-Wolgast und Pommern-Stettin. Das Herzogtum Wolgast umfasst in Vorpommern den Raum nördlich der Peene (außer Rügen und dem rügischen Festland) und die Oderinseln sowie weite Teile Hinterpommerns. Das Herzogtum Stettin beherrscht dagegen nur den relativ kleinen Raum südlich der Peene und des Stettiner Haffs.

1325 Rügen fällt an Pommern

Nach dem Tod des letzten Witzlawidenfürsten von Rügen, Witzlaws III., fällt das Fürstentum Rügen mit Hiddensee und Stralsund qua Erbvertrag an das Herzogtum Pommern-Wolgast.

1358 Erster Hansetag

Anlässlich des in Lübeck stattfindenden ersten Hansetags ist erstmals der Ausdruck »Städte« von der deutschen Hanse belegt.

1370 Frieden von Stralsund

Der Frieden von Stralsund beendet den Krieg zwischen der Hanse und dem dänischen König Valdemar IV. Atterdag. Er sichert die politische und wirtschaftliche Vormachtstellung der Hanse im Ostseeraum.

1392 Faustrecht in der Ostsee

Wismar und Rostock rufen zur Plünderung Schwedens, Dänemarks und Norwegens auf und vergeben Kaperbriefe an so genanntes rechtloses Volk. Es bilden sich die Vitalienbrüder, denen sich Claas Störtebeker anschließt.

Universitätsstadt Rostock
In Rostock wird 1419 die erste Universität an der Ostsee gegründet.

1419 Gründung der Universität Rostock

Die Alma Mater Rostochiensis ist die erste Universität an der Ostseeküste.

1435 Fehmarn entwickelt sich zur Kornkammer

Während der Verpfändung von Burg auf Fehmarn an Lübeck (bis 1490) entwickelte sich die dänische Insel Fehmarn zur Kornkammer der Hansestadt.

1456 Gründung der Universität Greifswald

Die Alma Mater Gryphiswaldensis (heute Ernst-Moritz-Arndt-Universität Greifswald) ist die zweite Universitätsgründung an der Ostseeküste.

1460 Freiheitsbrief von Ribe

Im Ripener Freiheitsbrief garantiert der dänisch-norwegisch-schwedische Unionskönig Christian I. in seiner Funktion als Herzog zu Schleswig und Graf von Holstein und Stormarn, dass Schleswig und Holstein auf ewig ungeteilt bleiben sollen. Schleswig und Holstein gehören bis zur Annexion durch Preußen und Österreich 1864 zu Dänemark.

1490 Landesteilung in Schleswig-Holstein

Der dänische König Hans und sein jüngerer Bruder Frederik (I.) teilen die Herzogtümer Schleswig und Holstein bei ideeller Einheit in einen königlichen Segeberger und einen herzoglichen Gottorfer Anteil.

1532 Vorpommern entsteht

Die zweite große Landesteilung des Herzogtums Pommern, diesmal in Nord-Süd-Richtung längs der Oder und ihres östlichen Mündungsstroms, wird Grundlage für die Bezeichnungen Vorpommern (Herzogtum Pommern-Wolgast) und Hinterpommern (Herzogtum Pommern-Stettin). Zu Vorpommern gehören auch die Inseln Wollin, Usedom und Rügen.

1544 Landesdreiteilung in Schleswig-Holstein

Der dänische König Christian III. teilt Schleswig und Holstein in die drei Landesteile

Schleswig-Holstein-Sonderburg, Schleswig-Holstein-Hadersleben und Schleswig-Holstein-Gottorf.

1563–70 Dreikronenkrieg

Der Frieden von Stettin beendet den Nordischen siebenjährigen Krieg (Dreikronenkrieg) zwischen Schweden auf der einen und Dänemark, Lübeck und Polen auf der anderen Seite. Schwedens Stellung als Ostseevormacht wird bestätigt, Dänemark muss seine Hoffnungen auf ein nordisches Königreich unter dänischem Zepter begraben.

1582 Schloss Glücksburg wird gebaut

Herzog Johann der Jüngere von Schleswig-Holstein-Sonderburg lässt am Südufer der Flensburger Innenförde das Renaissanceschloss Glücksburg errichten. 1622 wird es Residenz des Herzogtums Schleswig-Holstein-Sonderburg-Glücksburg.

1625 Sturmflut

Die Februarsturmflut verursacht schwere Verwüstungen an der Ostseeküste. In Holstein verschwindet die Kolberger Heide, in Mecklenburg wird die Halbinsel Wustrow überflutet.

1628 Stralsund wird schwedisch

Stralsund wehrt im Dreißigjährigen Krieg mit Unterstützung schwedischer und dänischer Einheiten die Belagerung des kaiserlich-katholischen Heerführers Wallenstein ab. Mit einem Schutzbündnis mit dem schwedischen König Gustaf II. Adolf beginnt die schwedische Zeit für Stralsund (bis 1815).

1637 Letzter Pommernherzog

Nach dem Tod von Bogislaw XIV., dem letzten Greifenherzog von Pommern, erhebt das Kurfürstentum Brandenburg vergeblich Anspruch auf das Herzogtum. Die Schweden machen während des Dreißigjährigen Kriegs keinerlei Anstalten, das Herzogtum zu räumen.

1648 Vorpommern wird schwedisch

Im Westfälischen Frieden, der den Dreißigjährigen Krieg beendet, erhält das Königreich Schweden die westliche Hälfte des Herzogtums Pommern (Vorpommern) einschließlich

Meisterwerk der Renaissance
Schloss Glücksburg besticht durch seinen streng quadratischen Grundriss.

Renommierte Bildungsstätte
Die Christian-Albrechts-Universität Kiel sollte die Bedeutung von Gottorf als geistig-kulturelles Zentrum in Norddeutschland stärken.

der Insel Rügen und der Odermündung mit Stettin und der Insel Wollin, außerdem die Stadt Wismar mit einem entsprechenden Gebiet von Mecklenburg sowie die Stadt Stralsund. Das Kurfürstentum Brandenburg erhält die restlichen Gebiete des östlichen Pommern (Hinterpommern).

1659 Gottorf wird unabhängig

Herzog Frederik III. von Schleswig-Holstein-Gottorf setzt im Kopenhagener Vergleich für den Landesteil Schleswig die lehnsrechtliche Unabhängigkeit der Herzogtümer (des herzoglichen wie des königlichen Teils) von der dänischen Krone durch. Unter der Herrschaft Frederiks III. 1616–59 wird Schloss Gottorf ein Kulturzentrum von europäischem Rang.

1665 Universität Kiel wird gegründet

Herzog Christian Albrecht von Schleswig-Holstein-Gottorf gründet in Kiel die nach

ihm benannte Christian-Albrechts-Universität als Landesuniversität für das Gottorfer Staatswesen.

1713 Dänemark besetzt Gottorf

Während des Großen Nordischen Kriegs besetzt König Frederik IV. von Dänemark den Gottorfer Anteil am Herzogtum Schleswig-Holstein-Gottorf. Diese Militäraktion bedeutet das Ende des seit 1544 bestehenden Herzogtums.

1720 Altvorpommern wird preußisch

Der Frieden von Stockholm zwischen Schweden unter Königin Ulrika Eleonora und Preußen unter dem Soldatenkönig Friedrich Wilhelm I. beendet den Großen Nordischen Krieg in Deutschland. Gegen eine Zahlung von zwei Millionen Talern tritt Schweden das spätere so genannte Altvorpommern rechts der Peene mit Stettin und den Inseln Usedom und Wollin an Preußen ab, behält jedoch das Gebiet links der Peene, sodass Schwedisch-Pommern nur noch aus dem später so genannten Neuvorpommern mit Stralsund als Hauptstadt besteht.

1720 Kiel wird Residenz

Der Frieden von Frederiksborg beendet den Großen Nordischen Krieg zwischen Dänemark und Schweden. Der Vertrag schreibt fest, dass der Gottorfer Anteil im Herzogtum Schleswig an die dänische Krone fällt: Künftig sind die Könige von Dänemark zugleich Herzöge von (ganz) Schleswig. Der 1713 vertriebene letzte Herzog von Schleswig-Holstein-Gottorf, Karl Friedrich, erhält den holsteinischen Anteil des Herzogtums (Holstein-Gottorf) zurück und erhebt Kiel zur Residenz.

1744 Liebeslaube Hessenstein

Hedvig Ulrike Taube, die Geliebte des hessischen Schwedenkönigs Fredrik I., hinterlässt bei ihrem Tod die Herrschaft Hessenstein, die Fredrik durch Kauf schöner Güter in Wagrien geschaffen hat. 1777 wird Hessenstein zum Reichsfürstentum erhoben.

Ein Glaubenskrieg verwüstet das Land
Der Dreißigjährige Krieg (1618–48)
brachte den Menschen Not und Elend.

1745 Gottorfer heiratet Katharina die Große

Katharina die Große heiratet in Sankt Petersburg Herzog Karl Peter Ulrich von Holstein-Gottorf, den späteren Zaren Pjotr III.

Machtbewusste Kaiserin
Katharina die Große heiratete Herzog Karl Peter Ulrich von Gottorf, den späteren Zaren Pjotr III.

1762 Gottorf wird russisches Großfürstentum

Nach dem Tod der kinderlosen Zarin Elisabeth Petrowna wird Herzog Karl Peter Ulrich von Holstein-Gottorf unter dem Namen Pjotr III. Fjodorowitsch russischer Zar. Er und seine Frau Katharina die Große begründen die Linie Romanow-Holstein-Gottorf. Das Herzogtum Holstein-Gottorf wird nun als russisches Großfürstentum verwaltet. Katharina putscht noch 1762 gegen ihren Mann, der wenig später umgebracht wird.

1777 Gottorfer verzichten auf Gottorf

Im Vertrag von Zarskoje Selo (heute: Puschkin) verzichtet der dänische und norwegische König Christian VII. auf seine Ansprüche in Oldenburg (Oldenburg) und Delmenhorst

und erhält dafür vom russischen Thronfolger Paul (I.) den gottorfschen Anteil an Holstein mit der Hauptstadt Kiel. Damit befindet sich der gesamte gottorfsche Anteil an den Herzogtümern Schleswig und Holstein in der Hand der dänischen Krone.

1779 Dänemark erhält Glücksburg

Mit dem Tod des letzten Herzogs Friedrich Heinrich Wilhelm stirbt die Linie Schleswig-Holstein-Sonderburg-Glücksburg aus. Die Güter übernimmt der dänische König Christian VII. in seiner Funktion als Herzog von Schleswig und Holstein.

1792-1808 Kosegarten

Der Dichter Gotthard Kosegarten wird als Pastor in Altenkirchen auf der Rügen-Halbinsel Wittow eine Anlaufstelle für Schriftsteller, Maler, Dichter und Wissenschaftler (Caspar David Friedrich, Wilhelm von Humboldt). 1796-98 ist Ernst Moritz Arndt bei ihm Hauslehrer. Berühmt werden auch Kosegartens *Uferpredigten* für die Fischer von Vitt.

1792 Sklavereiverbot

In Dänemark-Norwegen und in den dänischen Herzogtümern Schleswig und Holstein wird der Sklavenhandel ab 1803 verboten. Es ist das erste staatliche Verbot der Sklaverei in Europa.

1793 Das erste Ostseebad entsteht

Herzog Friedrich Franz I. von Mecklenburg-Schwerin badet am 8. September gemeinsam mit anderen zum ersten Mal im Meer am Heiligen Damm. Dieser Tag gilt als Gründungsdatum des ersten Ostseebads.

1795 Sagard wird erstes Bad auf Rügen

In Sagard auf der Halbinsel Jasmund wird die Brunnen-, Bade- und Vergnügungsanstalt bei der eisenhaltigen Quelle eröffnet. Das erste Kurbad auf Rügen zieht Gäste aus dem In- und Ausland an. Nach der Besetzung Rügens durch Frankreich (1807) verfällt Sagard.

Schloss mit wechselvoller Geschichte
Von Macht und Einfluss kündet der prächtige Renaissancebau von Schloss Gottorf.

1797 Die ersten Rügen-Reiseführer erscheinen

Friedrich Rellstabs *Ausflucht nach der Insel Rügen durch Mecklenburg und Pommern* (darin die Ode *Stubbenkammer* von Gotthard Kosegarten) und Johann Friedrich Zöllners *Reise durch Pommern nach der Insel Rügen und einem Teile des Herzogtums Mecklen-*

Pastor und Schriftsteller
Gotthard Kosegarten pries als Erster die Schönheit der Insel Rügen.

Der berühmteste Sohn Greifswalds
Caspar David Friedrich machte mit seinen romantischen Gemälden Rügen und Greifswald bekannt.

burg im Jahr 1795 sind die ersten Rügen-Reiseführer.

1800 Romantischer Wanderführer

Gotthard Kosegarten gibt die *Wanderungen durch Rügen* seines Schülers Karl Nernst heraus. Dieses erste romantische Rügen-Wanderbuch macht die Schönheiten Rügens bekannt. Der Rügener Maler und Schriftsteller Johann Jacob Grümbke veröffentlicht 1805 seine *Streifzüge durch das Rügenland*.

1802 Travemünde wird Seebad

Lübecks schönste Tochter wird Seebad.

1803 Rügen-Maler Friedrich

Nach drei Rügenwanderungen (1801/02) avanciert der Greifswalder Caspar David Friedrich mit Gouachen und großformatigen Sepien zum bekanntesten Rügenmaler. Prinzessin Marianne von Preußen hängt sich zum Träumen fünf Rügen-Sepien von Friedrich in ihr Schlafzimmer im Berliner Schloss.

1803 Protest gegen Leibeigenschaft

Der Rüganer Ernst Moritz Arndt prangert in der Schrift *Versuch einer Geschichte der Leibeigenschaft in Pommern und Rügen* die Willkür der Grundherren an und fordert die Aufhebung der Leibeigenschaft.

1806 Lübeck wird französisch

Nach dem Sieg über die preußischen Truppen unter Gebhard Leberecht Blücher während des Vierten Koalitionskriegs besetzt der französische Marschall Jean-Baptiste Bernadotte (ab 1810: Carl Johan) die Hansestadt Lübeck. Lübeck gehört 1806–13 zum Kaiserreich Frankreich.

1810 Romantische Malerei

Der preußische Kronprinz Friedrich Wilhelm (IV.) erwirbt die Gemälde *Der Mönch am Meer* und *Die Abtei im Eichwald* von Caspar David Friedrich. Friedrichs romantische Gemälde der Ruine Eldena, des Greifswalder

Romantische Klosterruine
Durch dieses Gemälde von C. D. Friedrich wurde Eldena zu einem Symbol der Romantik.

Boddens und der Insel Rügen lassen bestimmte Gegenden der Ostseeküste zu Symbolen der Romantik werden.

1815 Pommern wird preußisch

Auf dem Wiener Kongress erhält das Königreich Preußen Schwedisch-Vorpommern (Neuvorpommern) und Rügen und ist damit im Besitz ganz Pommerns, das bis 1945 als preußische Provinz mit den Regierungsbezirken Stettin, Köslin und Stralsund (1932 zu Stettin) verwaltet wird.

1815 Mecklenburg-Schwerin wird Großherzogtum

Das Herzogtum Mecklenburg-Schwerin wird Großherzogtum.

1822 Erstes Galopprennen

Bei Heiligendamm wird mit Vollblutpferden das erste Galopprennen in Deutschland durchgeführt.

1825 Jüngere Linie Glücksburg

Der dänische König Frederik VI. überträgt Herzog Friedrich Wilhelm Paul Leopold von Schleswig-Holstein-Sonderburg-Beck   das

Schloss Glücksburg. Damit wird die heutige Linie Schleswig-Holstein-Sonderburg-Glücksburg begründet.

1849 Ältester Leuchtturm

Auf dem Darßer Ort wird der älteste, noch heute in Betrieb befindliche deutsche Leuchtturm in Funktion genommen.

Betagter Signalgeber
Der Leuchtturm Darßer Ort bei Prewrow ist seit mehr als 150 Jahren in Betrieb.

1850 Schlacht bei Idstedt

In der Schlacht bei Idstedt im Westen der Halbinsel Angeln besiegen dänische Truppen die Sezessionsarmee der Schleswig-Holsteiner und beenden die deutschnationalistische Erhebung gegen die Krone Dänemarks. Es ist die größte und blutigste Schlacht, die jemals auf dem Gebiet des Bundeslands Schleswig-Holstein ausgetragen wird.

1852 Londoner Protokoll

Im Londoner Protokoll vereinbaren die europäischen Großmächte und die skandinavischen Staaten die Ungeteiltheit Dänemarks, das sich seinerseits verpflichten muss, die Autonomie und Einheit der Herzogtümer

Schleswig und Holstein innerhalb des Königreichs Dänemark zu wahren.

1863 Glücksburger auf Dänemarks Thron

Gemäß dem Londoner Protokoll wird der deutsche Protokollprinz aus der Dynastie Glücksburg unter dem Namen Christian IX. König von Dänemark. Er begründet die bis heute dauernde Herrschaft der Glücksburger in Dänemark.

1864 Zweiter Deutsch-Dänischer Krieg

Preußische und österreichische Truppen marschieren in Schleswig ein. Im Frieden von Wien tritt Dänemark die Herzogtümer Schleswig, Holstein und Lauenburg an Österreich und Preußen ab.

1865 Gottorfer Kondominium

Die preußisch-österreichische Zivilbehörde setzt eine Schleswig-Holsteinische Landesregierung mit Sitz in Gottorf ein. Das preußisch-österreichische Kondominium über Schleswig und Holstein führt bald zu Spannungen zwischen Berlin und Wien.

1865 Rettung Schiffbrüchiger

In Kiel wird die Deutsche Gesellschaft zur Rettung Schiffbrüchiger (DGzRS) gegründet.

1866 Deutsch-österreichischer Krieg

Preußische Truppen marschieren in das von Österreich verwaltete Herzogtum Holstein ein. Der Deutsche Bund wird aufgelöst, die Herzogtümer Schleswig und Holstein werden von Preußen annektiert.

1867 Provinz Schleswig-Holstein

Preußen gliedert die eroberten Herzogtümer Schleswig und Holstein als Provinz Schleswig-Holstein seinem Territorium ein. Provinzhauptstadt wird Schleswig. Nach diesen Annexionen ist nur noch Mecklenburg ein freier Staat an der heutigen deutschen Ostseeküste, alle anderen Gebiete sind preußisch.

Rettung bei Seenot
Die Deutsche Gesellschaft zur Rettung Schiffbrüchiger ist mit ihren Schiffen auch in der Ostsee präsent.

Freie Fahrt von Brunsbüttel in die Kieler Förde
Der Nord-Ostsee-Kanal wurde von Kaiser Wilhelm II. eröffnet, dessen Namen er zunächst auch trug.

1872 Sturmflut

Die Novembersturmflut, bei der das Wasser auf 3,15 Meter über Normalnull steigt, richtet derart schwere Schäden an, dass in den folgenden Jahren an mehreren Küstenabschnitten (moderne) Deiche errichtet werden.

1876 Badewanne Berlins

Mit der Eröffnung der Bahnlinie (Berlin –) Ducherow – Swinemünde wird der Grundstein für den rasanten Aufschwung der Usedomer Bäder gelegt.

1881 Karstadt wird gegründet

Rudolph Karstadt gründet in Wismar den gleichnamigen Warenhauskonzern.

1882 Kieler Woche

Eine Freundschaftsregatta von 20 Yachten bildet den Ursprung der Kieler Woche, eine der bedeutendsten Segelgroßveranstaltungen der Welt.

1886 Bäderbahn Molli

Als erste Schmalspurbahn an der Ostseeküste dampft die Bäderbahn *Molli* von Doberan nach Heiligendamm. 1910 wird die Strecke in das später in Kühlungsborn umbenannte Seebad verlängert.

1895 Nord-Ostsee-Kanal

Der Nord-Ostsee-Kanal verbindet auf einer Länge von 98,7 Kilometern zwischen der Elbhafenstadt Brunsbüttel und der Kieler Förde

Wie in alten Zeiten
Die Bäderbahn *Molli* schnauft gemächlich von Bad Doberan nach Kühlungsborn.

Nord- und Ostsee. Er ist die meistbefahrene künstliche Seeschifffahrtsstraße der Welt.

1900 Elbe-Lübeck-Kanal

Der 67 Kilometer lange Elbe-Lübeck-Kanal verbindet den Ostseehafen von Lübeck mit dem Elbhafen von Lauenburg. Der Kanal soll vor allem schwedische Unternehmen der Eisen- und Holzindustrie anlocken und Lübeck zu einem deutsch-schwedischen Warenumschlagplatz machen.

1901 Die Buddenbrooks

In dem Gesellschaftsroman *Buddenbrooks – Verfall einer Familie* beschreibt der Lübecker Schriftsteller Thomas Mann den Niedergang einer Lübecker Kaufmannsfamilie über vier Generationen hinweg. Der Hansestadt-Roman avanciert zu den meistgelesenen Werken der Weltliteratur mit Übersetzungen in über 30 Sprachen.

1917 Kiel wird Hauptstadt

Während des Ersten Weltkriegs löst die Reichskriegshafenstadt Kiel die kleine Domstadt Schleswig als Hauptstadt der preußischen Provinz Schleswig-Holstein ab.

1918 Novemberrevolution

Ein Matrosenaufstand in Kiel greift auf andere Flottenstützpunkte über und löst die von der Ostseeküste und Wilhelmshaven ausgehende Novemberrevolution aus, die zum Sturz der Monarchie in Deutschland führt. Der Kaiser geht außer Landes, die Fürsten

danken ab oder werden zur Abdankung gezwungen.

1918 Nobelpreis für Max Planck

Der Kieler Physiker Max Planck, der Begründer der Quantentheorie, erhält den Physiknobelpreis.

1920 Schleswigfrage friedlich gelöst

Beim Schleswigreferendum votieren 75 Prozent der Bevölkerung Nordschleswigs für den Anschluss an Dänemark und 81 Prozent in Südschleswig für den Verbleib bei Deutschland. Nordschleswig wird unter dem Namen Südjütland wieder dem dänischen Territorium eingegliedert. Die friedliche Lösung der Schleswigfrage führt zu einer deutlichen Entkrampfung im dänisch-deutschen Verhältnis.

Nobelpreisträger
Mit dem Gesellschaftsroman *Buddenbrooks* schuf Thomas Mann ein großes Werk der Weltliteratur.

1929 Nobelpreis für Thomas Mann

Der Lübecker Thomas Mann wird mit dem Literaturnobelpreis ausgezeichnet. Er erhält

ihn hauptsächlich für seine in Lübeck spielende Familiensaga *Die Buddenbrooks*.

1936 Olympische Sommerspiele in Kiel

Während der Olympiade in Berlin werden auf der Kieler Förde die Segelwettbewerbe ausgetragen, in Laboe wird das Marine-Ehrenmal eingeweiht.

1937 Ende des Freistaats Lübeck

Die Nazis beenden die jahrhundertelange Selbstständigkeit Lübecks und gliedern die bisherige Freie und Hansestadt der preußischen Provinz Schleswig-Holstein ein. Auch das Fürstbistum Lübeck (Hauptstadt: Eutin) wird aufgehoben und unter der Bezeichnung Kreis Eutin der preußischen Provinz Schleswig-Holstein eingegliedert.

1942 Lübeck wird zerstört

Als Reaktion auf die Bombardierung ziviler Ziele durch die deutsche Luftwaffe fliegt die britische Luftwaffe ihrerseits den ersten Angriff auf Wohngebiete und andere zivile Ziele

Schrecken des Seekriegs
Das Marine-Ehrenmal von Laboe ist ein Mahnmal für die friedliche Seefahrt. Daneben ein begehbares U-Boot aus dem Zweiten Weltkrieg.

in Nazi-Deutschland: Die historische Altstadt von Lübeck wird auf Befehl von Arthur Harris zerstört.

1945 Deutsche Kapitulation

Von Flensburg aus versucht Karl Dönitz, der letzte Reichspräsident des Dritten Reichs und Oberbefehlshaber der Wehrmacht, eine stufenweise Kapitulation zu erreichen, um so vielen Menschen wie möglich die Flucht vor Stalins Roter Armee nach Westen zu ermöglichen. In einer Rundfunkansprache über den Sender Flensburg gibt er am 8. Mai den deutschen Streitkräften den Befehl zur Kapitulation. Damit ist der von Hitler entfesselte Zweite Weltkrieg in Europa zu Ende.

1945 Oder wird Grenzfluss

Auf der Potsdamer Konferenz erkennen die westlichen Siegermächte des Zweiten Weltkriegs die Westverschiebung der polnischen Grenze bis an die Flüsse Oder und Neiße an. Bereits während der Jaltakonferenz hat der Stalin-Vertraute Boleslaw Bierut die Übernahme der Zivilverwaltung östlich von Oder und Neiße durch Polen proklamiert.

1946 Schleswig und Holstein werden Länder

Die britische Militärregierung spricht den ehemaligen preußischen Provinzen Schles-

wig und Holstein vorläufig die staatsrechtliche Stellung von Ländern zu, die Oberpräsidenten erhalten die Amtsbezeichnung Ministerpräsident. Dieses Datum gilt als Geburtsstunde des späteren Bundeslands Schleswig-Holstein.

1948 Partei der dänischen Minderheit

Der Südschleswigsche Wählerverband (SSW) wird als politische Partei der dänischen Minderheit in Schleswig gegründet.

1949 Bundesrepublik und DDR werden gegründet

Schleswig-Holstein wird ein Bundesland der unter dem Schutz der Westmächte gegründeten Bundesrepublik Deutschland, Mecklenburg (einschließlich Vorpommern) wird ein Land der unter der Besatzung der Union der Sozialistischen Sowjetrepubliken (UdSSR) gegründeten DDR.

1950 Oder-Neiße-Grenze

Die DDR und Polen unterzeichnen den Görlitzer Vertrag, der die Oder-Neiße-Linie als unantastbare Freundschafts- und Friedensgrenze festlegt.

1952 Bezirke Rostock und Schwerin

Durch eine politisch-territoriale Neugliederung werden die fünf Länder der DDR aufgehoben. An ihre Stelle treten 14 Bezirke, an der Ostseeküste sind es die Bezirke Schwerin und Rostock.

1955 Bonn-Kopenhagener Erklärungen

Die von den Regierungschefs Konrad Adenauer und Hans Christian Hansen unterzeichneten Bonn-Kopenhagener Erklärungen zum Minderheitenschutz bilden die Grund-

lage für die friedliche Koexistenz von Deutschen und Dänen in der Grenzregion.

1963 Vogelfluglinie

Die sich auf sieben weißen Betonpfeilern über die Ostsee schwingende Fehmarnsundbrücke wird dem Verkehr übergeben. Bundespräsident Heinrich Lübke und der dänische König Frederik IX. weihen in Puttgarden die Vogelfluglinie ein.

1969–73 Retortenseebäder

Die Landesregierung von Schleswig-Holstein subventioniert die Schaffung von 15 touristischen Großprojekten (12 000 Wohneinheiten) zwischen Flensburg und Travemünde. Die meisten entstehen als Bettensilos in kubischer Betonarchitektur. Berühmtes Beispiel ist Damp 2000.

1972 Nobelpreis für Willy Brandt

Der Lübecker Willy Brandt wird mit dem Friedensnobelpreis ausgezeichnet.

Großer Sohn der Stadt Lübeck
Für den Friedensnobelpreisträger Willy Brandt, geboren 1913 in Lübeck, wird dort zur Zeit eine Gedenkstätte eingerichtet.

1972 Segelolympiade in Kiel

Während der XX. Olympischen Spiele ist die Kieler Förde zum zweiten Mal nach 1936 Schauplatz der olympischen Segelwettbewerbe. Erstmals wird die große Windjammerparade veranstaltet, die seither zum festen Programm der Kieler Woche gehört.

1986 Klassik an der Küste

Justus Frantz gründet mit Unterstützung Leonard Bernsteins das Schleswig-Holstein Musik Festival, das bedeutendste Festival klassischer Musik im Bereich der Ostseeküste.

Ostsee-Regatta
Viele Segelwettbewerbe werden traditionell in Kiel ausgetragen.

1987 Welterbe Lübeck

Die Hansestadt Lübeck wird als Kulturerbe der Menschheit unter den Schutz der UNESCO gestellt.

1990 Deutschland vereint

Mit dem Beitritt der DDR zur Bundesrepublik Deutschland endet die Teilung des bevölkerungsreichsten Staats an der westlichen Ostsee. Der Kalte Krieg ist zu Ende. Das vereinigte Deutschland und Polen erkennen im Deutsch-Polnischen Grenzvertrag völkerrechtlich verbindlich die bestehenden Grenzen als unverletzlich an und verpflichten sich zum Verzicht auf gegenseitige Gebietsansprüche. Am Tag der deutschen Wiedervereinigung wird Mecklenburg-Vorpommern ein Bundesland der Bundesrepublik Deutschland mit Schwerin als Hauptstadt.

2001 Tankerunfall

Der Tanker *Baltic Carrier* und der Bulkcarrier *Tern* kollidieren in der Kadettrinne zwischen der dänischen Insel Falster und der vorpom-

merschen Touristikhochburg Darß. Fußballfeldgroße Heizölteppiche aus den maroden Billigflaggenschiffen verseuchen die Küsten von Falster und Møn.

2002 Welterbe Stralsund und Wismar

Die UNESCO nimmt die Altstädte von Wismar und Stralsund in die Liste des Weltkulturerbes auf. Damit wird neben ihrem universellen Wert auch die Zusammenarbeit der beiden Städte im Bereich Denkmalpflege gewürdigt.

2004 Ostseeküste wächst zusammen

Polen, Estland, Lettland und Litauen werden Mitglieder der Europäischen Union.

2004 Wanderparadies Küste

Tausende von Wanderern kommen in das Seebad Kühlungsborn, wo – erstmals an der Ostseeküste – der Deutsche Wandertag veranstaltet wird.

Register

Bildnachweis

(o. = oben, u. = unten, l. = links, r. = rechts, M. = Mitte) ArchivBerlin: 185 M.; Horst Dieter Adler: 39, 41–42, 46, 50, 51 o., 52, 53 o., 54 u., 59 o.; Amberg Gunda: 22, 24, 29 r., 68 r., 87 u., 91 o., 93 o., 117 (2), 118, 124, 125 u., 127 M., 133 (2), 134 u., 136, 137 o., 138 r., 139, 141 (2), 146, 147 (2), 148 o., 157 (2), 162 u., 163 o., 165 (2), 168 (2), 175 o., 180, 181 o., 182, 183 o., 190 u., 190 M., 193 o., 193 M., 194 u., 199 o., 207 o., 209 u.; Arndt Hansgeorg: 48 u., 53, 77 o., 78 u.; Arndt Sven-Erik: 89, 91 M., 92 o., 93 u.; Abraham Ronald: 12, 108 l., 109, 125 o., 184, 188 u.; Artothek: 122, 123 (2); Balzerek Reinhard: 23 u., 35 u., 41 u., 63, 68 l., 102, 104, 110, 160 (2), 201 o., 217 u.; Bildagentur Huber: 10, 34, 36 o., 43 o. r., 49 o., 58, 74 u., 76, 81 o., 87, 203 u., 219 (Gräfenhain), 13, 28, 99 u., 143 o., 172, 177, 188, (Mehlig), 19 l., 31 o., 66–67, 94–95, 98, 103 u., 106, 111 u., 113, 120–121, 124, 140 o., 152– 153, 158 r., 161 o., 169, 178–179, 195 o., (R. Schmid), 19 r., 35 o., 38 r., 48 o., 75, 79 u., 88 r., (F. Damm), 49 u., 74 o., (R. Maier), 8, 198; Bildarchiv Preußischer Kulturbesitz: 174, 199, 208 o., 208 M., 209 o., 210 (2), 211, 212 o., 213 (2), 214 o., 214 M., 215 (2), 217 o., 220 o.; Buddenbrockhaus: 90 (2); Cinetext: 55 u. r. (RM); Darß.net: 161 u., 162 o. (Bernd Rickel); Europäische Trachtenwochen: 206 u.; Fotostudio Böttcher: 14, 31 u., 119, 126, 129, 131 o., 132, 134 o., 135 u., 137 o., 138 l., 140 u., 141 u. l., 163 u., 166 l., 191 o., 202 o.; Fotoarchiv Günter Franz: 62 (2), 64; Gesellschaft Kieler Umschlag: 204 o.; Grundner Thomas: 112, 154 u., 170; Hansestadt Wismar, Tourismuszentrale: 101, 102 u., 104 u., 105 (2); HTI Peenemünde: 186 u., 187 o.; IFA-Bilderteam: 78 o. (Gottschalk), 219 (T. Hook); Images.de: 55; Jürgens Photo: 97; Kliem Thomas: 25, 69 o. (2), 72 r., 85, 86, 88 l., 91 u., 96, 99 o., 100, 103, 107 u., 111 o., 114 (2), 115 o., 128, 144, 156 r., 158 l., 159, 199, 202 u.; Langholz H. W.: 44, 45 u., 46, 47, 54 o.; Lawrenz Monika: 205 o.; Mauritius: 142 o.; Meereszentrum Fehmarn GmbH: 80 (3); Paulig: 196; Picture Alliance: 11 (2), 16 u., 17 u., 18, 56, 141 u. r., 151 (3), 171 o., 183 u., 186 o., 187 u., 197 (2), 207 o., 216 u., 218 o., 220 u. (dpa); Regionaler Fremdenverkehrsverband vorpommern e. V.: 173 (A. Günther), 175 u.; Probsteier Korntage: 73, 207 u.; Quedens Georg: 81 u., 82–83, 107 o., 171 u., 185 M.;

Remmer Gerd: 32–33, 36 u., 37, 38 l., 39 u., 42, 43 o. l., 43 u., 65 u.; Rostock-digital Gbr: 116 (M. Seemann); Rummuseum: 39 o. l.; Scheibner Johann, Berlin: 30; Schleswig-Holstein Musik Festival: 199, 205 u.; Schloß Gottorf: 45 o., 61 u., 208 u.; Schneider Friedhelm, Landesamt für Denkmalpflege: 84 (2); Stadtverwaltung Bergen auf Rügen: 127 u.; Touristeninformation Schleswig: 57, 59; Tourismuszentrale Wismar: 45 o., 61 u., 207 M.; Sperber Achim: 69 u., 70 (2), 71 (2), 72 l., 77 u., 79 o., 83 o., 92 u., 125 o., 130 u., 131 u., 150, 185 o., 195 u., 200, 203 o., 199, 218 u.; Störtebecker Festspiele, Am Bodden 100, 18528 Ralswiek: 20–21 (4), 204 u.; Vision Verlag: 191 u.; Vorpommersche Landesbühne GmbH: 166 r., 167 (2); Werk Harald: 75 o. r.; Wengel Tassilo: 15, 16 o., 17 o., 23 o., 29 l., 51 u., 60, 61 o., 65 o., 108 r., 115 u., 127 o., 130 o., 135 o., 142 u., 148 u., 149, 154 o., 154 M., 155, 156 l., 164, 176 (2), 181 u., 186 o. r., 189, 201 u., 212 u., 214 u.; Werning Malte: 26, 27 (2), 143, 145, 216 o.; Zweckverband Seebäder Insel Usedom Ahlbeck-Heringsdorf-Bansin: 190 o., 192, 193 u., 194 o

Umschlag Vorderseite, großes Bild: Kreidefelsen auf Rügen (Bildagentur Huber); Usedom, Seebad Ahlbeck und Stralsund, Rathaus und Nicolaikirche (Bildagentur Huber); Kajakfahrer auf der Schlei (Horst Dieter Adler). Umschlag Rückseite: Leuchtturm auf Kap Arcona/ Rügen (Malte Werning) Seite 1: Seglerparadies Ostseeküste Seite 2/3: Leuchtturm auf Hiddensee

Unser Gesamtverzeichnis finden Sie unter www.bucher-verlag.de

Lektorat und Bildlegenden: Cornelia Klaeger, München Bildredaktion: Gabriele Feld, Doris Leuthold, Susanne Caesar, München Kartografie: Heidi Schmalfuß, München Produktion und Layout: Annegret Wehland, Buch & Konzept, München Projektleitung: Dr. Reinhard Pietsch Umschlag: Bettina Schippel Herstellung: Bettina Schippel

Alle Angaben dieses Werkes wurden vom Autor sorgfältig recherchiert und auf den aktuellen Stand gebracht sowie vom Verlag geprüft. Für die Richtigkeit der Angaben kann jedoch keine Haftung übernommen werden. Für Hinweise und Anregungen sind wir jederzeit dankbar. Bitte richten Sie diese an:

C. J. Bucher Verlag Produktmanagement Postfach 80 02 40 D-81673 München E-Mail: lektorat@bucher-verlag.de

Die Deutsche Bibliothek – CIP Einheitsaufnahme Ein Titelsatz für diese Publikation ist bei Der Deutschen Bibliothek erhältlich.

Druck und Bindung: Passavia, Passau ISBN 3-7658-1504-7